Outro Israel

Uri Avnery

Outro Israel

Tradução de
Caia Fittipaldi

Organização dos textos e revisão de tradução de
Guila Flint

CIVILIZAÇÃO BRASILEIRA
Rio de Janeiro
2012

Copyright © Uri Avnery, 2012

TÍTULO ORIGINAL
Another Israel: Sabbatical Reflections

CAPA
Elmo Rosa

PROJETO GRÁFICO
Evelyn Grumach e João de Souza Leite

Tradução do prefácio e dos artigos "A aposta de Abu Mazen", "Triste e feliz", "Um profeta louco", "Tsunami no Egito" e "Rachel":
Clóvis Marques

CIP-BRASIL. CATALOGAÇÃO-NA-FONTE
SINDICATO NACIONAL DOS EDITORES DE LIVROS, RJ

Avnery, Uri, 1923-
A973o   Outro Israel/Uri Avnery; tradução de Caia Fittipaldi; organização dos textos e revisão da tradução de Guila Flint – Rio de Janeiro: Civilização Brasileira, 2012.

Tradução de: Another Israel: sabbatical reflections
ISBN 978-85-200-1054-9

1. Conflito árabe-israelense. 2. Relações árabe-israelenses. I. Título.

CDD: 956.94
11-5547   CDU: 94(569.4)

EDITORA AFILIADA

Todos os direitos reservados. É proibido reproduzir, armazenar ou transmitir partes deste livro, através de quaisquer meios, sem prévia autorização por escrito.

Texto revisado segundo o novo Acordo Ortográfico da Língua Portuguesa.

Direitos desta tradução adquiridos
EDITORA CIVILIZAÇÃO BRASILEIRA
Um selo da
EDITORA JOSÉ OLYMPIO LTDA.
Rua Argentina, 171 – Rio de Janeiro, RJ – 20921-380 – Tel.: 2585-2000.

Seja um leitor preferencial Record.
Cadastre-se e receba informações sobre nossos lançamentos e nossas promoções.

Atendimento e venda direta ao leitor:
mdireto@record.com.br ou (21) 2585-2002.

Impresso no Brasil
2012

Sumário

Prefácio	*07*
A aposta de Abu Mazen	*11*
Triste e feliz	*17*
Um profeta louco	*23*
Tsunami no Egito	*29*
O bebê de Rosemary	*35*
"Mate um turco e descanse"	*43*
Aleluia, o mundo está contra nós!	*49*
Me segurem!	*57*
O Americano Tranquilo	*65*
Bandeira preta	*71*
Do lado errado	*79*
O chefe enlouqueceu	*87*
Quantas divisões?	*95*
Memorando para Obama	*103*
Um momento inesquecível	*109*
Aco em chamas?	*117*
Pode acontecer em Israel!	*125*
A ira, a saudade, a esperança	*133*
"Se me esquecer de ti, ó Umm Touba..."	*139*
Dois planetas	*147*
Por que não?	*155*
O conselho do diabo	*161*

Um pedido de perdão	167
1948	173
"... e chamar-se-á Estado de Israel"	181
A opção militar	189
Somos predestinados?	197
"Morte aos árabes!"	205
Bom dia, Hamas	213
Sangue e champanhe	219
Pior do que crime	227
A síndrome de Beilin	235
Socorro! Cessar-fogo!	241
Morrer com os filisteus?	247
Como nos roubaram a bomba	255
O último refúgio	263
Doze anos depois	269
A mãe de todos os pretextos	275
Espuma sobre a água	283
O Mandela palestino	291
Bil'in! Bil'in!	299
Caniço lascado	307
A linguagem da força	313
Revisitando Oslo	319
Rachel	325

Prefácio*

Um grande estadista, em minha opinião, é um líder que consegue promover os ideais humanos de justiça e liberdade no mundo, juntamente com uma visão esclarecida dos interesses do seu país. O que é fácil de fazer em discursos, mas muito raro em ações.

Um ato assim foi o de Luiz Inácio Lula da Silva ao reconhecer em 2010 o Estado da Palestina — o primeiro presidente de um país ocidental a fazê-lo. O fato de ter sido rapidamente acompanhado por quase todos os países da América Latina mostra que um exemplo brilhante é capaz de inspirar os outros.

Aqueles de nós que, em Israel, acreditamos que a paz entre Israel e o povo palestino é essencial para o futuro e o bem-estar de Israel, assim como para o mundo em geral, seremos eternamente gratos a ele.

Este é apenas o mais recente capítulo da curiosa relação entre o sionismo e a América do Sul.

Muita gente não sabe que Theodor Herzl, o fundador do movimento sionista, há cerca de 115 anos, pretendia inicialmente concretizar sua ideia na Argentina. Jornalista de Viena, Herzl não gostava da Palestina e do Oriente Médio. Preferia de longe a Argentina. Foi obrigado pela opinião pública judaica a direcionar seus esforços para a Palestina, mas até mesmo em seu livro *Der Judenstaat*, a "Bíblia" do sionismo, o capítulo sobre a localização do futuro Estado judaico tem como título "Palestina ou Argentina?".

---

*Tradução de Clóvis Marques.

Herzl reagia assim à crescente onda de nacionalismo que começava na época a emergir na Europa. Movimentos nacionalistas pipocavam em todo o continente, da Irlanda à Lituânia e à Sérvia. Ele se deu conta de que todas essas "novas" nações rejeitavam os judeus, e de que a vida dos judeus na Europa tornava-se cada vez mais perigosa. Para ele, a solução seria que os judeus se constituíssem numa nova nação e criassem um Estado nacional próprio. A localização desse Estado, para ele, era secundária.

Herzl provavelmente não sabia que a essa altura a ideia nacional já se apoderara da América Latina. Com efeito, certos historiadores consideram que o novo nacionalismo na verdade nasceu na América Latina, só posteriormente se espraiando para a Europa.

Uma especulação interessante: que teria acontecido se Herzl tivesse conseguido concretizar sua ideia inicial? Haveria hoje na América do Sul um Estado judaico como Israel? Os latino-americanos estariam hoje se unindo contra o implante "estrangeiro", como fizeram os árabes?

Felizmente (para eles), os latino-americanos foram poupados dessa provação. Esses 115 anos de luta, guerras, implacável inimizade e infindável derramamento de sangue couberam ao Oriente Médio.

Quando eu era soldado na guerra de 1948, na qual o Estado de Israel nasceu e metade do povo palestino perdeu suas casas, convenci-me de que a paz era o único objetivo pelo qual valeria a pena viver. Convenci-me também de que a única maneira de alcançar a paz seria ajudar os palestinos a criar seu próprio Estado nacional, lado a lado com Israel. A isto se dá hoje o nome de "solução dos dois Estados".

Quando meus amigos e eu começamos a fazer campanha por esta solução em 1949, não havia em Israel e no mundo todo sequer uma centena de pessoas que acreditassem nessa ideia. Hoje, é mundial o consenso em seu favor. A questão é como concretizá-la, frente à inflexível oposição da atual liderança de direita em Israel.

O presidente Lula mostrou o caminho. Eu gostaria que ele assumisse um papel de liderança mundial para concretizar a pacífica criação da República da Palestina e a assinatura de um acordo de paz definitivo entre ela e o Estado de Israel.

Espero que o leitor brasileiro concorde comigo.

Uri Avnery
Tel Aviv, 2011

A aposta de Abu Mazen*

Um discurso maravilhoso. Belo discurso.

Linguagem expressiva e elegante. Argumentação clara e convincente. Apresentação impecável.

Uma obra de arte. A arte da hipocrisia. Praticamente todas as afirmações no trecho a respeito da questão israelense-palestina eram mentiras. Mentiras descaradas: o orador sabia que eram mentiras, e o público também.

Era o melhor e o pior de Obama.

Sendo uma pessoa de convicções morais, ele deve ter sentido vontade de vomitar. Sendo um indivíduo pragmático, sabia que tinha de fazê-lo, se quisesse ser reeleito.

Em essência, ele vendeu os interesses nacionais fundamentais dos Estados Unidos da América pela chance de obter um segundo mandato.

Não é muito agradável, mas a política é assim, certo?

Talvez seja desnecessário — e até insultante para o leitor — apontar os detalhes mentirosos dessa construção retórica.

Obama tratou os dois lados como se tivessem força igual — israelenses e palestinos, palestinos e israelenses.

---

*Tradução de Clóvis Marques.

Dos dois, contudo, são os israelenses — e apenas eles — que sofrem e têm sofrido. Perseguição. Exílio. Holocausto. Uma criança israelense ameaçada por foguetes. Cercada pelo ódio de crianças árabes. Tão triste.

Nada de ocupação. Nada de assentamentos. Nada de fronteiras de junho de 1967. Nada de Naqba. Nada de crianças palestinas mortas ou amedrontadas. É pura e simplesmente a mesma linha de propaganda da direita israelense — a terminologia, a narrativa histórica, a argumentação. A música.

Os palestinos, naturalmente, deveriam ter um Estado próprio. Claro, claro. Mas não podem ficar pressionando. Não podem constranger os Estados Unidos. Não podem recorrer à ONU. Precisam sentar-se com os israelenses, como pessoas razoáveis, e resolver o assunto com eles. As ovelhas razoáveis precisam sentar-se com o lobo razoável e decidir o que comer no jantar. Estrangeiros não devem interferir.

Obama fez o serviço completo. Senhoras que fornecem esse tipo de serviço geralmente são pagas antecipadamente. Obama foi pago logo depois, em poucos minutos. Netanyahu sentou-se com ele diante das câmeras e lhe deu declarações de amor e gratidão suficientes para várias campanhas eleitorais.

O herói trágico dessa questão é Mahmoud Abbas. Um herói trágico, mas ainda assim um herói.

Muitos podem ficar surpresos com esse repentino surgimento de Abbas como jogador de lances altos, disposto a enfrentar os poderosos Estados Unidos da América.

Se Ariel Sharon despertasse por um momento de seus longos anos de coma, haveria de desmaiar, estupefato. Foi ele quem chamou Mahmoud Abbas de "frango depenado".

Nos últimos dias, contudo, Abbas tornou-se o centro das atenções mundiais. Dirigentes de todo o mundo se consultavam sobre a melhor maneira de lidar com ele, veteranos diplomatas mostravam-se ansiosos por convencê-lo desta ou daquela medida, comentaristas tentavam adivinhar o que ele faria em seguida. Seu discurso na Assembleia Geral da ONU foi encarado como um acontecimento importante.

Nada mal para um frango, mesmo que cheio de penas.

Seu surgimento como líder no cenário mundial não deixa de lembrar Anwar Sadat.

Quando Gamal Abdel Nasser morreu inesperadamente aos 52 anos, em 1970, e o seu vice, Sadat, assumiu o posto, o mundo encolheu os ombros.

Sadat? Quem diabos é ele? Ele era considerado um ninguém, um eterno nº 2, um dos membros menos importantes do grupo de "oficiais livres" que governavam o Egito.

No Egito, terra de piadas e piadistas, não faltavam pilhérias a seu respeito. Uma delas dizia respeito ao sinal escuro visível em sua fronte. A versão oficial era que resultava de muitas orações, de tanto apoiar a testa no chão. Mas o motivo real, comentava-se, era que nos comícios, depois que todo mundo tinha falado, Sadat se levantava para tentar dizer alguma coisa. Nasser então encostava amigavelmente o dedo em sua testa, empurrava-o gentilmente e dizia: "Sente-se, Anwar!"

Para total espanto dos especialistas — especialmente os israelenses — esse "ninguém" fez uma gigantesca aposta ao dar início à guerra de outubro de 1973, tomando em seguida um iniciativa inédita na história: dirigir-se à capital de um país inimigo, ainda oficialmente em estado de guerra, para fazer a paz.

A posição de Abbas sobre Yasser Arafat não era muito diferente da de Sadat sobre Nasser. Mas Arafat nunca nomeou um vice. Abbas fazia parte de um grupo de quatro ou cinco prováveis sucessores. O herdeiro certamente teria sido Abu Jihad, se não tivesse sido morto por comandos israelenses na presença da mulher e dos filhos. Outro candidato provável, Abu Iyad, foi morto por terroristas palestinos. Abu Mazen (Abbas) de certa forma foi a escolha à falta de alguém melhor.

Esses políticos que emergem de repente da sombra de um grande líder geralmente se encaixam em uma destas categorias: o eterno nº 2 frustrado ou o surpreendente novo líder.

Encontramos na Bíblia exemplos dos dois tipos. O primeiro era Roboão, filho e herdeiro do grande rei Salomão, que disse ao seu povo: "Meu pai os castigava com o chicote, mais eu os castigarei com escorpiões." O outro tipo era representado por Josué, o herdeiro de Moisés. Ele não foi um segundo Moisés, mas, de acordo com a história, um grande conquistador por si só.

A história moderna conta a triste história de Anthony Eden, o nº 2 de Winston Churchill, que obteve pouco respeito e sofreu muito por isto. (Mussolini o qualificou, após seu primeiro encontro, como "um idiota de roupas bem talhadas".) Ao assumir o poder, ele tentou desesperadamente equiparar-se a Churchill, e logo estaria envolvendo a Grã-Bretanha no desastre da guerra de Suez, em 1956. À segunda categoria pertenceu Harry Truman, o ninguém que sucedeu ao grande Franklin Delano Roosevelt e surpreendeu a todos como um líder firme.

Abbas parecia pertencer ao primeiro grupo. E agora, de repente, revela-se como parte do segundo. O mundo o trata com um novo respeito. Perto do fim da carreira, ele fez a grande aposta.

Mas terá sido uma decisão acertada? Corajosa, sim. Audaciosa, sim. Mas sábia?

Minha resposta é: Sim, foi.

Abbas colocou, sem rodeios, sobre a mesa internacional a busca da liberdade palestina. Durante mais de uma semana, a Palestina tornou-se o centro da atenção internacional. Dezenas de estadistas internacionais, entre eles o líder da única superpotência, se têm ocupado da Palestina.

Para um movimento nacional, isto é da maior importância. Os cínicos poderiam perguntar: "E o que foi que eles ganharam com isto?" Mas os cínicos são tolos. Um movimento de libertação lucra com o simples fato de o mundo prestar atenção, de os meios de comunicação tratarem do problema, de as pessoas de consciência em todo o mundo serem alertadas. Fortalece-se o moral em casa e a luta dá um passo a mais em direção a seu objetivo.

A opressão detesta holofotes. A ocupação, os assentamentos, a limpeza étnica prosperam na sombra. São os oprimidos que precisam da luz do dia. E ela foi trazida pela iniciativa de Abbas, pelo menos por enquanto.

O lamentável desempenho de Barack Obama foi mais um prego no caixão da posição da América como superpotência. De certa maneira, foi um crime contra os Estados Unidos.

A Primavera Árabe pode ter sido uma última oportunidade para os Estados Unidos recobrarem sua posição no Oriente Médio. Depois de alguma hesitação, Obama deu-se conta disto. Exortou Mubarak a se afastar, ajudou os líbios contra o tirano, fez algum ruído em torno de Bashar al-Assad. Ele sabe que precisa reconquistar o respeito das massas árabes se quiser recuperar alguma estatura na região, e, por extensão, no resto do mundo.

Pois agora estragou tudo, talvez para sempre. Nenhum árabe que se respeite o perdoará por ter esfaqueado as costas dos indefesos palestinos. Todo o crédito que os Estados Unidos tentaram granjear nos últimos meses no mundo árabe e no mundo muçulmano em geral foi-se embora num sopro.

Tudo pela reeleição.

Também foi um crime contra Israel.

Israel precisa de paz. Israel precisa viver lado a lado com o povo palestino, no interior do mundo árabe. Israel não pode depender eternamente do apoio incondicional dos declinantes Estados Unidos.

Obama sabe perfeitamente disso. Ele sabe o que é bom para Israel, ainda que Netanyahu não o saiba. E no entanto entregou as chaves do carro ao motorista bêbado.

O Estado da Palestina se tornará realidade. Esta semana já estava claro que é inevitável. Obama será esquecido, assim como Netanyahu, Lieberman e o bando todo.

Mahmoud Abbas — Abu Mazen, como o chamam os palestinos — será lembrado. O "frango depenado" está levantando voo para o céu.

24/9/2011

Triste e feliz*

"Será este o dia mais feliz da sua vida?", perguntou-me um jornalista local, referindo-se ao iminente reconhecimento do Estado da Palestina pela ONU.

Eu fui apanhado de surpresa. "E por que seria?", perguntei.

"Bem, durante 62 anos o senhor preconizou a criação de um Estado palestino ao lado de Israel, e ele está chegando!"

"Se eu fosse palestino, provavelmente estaria feliz", respondi, "mas, como israelense, estou bastante triste."

Deixem-me explicar.

No fim da guerra de 1948, eu tinha quatro sólidas convicções:

(1) Existe um povo palestino, embora o nome da Palestina tivesse sido apagado do mapa.

(2) É com esse povo palestino que devemos fazer a paz.

(3) A paz será impossível a menos que os palestinos possam criar seu Estado ao lado de Israel.

(4) Sem paz, Israel não será o Estado modelo com que sonhávamos nas trincheiras, mas algo muito diferente.

---

*Tradução de Clóvis Marques.

Ainda me recuperando das feridas e trajando uniforme, encontrei-me com vários jovens, árabes e judeus, para planejar nosso rumo. Estávamos muito otimistas. Tudo parecia possível.

O que planejávamos era um grande ato de confraternização. Judeus e árabes se haviam combatido valentemente, cada lado lutando pelo que considerava ser seus direitos nacionais. Pois agora chegara o momento de buscar a paz.

A ideia da paz entre dois nobres combatentes depois da batalha é tão antiga quanto a cultura semítica. No épico Gilgamesh, escrito há mais de 3 mil anos, o rei de Uruk (no atual Iraque) combate o selvagem Enkidu, alguém igual em força e coragem, e depois dessa épica luta eles se tornam irmãos de sangue.

Nós tínhamos combatido duramente e havíamos vencido. Os palestinos tinham perdido tudo. A parte da Palestina atribuída pela ONU ao seu Estado havia sido engolida por Israel, Jordânia e Egito, eles tinham ficado sem nada. Metade do povo palestino havia sido expulso de suas terras, tornando-se refugiados.

Era, pensávamos nós, o momento para o vencedor surpreender o mundo com um ato de magnanimidade e sabedoria, oferecendo-se para ajudar os palestinos a criar seu Estado em troca da paz. Poderíamos assim construir uma amizade para durar por gerações.

Dezoito anos depois, eu voltei a propor a ideia em circunstâncias semelhantes. Tínhamos obtido uma impressionante vitória contra os exércitos árabes na Guerra dos Seis Dias, o Oriente Médio estava em estado de choque. Uma oferta israelense para que os palestinos criassem seu Estado teria eletrizado a região.

Estou contando essa história (mais uma vez) para deixar claro: ao ser concebida pela primeira vez, depois de 1948, a "Solução dos dois Estados" era uma ideia de reconciliação, confraternização e respeito mútuo.

Imaginávamos dois Estados convivendo lado a lado, com fronteiras abertas para a livre circulação de pessoas e bens. Jerusalém, a capital conjunta, simbolizaria o espírito dessa mudança histórica. A Palestina se tornaria a ponte entre o novo Israel e o mundo árabe, unidos pelo bem comum. Falamos de uma "União Semítica" muito antes de a União Europeia tornar-se realidade.

Quando a Solução dos Dois Estados, que antes era a ideia de poucos visionários (ou loucos), tornou-se extraordinariamente um consenso mundial, era este o contexto. Não como conspiração contra Israel, mas como base sólida para uma paz verdadeira.

Essa visão foi firmemente rejeitada por David Ben-Gurion, na época o líder incontestado de Israel. Ele estava ocupado espalhando novos imigrantes judeus pelas vastas áreas expropriadas dos árabes e, de qualquer maneira, não acreditava em paz com os árabes. Estabeleceu o rumo que sucessivos governos israelenses, inclusive o atual, vêm seguindo desde então.

Do lado árabe, sempre houve apoio a essa visão. Já na Conferência de Lausanne, em 1949, uma delegação palestina extraoficial propôs secretamente o início de negociações diretas, mas foi duramente rechaçada pelo delegado israelense, Eliyahu Sasson, por ordens diretas de Ben-Gurion (como eu viria a saber dele próprio mais tarde).

Yasser Arafat disse-me várias vezes — de 1982 até sua morte em 2004 — que apoiaria uma solução do tipo "Benelux" (o modelo da união entre a Bélgica, a Holanda e Luxemburgo), que incluiria Israel, a Palestina e a Jordânia ("e talvez também o Líbano, por que não?").

Fala-se de todas as oportunidades de paz perdidas por Israel ao longo dos anos. Pura bobagem: pode-se perder oportunidades no caminho para um objetivo desejado, mas não quando se abomina o objetivo.

Ben-Gurion considerava um Estado palestino independente como perigo mortal para Israel. Portanto fez um pacto secreto com o rei Abdallah I, e os dois dividiram entre eles o território destinado pelo plano da partilha da ONU ao Estado árabe palestino. Todos os sucessores de Ben-Gurion herdaram esse mesmo dogma: um Estado palestino seria um terrível perigo. Assim optaram pela chamada "opção jordaniana": manter o que resta da Palestina sob o dominio do monarca jordaniano, que nem é um palestino (nem sequer jordaniano, pois sua família vem de Meca).

Esta semana, o atual governante jordaniano, Abdallah II, teve um acesso de fúria ao ser informado de que mais um general israelense da reserva, Uzi Dayan, propusera a transformação da Jordânia em Palestina, tornando a Cisjordânia e a Faixa de Gaza "províncias" do reino hachemita. Diferentemente de seu falecido primo, Moshe, este Dayan não passa de um tolo pomposo, mas até o discurso de uma pessoa como ele enfurece o rei, que morre de medo de um influxo de palestinos deslocados da Cisjordânia para a Jordânia.

Três dias atrás, Binyamin Netanyahu disse a Cathy Ashton, a patética "secretária do Exterior" da União Europeia, que concordaria com qualquer coisa, exceto a criação de um Estado palestino. Pode parecer estranho, tendo em vista o discurso "histórico" por ele feito há menos de dois anos, no qual manifestava apoio à Solução dos dois Estados. (Talvez ele estivesse pensando no Estado de Israel e no Estado dos Colonos.)

Nas poucas semanas restantes antes da votação da ONU, nosso governo lutará com unhas e dentes contra a criação de um Estado palestino, com o apoio de todo o poderio dos Estados Unidos. Esta semana, Hillary Clinton superou seu próprio recorde retórico ao anunciar que este país apoia a Solução dos dois Estados e, portanto, se opõe a qualquer votação da ONU reconhecendo um Estado palestino.

Além das terríveis ameaças do que acontecerá após um voto da ONU por um Estado palestino, os dirigentes israelenses e americanos nos garantem que esse voto não fará a menor diferença.

Nesse caso, por que combatê-lo?

É claro que fará diferença. A ocupação prosseguirá, mas será a ocupação de um Estado por outro. Na história, os símbolos importam. O fato de a ampla maioria dos países reconhecer o Estado da Palestina será mais um passo para a conquista de sua liberdade.

Que acontecerá no dia seguinte? Nosso exército já anunciou que concluiu preparativos para enfrentar gigantescas manifestações palestinas contra os assentamentos. Os colonos serão convocados a mobilizar suas "equipes de emergência" para enfrentar os manifestantes, desse modo cumprindo as profecias de um "banho de sangue". Em seguida, o exército entrará em ação, deslocando muitos batalhões de tropas regulares e convocando unidades da reserva.

Semanas atrás, eu chamei a atenção para sinais ameaçadores de que franco-atiradores seriam utilizados para transformar manifestações pacíficas em algo muito diferente, como aconteceu na Segunda Intifada. Esta semana, isto foi oficialmente confirmado: franco-atiradores serão mobilizados para defender os assentamentos.

Tudo isto significa um plano de guerra pelos assentamentos. Em termos bem simples: uma guerra para decidir se a Cisjordânia pertence aos palestinos ou aos colonos.

Em um desdobramento quase cômico dos acontecimentos, o exército também está fornecendo meios para dispersão de multidões às forças de segurança palestinas treinadas pelos americanos. As autoridades de ocupação esperam que essas forças palestinas protejam os assentamentos contra seus compatriotas. Como se trata das forças armadas do futuro Estado palestino, ao qual Israel se opõe, tudo fica parecendo meio desconcertante.

Segundo o exército, os palestinos receberão balas de borracha e gás lacrimogêneo, mas não o "Gambá".

O Gambá é um dispositivo que produz um fedor insuportável que impregna os manifestantes por vários dias. Receio que quando este capítulo chegar ao fim, o fedor impregne o nosso lado, e que não consigamos livrar-nos dele por muito tempo.

Vamos soltar nossa imaginação por um minuto.

Imaginemos que no próximo debate da ONU aconteça algo inacreditável: o delegado israelense declara, que, depois de examinar bem a questão, Israel decidiu votar pelo reconhecimento do Estado da Palestina.

Todos os participantes da assembleia engoliriam em seco, incrédulos. Passado um momento de silêncio, prorromperiam aplausos estrondosos. O mundo inteiro ficaria eletrizado. Por dias inteiros, os meios de comunicação não falariam de outra coisa.

Passou o minuto de imaginação. De volta à realidade. De volta ao Gambá.

17/9/2011

Um profeta louco*

"Por que será que as massas também não acorrem à praça aqui e botam Bibi para correr?", perguntava o motorista do táxi ao passarmos pela praça Rabin. O enorme espaço estava quase vazio, com apenas algumas mães desfrutando do fraco sol de inverno com os filhos.

As massas não vão acorrer à praça e Binyamin Netanyahu só pode ser derrubado através das urnas.

Se isto não acontecer, os israelenses só poderão culpar a si mesmos.

Se a esquerda israelense é incapaz de reunir uma força política séria, com condições de colocar Israel no caminho da paz e da justiça social, só pode culpar a si mesma.

Não temos nenhum ditador sanguinário para responsabilizar. Nenhum tirano enlouquecido ordenará à Força Aérea que nos bombardeie se exigirmos sua deposição.

Houve época em que circulava a seguinte história: Ariel Sharon — ainda um general do Exército — reúne o corpo de oficiais e anuncia: "Camaradas, esta noite daremos um golpe militar!" Os oficiais reunidos caem então na gargalhada.

A democracia é como o ar — só nos damos conta dela quando está faltando. Só uma pessoa que esteja sufocando sabe como é essencial.

---

*Tradução de Clóvis Marques.

O motorista de táxi que falava tão livremente de botar Netanyahu para correr não temia que eu pudesse ser um agente da polícia secreta, e que alguém viesse bater à sua porta de madrugada. Estou escrevendo o que vem a minha cabeça e não ando por aí cercado de guardas-costas. E se de fato decidíssemos nos reunir na praça, ninguém nos impediria de fazê-lo, e a polícia poderia até nos dar proteção.

(Estou falando, naturalmente, de Israel nos limites de suas fronteiras soberanas. Nada disso se aplica aos territórios palestinos ocupados.)

Vivemos numa democracia, respiramos democracia, sem sequer ter consciência disso. Para nós, ela parece normal, já a tomamos por natural. Por isso é que as pessoas muitas vezes dão respostas tolas nas pesquisas de opinião, o que leva à dramática conclusão de que a maioria dos cidadãos israelenses despreza a democracia e está disposta a abrir mão dela. A maioria dos entrevistados nunca viveu sob um regime no qual uma mulher acabe temendo que o marido não volte do trabalho por ter feito uma piada sobre o Líder Supremo, ou que o filho desapareça por ter desenhado grafites no muro.

Os membros do Knesset escolhidos em eleições democráticas passam o tempo disputando para ver quem consegue apresentar o mais abominável projeto de lei racista. Parecem crianças arrancando asas de moscas, sem entender o que estão fazendo.

A todos eles, faço uma recomendação: vejam o que está acontecendo na Líbia.

A semana inteira, passei todos os momentos de folga grudado na Al Jazeera.

Uma palavra sobre essa emissora: excelente.

Ela não precisa temer a comparação com nenhuma outra emissora do mundo, inclusive a BBC e a CNN. Para não falar dos nossos canais, que oferecem uma mistura indigesta de propaganda, informação e entretenimento.

Muito já se falou do papel desempenhado pelas redes sociais, como Facebook e Twitter, nas revoluções que estão virando o mundo árabe de cabeça para baixo. Mas em matéria de pura e simples influência, Al Jazeera bate todas elas. Na última década, ela mudou o mundo árabe a ponto de ficar irreconhecível. Nas últimas semanas, operou milagres.

Acompanhar os acontecimentos na Tunísia, no Egito, na Líbia e nos outros países pela televisão israelense, americana ou alemã é como beijar através de um lenço. Vê-los pela Al Jazeera é sentir o gosto de verdade.

Em toda a minha vida adulta eu tenho defendido um jornalismo engajado. Tentei ensinar gerações de jornalistas a não se transformarem em robôs que reportam, mas em seres humanos dotados de consciência e que consideram sua missão promover os valores humanos básicos. Al Jazeera faz exatamente isto. E como!

Nas últimas semanas, dezenas de milhões de árabes contaram com essa estação para saber o que está acontecendo em seus próprios países, e até em suas cidades — o que está acontecendo na avenida Habib Bourguiba, em Túnis, na praça Tahrir, no Cairo, nas ruas de Benghazi e Trípoli.

Sei que muitos israelenses considerarão estas palavras heréticas, levando-se em conta o firme apoio da Al Jazeera à causa palestina. Ela é considerada aqui uma arqui-inimiga, no mesmo nível de Osama bin Laden ou Mahmoud Ahmadinejad.

Mas é fundamental ver suas transmissões para ter alguma esperança de entender o que está acontecendo no mundo árabe, inclusive nos territórios palestinos ocupados.

Quando Al Jazeera cobre uma guerra ou uma revolução no mundo árabe, cobre realmente. Não só por uma hora ou duas, mas 24 horas, o tempo todo. As imagens ficam gravadas na nossa memória, os depoimentos emocionam. O impacto nos espectadores árabes é quase hipnótico.

Muammar Kadhafi foi mostrado na Al Jazeera como realmente é — um megalomaníaco desequilibrado que perdeu contato com a realidade. Não em breves reportagens noticiosas, mas ao longo de horas e horas de transmissões contínuas, nas quais o discurso desconexo que ele fez recentemente era mostrado repetidas vezes, com o acréscimo de dezenas de depoimentos e opiniões de líbios de todos os setores — desde oficiais da Força Aérea que desertaram, indo para Malta, a cidadãos comuns na Trípoli bombardeada.

No início do seu discurso, Kadhafi (cujo nome se pronuncia Qazzafi, daí o slogan "Ya Qazzafi, Ya Qazzabi" — Oh Qazzafi, Oh Mentiroso) lembrou-me de Nicolae Ceausescu e seu famoso último discurso da sacada, interrompido pelas massas. À medida que o discurso avançava, contudo, Kadhafi lembrava-me cada vez mais Adolf Hitler em seus últimos dias, quando se debruçava sobre o mapa com os generais que restavam, planejando manobras com exércitos que não existiam mais e traçando grandiosas "operações", num momento em que o Exército Vermelho já estava a algumas centenas de metros do seu bunker.

Se Kadhafi não estivesse planejando massacrar o próprio povo, poderia ser grotesco ou triste. Nas reais circunstâncias, era apenas monstruoso.

Enquanto ele falava, os rebeldes assumiam o controle de cidades cujos nomes ainda estão gravados na lembrança dos israelenses da minha geração. Na Segunda Guerra Mundial, essas cidades foram campo de batalha dos Exércitos britânico, alemão e italiano, que as capturaram e perderam sucessivamente. Nós acompanhávamos ansiosos os combates, pois uma derrota britânica teria trazido a Wehrmacht ao nosso país, com Adolf Eichmann em seu rastro. Nomes como Benghazi, Tobruk e Derna ainda ressoam no meu ouvido — sobretudo por meu irmão ter lutado em unidades de ataque britânicas, para ser em seguida transferido para a campanha etíope, onde perdeu a vida.

Antes de perder completamente o juízo, Kadhafi externou uma ideia que parecia maluca, mas que nos dá o que pensar.

Sob a influência da vitória das massas não violentas no Egito, e antes de ser igualmente sacudido pelo terremoto, Kadhafi propôs embarcar as massas de refugiados palestinos em navios e mandá-las para as praias de Israel.

Eu recomendaria a Binyamin Netanyahu que leve essa possibilidade muito a sério. Que poderá acontecer se as massas de palestinos aprenderem com a experiência de seus irmãos e irmãs em meia dúzia de países árabes e concluírem que a "luta armada" não leva a lugar nenhum, e que deveriam adotar as táticas da ação não violenta de massa?

Que acontecerá se centenas de milhares de palestinos marcharem um dia sobre o Muro da Separação para derrubá-lo? E se um quarto de milhão de refugiados palestinos no Líbano acorrerem a nossa fronteira norte? E se as massas se juntarem na praça Manara, em Ramallah, e na praça da Prefeitura de Nablus para enfrentar as tropas israelenses? Tudo isso diante das câmeras da Al Jazeera, acompanhado pelo Facebook e o Twitter, enquanto o mundo inteiro assiste segurando a respiração?

Até agora, a resposta era simples: se necessário, recorreremos a armas de fogo, a helicópteros com metralhadoras e a tanques dotados de canhões. Vamos acabar com tudo isso.

Mas agora a juventude palestina também viu que é possível enfrentar os tiros, que os aviões de combate de Kadhafi não puseram fim à rebelião, que a praça da Pérola, em Bahrein, não se esvaziou quando os soldados do rei começaram a atirar. Esta lição não será esquecida.

Talvez isso não venha a acontecer amanhã ou depois de amanhã. Mas com toda certeza acontecerá — a não ser que façamos a paz enquanto ainda é possível.

26/2/2011

Tsunami no Egito*

Até o último momento, a liderança israelense tentou manter Hosni Mubarak no poder.

Mas não havia esperança. Até os poderosos Estados Unidos se viram impotentes diante desse tsunami de indignação popular.

No fim, ela acabou aceitando uma segunda solução: uma ditadura militar pró-ocidental. Mas será realmente este o resultado final?

Ao se defrontar com uma nova situação, a primeira reação de Obama geralmente é admirável. Mas parece que em seguida ele volta a pensar no assunto. E de novo. E de novo. O resultado é um giro de 180 graus. Quando as massas começaram a convergir para a praça Tahrir, ele reagiu exatamente como a maioria das pessoas decentes nos Estados Unidos e, na verdade, no mundo todo. Era ilimitada a admiração por aqueles jovens corajosos que enfrentavam a temida polícia secreta Mukhabarat, exigindo democracia e respeito aos direitos humanos. Como poderíamos deixar de admirá-los? Eles recusavam a violência, suas exigências eram razoáveis, seus atos, espontâneos, e eles expressavam os sentimentos da ampla maioria da população. Sem nenhuma organização por trás, sem nenhuma liderança, eles diziam e faziam todas as coisas certas. Algo assim é raro na história. Nada

---

*Tradução de Clóvis Marques.

de *sans-culottes* clamando por sangue, nada de frios bolcheviques espreitando na sombra, nada de aiatolás dando ordens em nome de Deus. De modo que Obama adorou. Ele não ocultou seus sentimentos. Praticamente exortou o ditador a desistir e ir embora. Se Obama tivesse permanecido nesse caminho, o resultado teria sido histórico. Até então a potência mais odiada no mundo árabe, os Estados Unidos teriam eletrizado as massas árabes, a região muçulmana e na verdade boa parte do Terceiro Mundo. Poderia ter sido o início de uma era totalmente nova. Creio que Obama o percebeu. Sua primeira reação instintiva é sempre certa. Numa situação assim, um verdadeiro líder — esse animal tão raro — se destaca.

Mas aí ele resolveu pensar melhor. Espíritos pequenos começaram a argumentar com ele. Políticos, generais, "especialistas em segurança", diplomatas, donos da verdade, lobistas, dirigentes empresariais, todas as pessoas "experientes" — experientes em fracassos — começaram a argumentar. E, naturalmente, o lobby israelense, com seu enorme poder. "Você ficou maluco?" — advertiam. Abandonar um ditador que por acaso é o nosso filho da mãe? Dizer a toda a nossa clientela de ditadores ao redor do mundo que vamos abandoná-los quando mais precisarem? Como pode ser tão ingênuo? Democracia num país árabe? Não nos faça rir! Nós conhecemos os árabes! Mostre-lhes a democracia numa bandeja, e eles não saberão do que se trata! Precisam sempre de um ditador para andar nos trilhos! Especialmente esses egípcios! Pergunte aos britânicos! Isso tudo não passa de uma conspiração da Irmandade Muçulmana. Dê uma olhada no Google! Eles são a única alternativa. É Mubarak ou eles. Eles são os talibãs do Egito, ou pior ainda, a al-Qaeda do Egito. Ajude os democratas bem-intencionados a derrubar o regime, e num piscar de olhos você terá um segundo Irã, com um Ahmadinejad egípcio na fronteira sul de Israel, tramando com o Hezbollah e o Hamas. As peças do dominó começarão a cair, a começar pela Jordânia e a Arábia Saudita. Diante de todos esses especialistas, Obama cedeu. Mais uma vez.

Naturalmente, cada um desses argumentos pode ser facilmente refutado.

Comecemos pelo Irã. Os ingênuos americanos, segundo se conta, abandonaram o xá e sua terrível polícia secreta treinada pelos israelenses para promover a democracia, mas os aiatolás se apropriaram da revolução. Uma ditadura cruel foi substituída por uma outra ainda mais cruel. Foi o que Binyamim Netanyahu disse esta semana, advertindo que o mesmo inevitavelmente acontecerá no Egito. Mas a verdadeira história iraniana é diferente.

Em 1951, um político patriota chamado Mohammad Mossadegh foi eleito democraticamente — as primeiras eleições que se realizavam no Irã. Mossadegh, que não era comunista nem mesmo socialista, promoveu amplas reformas sociais, libertou os camponeses e trabalhou com afinco para transformar o atrasado Irã num Estado secular moderno e democrático. Para torná-lo possível, nacionalizou a indústria do petróleo, que estava nas mãos de uma gananciosa empresa britânica que pagava minúsculos royalties ao Irã. Gigantescas manifestações foram promovidas em Teerã em apoio a Mossadegh. A reação britânica foi rápida e decisiva. Winston Churchill convenceu o presidente Dwight Eisenhower de que o caminho tomado por Mossadegh levaria ao comunismo. Em 1953, a CIA armou um golpe, Mossadegh foi preso e mantido em isolamento até morrer 14 anos depois, e os britânicos recuperaram o petróleo. O xá, que havia fugido, foi levado de volta ao trono. Seu reinado de terror durou até a revolução de Khomeini, 26 anos depois. Sem essa intervenção americana, o Irã provavelmente se teria transformado numa democracia secular e liberal. Nada de Khomeini. Nada de Ahmadinejad. Nada dessa conversa sobre bombas atômicas.

As advertências de Netanyahu sobre uma inevitável tomada do poder no Egito pelos fanáticos da Irmandade Muçulmana, caso se realizem eleições democráticas, parecem lógicas, mas também se baseiam em deliberada ignorância. A Irmandade Muçulmana realmente chegaria ao poder? Seria ela constituída de fanáticos como os talibãs?

A Irmandade foi fundada há 80 anos, muito antes de Obama e Netanyahu nascerem. O movimento se consolidou e amadureceu, com uma forte ala moderada, muito semelhante ao partido islâmico moderado e democrático que está governando a Turquia tão bem, e que ela tenta imitar. Num Egito democrático, ela constituiria um partido legítimo desempenhando seu papel no processo democrático. (Isso, por sinal, teria acontecido na Palestina também quando o Hamas foi eleito — se os americanos, conduzidos pelos israelenses, não tivessem derrubado o governo de união, levando o Hamas a tomar um outro rumo.) Em sua maioria, os egípcios são religiosos, mas o seu islamismo está muito distante do islamismo radical. Não há indicações de que o grosso da população, representado pelos jovens da praça Tahrir, toleraria um regime radical. O bicho-papão islâmico é só isso mesmo — um bicho-papão.

Que foi então que Obama fez? Suas iniciativas foram patéticas, para dizer o mínimo. Depois de se voltar contra Mubarak, ele de repente opinou que Mubarak devia ficar no poder, para promover reformas democráticas. Como seu representante, enviou ao Egito um diplomata aposentado que tem como empregador atualmente uma firma de advocacia que representa a família Mubarak (exatamente como Bill Clinton costumava enviar sionistas judeus para "mediar" entre Israel e os palestinos). Esperava-se assim que o detestado ditador instituísse a democracia e adotasse uma nova constituição liberal, trabalhando com a mesma população que mandara para a prisão e sistematicamente torturava. O patético discurso de Mubarak na quinta-feira foi a famosa gota d'água. Mostrou que ele perdera contato com a realidade ou, pior ainda, que é mentalmente perturbado. Mas nem mesmo um ditador desequilibrado teria feito um discurso tão abominável se não achasse que a América ainda estava ao seu lado. Os urros de indignação na praça, enquanto o discurso gravado de Mubarak ainda era transmitido, foram a resposta do Egito. Não havia necessidade de intérpretes.

Mas a América já se havia mexido. Seu principal instrumento no Egito é o Exército. É o Exército que detém a chave para o futuro imediato. Quando o "Conselho Militar Supremo" se reuniu na quinta-feira, pouco antes do escandaloso discurso, divulgando um "Comunicado nº 1", a reação foi uma mistura de esperança e maus pressentimentos. "Comunicado nº 1" é uma expressão bem conhecida na história. Geralmente significa que uma junta militar assumiu o poder, prometendo democracia, eleições em curto prazo, prosperidade e o céu na terra. Em casos muito raros, os oficiais de fato cumprem essas promessas. Geralmente, o que se segue é uma ditadura militar da pior espécie. Dessa vez, o comunicado nada dizia. Simplesmente mostrava pela televisão ao vivo que eles estavam lá — todos os principais generais, menos Mubarak e seu fantoche, Omar Suleiman. Agora, eles assumiram o poder. Discretamente, sem derramamento de sangue. Pela segunda vez em 60 anos.

Vale a pena lembrar a primeira vez. Depois de um período de turbulência contra os ocupantes britânicos, um grupo de jovens oficiais, veteranos da guerra árabe-israelense de 1948, promoveu um golpe, escondendo-se por trás de um general mais velho. O desprezado governante, o rei Farouk, foi literalmente mandado embora. Pegou seu iate em Alexandria e se foi. Nem uma gota de sangue foi derramada. A população ficou eufórica, reconhecida ao Exército pelo golpe. Mas foi uma revolução de cima para baixo. Nada de multidão na praça Tahrir. Inicialmente, o Exército tentou governar através de políticos civis. Mas logo perdeu a paciência. Um jovem e carismático tenente-coronel, Gamal Abdel Nasser, destacou-se na liderança, promoveu amplas reformas, restabeleceu a honra do Egito e de todo o mundo árabe — e inaugurou a ditadura que chegou ao fim ontem. Cabe agora perguntar se o Exército seguirá o seu exemplo ou fará o que o Exército turco fez várias vezes: assumir o poder e entregá-lo a um governo civil eleito. Muita coisa dependerá de Obama. Resta saber se ele apoiará o movimento em direção à democracia, como indubitavelmente preferiria por suas próprias inclinações, ou se dará ouvidos aos "especialistas", inclusive os israelenses, que haverão de exortá-lo a se valer de uma ditadura militar, como há tanto tempo fazem os presidentes americanos. Mas a oportunidade de os Estados Unidos da América, e de Barack Obama, pessoalmente, darem um exemplo de brilhante visão política ao mundo, num momento histórico, foi desperdiçada 19 dias atrás. As belas palavras se evaporaram. Para Israel, há aqui uma outra lição. Quando os Oficiais Livres promoveram sua revolução em 1952, em todo Israel uma única voz se levantou (a de *Haolam Hazeh*, a revista que eu editava) exortando o governo israelense a apoiá-los. O governo fez o contrário, e uma histórica chance de mostrar solidariedade com o povo egípcio foi perdida. Agora, receio que esse erro se repita. O tsunami é encarado em Israel como uma terrível catástrofe natural, e não como a maravilhosa oportunidade que realmente é.

12/2/2011

O bebê de Rosemary

Desde que testemunhei a ascensão dos nazistas, durante minha infância na Alemanha, meu nariz avisa ao primeiro sinal de fascismo no ar.

Quando começou o debate sobre a solução de Um Estado, meu nariz começou a coçar.

"Calma, nariz", disse eu. "Desta vez, você errou. A solução de Um Estado é ideia da esquerda. É ideia de gente credenciada, de grandes nomes de Israel e de todo o mundo, há entre eles até importantes marxistas." Mas meu nariz não parava de coçar. Agora, afinal, parece que meu nariz não errou.

Não é a primeira vez que um plano de judeus razoáveis e de esquerda, da esquerda kosher, leva a consequências de extrema-direita. Já aconteceu antes, por exemplo, no símbolo mais medonho da ocupação da Palestina: o Muro de Separação. Foi ideia de judeus kosher, de esquerda.

Quando se multiplicaram os ataques "terroristas", políticos da esquerda israelense, chefiados por Haim Ramon, apareceram com uma solução milagrosa que tudo resolveria: construir um obstáculo intransponível entre Israel e os territórios ocupados. Diziam que bastaria um muro para conter os ataques, sem que fosse preciso recorrer a ações brutais na Cisjordânia.

A direita opôs-se veementemente. Para a direita, esse seria um golpe da esquerda para demarcar fronteiras permanentes e que contribuiria para promover a solução de Dois Estados, a qual seria (como ainda é) uma ameaça existencial aos planos da mesma direita.

Mas, de repente, a direita mudou de tom. Perceberam que o Muro seria uma excelente oportunidade para anexar grandes porções de terras da Cisjordânia e entregá-las a colonos judeus. E aconteceu: o Muro não foi construído ao longo da Linha Verde, mas bem dentro do território da Cisjordânia, tomando grandes porções de terra de aldeias palestinas.

Hoje em dia há manifestações da esquerda, todas as semanas, de protesto contra o Muro; a direita manda soldados; os soldados atiram contra os manifestantes; e a solução de Dois Estados permanece esquecida.

E agora a direita "descobriu" a solução de Um Estado. Meu nariz não para de coçar.

Um dos primeiros direitistas a falar sobre Um Estado foi Moshe Arens, ex-ministro da Defesa. Arens é extremista de direita, membro fanático do Partido Likud. Pôs-se a falar sobre Um Estado, do mar Mediterrâneo ao rio Jordão, no qual seriam garantidos plenos direitos aos palestinos, inclusive direitos de cidadania e de voto.

Esfreguei os olhos. Seria o mesmo Arens? O que teria acontecido? Mas o mistério logo encontrou solução, solução simples.

Arens e seu grupo enfrentam um problema matemático que parece insolúvel: têm de converter o triângulo em círculo.

O projeto deles tem três lados: (a) um Estado judeu, (b) todo o "Grande Israel" e (c) Democracia. Como transformar esse triângulo em um círculo?

Entre o mar Mediterrâneo e o rio Jordão vivem hoje cerca de 5,7 milhões de judeus e 5,2 milhões de palestinos (incluídos os habitantes da Cisjordânia, da Faixa de Gaza, de Jerusalém Oriental e os cidadãos árabes-israelenses. E sem incluir, é claro, os milhões de refugiados palestinos que vivem na diáspora).

Vários "especialistas" têm tentado desmentir esses números, mas estatísticos respeitados, dentre os quais vários israelenses, aceitam-nos, com pequenas correções para um ou outro lado.

A proporção, aliás, está mudando rapidamente a favor dos palestinos. A população de palestinos duplica a cada 18 anos. Mesmo que se considere o aumento vegetativo da população de judeus em Israel e a imigração previsível no futuro imediato, pode-se facilmente prever com precisão matemática o momento em que os palestinos serão maioria na população entre o rio Jordão e o mar Mediterrâneo. É questão de anos, não de décadas.

A conclusão é uma só e inevitável. É possível atender a duas, nunca às três aspirações abaixo, simultaneamente: (a) caso se pense em implantar um Estado judeu em todo o território, esse Estado não será democrático; (b) caso se pense em implantar um Estado democrático em toda a área, esse Estado não poderá ser judeu; e (c) caso se pense em um Estado judeu e democrático, o Estado de Israel jamais corresponderá ao chamado Grande Israel.

É simples e lógico. Não é preciso ser um Moshe Arens, engenheiro de profissão, para entender. Assim sendo, a direita procura hoje outra lógica que lhe possibilite a criação de um Estado judeu e democrático em todo o território.

O jornal *Haaretz* publicou, no dia 16 de julho de 2010, uma notícia realmente surpreendente: personalidades destacadas da extrema-direita israelense — de fato, algumas das mais extremistas — de repente falavam da solução de Um Estado, do mar ao rio. Falavam de um Estado no qual os palestinos seriam cidadãos plenos, com plenos direitos.

Aqueles direitistas, citados pelo jornalista Noam Sheizaf, não escondiam seus motivos: seu único interesse era impedir a criação de um Estado palestino ao lado de Israel, o que implicaria o fim do projeto de colonização da Palestina e a retirada dos assentamentos e postos avançados da Cisjordânia. Visavam também a calar a crescente pressão internacional em favor da solução de Dois Estados.

Entre alguns esquerdistas do mundo que defendem a solução de Um Estado, a notícia foi recebida com grande alegria. Eles ironizaram o campo da paz israelense (esquerdistas adoram ridicularizar uns aos outros) e elogiaram a "visão" da direita israelense. Que generosidade! Que disponibilidade para pensar de maneira criativa e aceitar ideias opostas! Só a direita israelense pode fazer a paz!

Porém, se essas boas pessoas lessem os textos, descobririam que as coisas não são necessariamente assim, muito pelo contrário.

Todos os direitistas citados pelo *Haaretz* têm várias ideias em comum, que devem ser consideradas.

Primeira: todos excluem a Faixa de Gaza do Um Estado proposto. Só nesse detalhe já desaparecem 1,5 milhão de palestinos, o que diminui o risco de desequilíbrio demográfico. (Esquecem que, pelo Acordo de Oslo, Israel reconheceu a Cisjordânia e a Faixa de Gaza como território contínuo. Mas a direita, afinal, sempre entendeu que o Acordo de Oslo teria sido obra de esquerdistas traidores.)

Segunda: o Um Estado será, é claro, Estado judeu.

Terceira: a anexação da Cisjordânia será total e imediata, o que garantirá que a construção de novos assentamentos possa continuar sem qualquer dificuldade. Em um "Grande Israel" o projeto de colonização não pode ser restringido.

Quarta: não há como garantir cidadania "antecipada" a todos os palestinos.

O autor do artigo acima citado resume assim a posição daquela direita israelense:

> Um processo a ser completado num período estimado entre dez anos e uma geração. Ao final do processo, os palestinos gozarão de plenos direitos individuais, mas o Estado será, nos símbolos e no espírito, Estado judeu... Não se fala de um "Estado que pertencerá a todos os cidadãos", nem em alguma "Isratina", com bandeira na qual se unam a lua crescente e a estrela de Davi. O "Um Estado" significa soberania para judeus.

Vale a pena conhecer os argumentos dos próprios interessados:

Uri Elitsur, ex-diretor-geral do Conselho da Judeia e Samaria (liderança dos colonos, conhecida como Yesha): "Falo de um Estado judeu que é um Estado do povo judeu, no qual existirá uma minoria árabe."

Hanan Porat, um dos fundadores do Gush Emunim (liderança dos colonos religiosos e o homem que festejou e conclamou os judeus a festejarem o massacre de Baruch Goldstein em Hebron):

> Sou contra a cidadania automática [para os palestinos] proposta por Uri Elitsur, que é ideia ingênua e levará a terríveis consequências. Proponho que se aplique a lei israelense nos territórios por etapas, primeiro nas áreas onde (já) há maioria de judeus. Depois, em etapas de uma década a uma geração, em todos os territórios.

Porat propõe dividir os palestinos em três categorias: (a) os que querem um Estado árabe e estão dispostos a consegui-lo mediante terrorismo e luta contra Israel (esses não terão lugar no "Grande Israel", o que significa que serão expulsos); (b) os que aceitem seu lugar e submetam-se à soberania dos judeus, mas ainda não estejam dispostos a participar do Estado e cumprir todas as suas obrigações para com o Estado (esses terão garantidos plenos direitos humanos, mas não terão representação nas instituições do Estado); e (c) os que declarem lealdade ao Estado e jurem fidelidade a ele (esses receberão cidadania plena. E, claro, serão minoria).

Tzipi Hutubeli, deputada da extrema-direita do Partido Likud:

> No horizonte político deve haver cidadania também para os palestinos na Judeia e Samaria... Acontecerá gradualmente... O processo deve durar um longo tempo, talvez uma geração. Nesse período, a situação em campo será estabilizada e os símbolos e as características do Estado judeu estarão ancorados na lei... Removeremos o ponto de interrogação que paira sobre a Judeia e Samaria. Antes de tudo,

prevalece a fé profunda que tenho no direito dos judeus à Terra de Israel. Shiloh e Bet-El (na Cisjordânia) são para mim a terra dos nossos ancestrais no mais pleno sentido da palavra... Nesse momento falamos em dar cidadania aos que vivem na Judeia e em Samaria, não em Gaza. Sejamos claros: não reconheço qualquer direito político de palestinos sobre a Terra de Israel... Entre o mar e o rio Jordão só há espaço para um Estado: um Estado judeu.

Moshe Arens: "A integração da população árabe (dentro de Israel) na sociedade israelense é precondição e só depois poderemos falar sobre cidadania para os palestinos dos territórios." Isso significa que Arens propõe se concentrar na integração dos árabes-israelenses em Israel — o que jamais aconteceu nos 62 anos de história do Estado — e só depois se pensará sobre a questão da cidadania dos palestinos que vivem na Cisjordânia.

Emily Amrussi, colona que organiza reuniões entre colonos israelenses e palestinos de aldeias vizinhas:

Não digam que pressiono para que se implante a solução de Um Estado. No fim, talvez cheguemos lá, mas ainda estamos muito distantes. Falemos, primeiro, sobre um só país... Não falemos sobre cidadania, mas de relações de convivência entre vizinhos... Primeiro eles têm de aprender a ser nossos bons vizinhos, depois lhes daremos direitos... Em longo prazo será necessário que todos tenham cidadania.

Reuven Rivlin, presidente do Parlamento:

O país não pode ser dividido... Sou contrário à ideia de um Estado para todos os cidadãos e também sou contrário à ideia de um Estado binacional. Estou pensando sobre o que fazer para que haja uma soberania conjunta na Judeia e Samaria sob o Estado judeu, até um regime com dois parlamentos, um judeu, outro árabe... Judeia e Samaria talvez venham a ser um condomínio, administrado em conjunto... Mas tudo isso exige tempo. Parem de tentar me assustar com a demografia.

O regime acima descrito não é um Estado de apartheid, é pior do que isso. Trata-se de um Estado judeu no qual a maioria judaica decidirá se e quando conferir cidadania a alguns dos árabes. As palavras que se repetem — "talvez dentro de uma geração" — são muito vagas, e não por acaso.

Mas o mais importante: há um silêncio estrondoso em torno da mãe de todas as perguntas: o que acontecerá quando os palestinos forem maioria nesse "Um Estado"? Não é questão de "se"; é questão de "quando". Não há nem sombra de dúvida de que acontecerá, não "no período de uma geração", mas muito antes.

Esse estrondoso silêncio fala por si mesmo. Quem não conhece Israel talvez creia que os direitistas israelenses estejam dispostos a aceitar tal situação. Só uma pessoa muito ingênua poderá esperar uma repetição do que aconteceu na África do Sul, quando uma pequena minoria branca entregou o poder a uma grande maioria de negros sem ocorrer um banho de sangue.

Afirmamos acima que é impossível "transformar o triângulo em um círculo". Mas a verdade é que existe uma maneira: pela limpeza étnica. O Estado judeu pode ocupar todo o espaço entre o mar Mediterrâneo e o rio Jordão e ainda ser democrático — se lá não houver palestinos.

Uma limpeza étnica pode ser conduzida de maneira dramática (como se viu em Israel em 1948 e no Kosovo em 1998) ou de uma maneira silenciosa e sistemática, por dúzias de métodos sofisticados, como se vê hoje acontecer em Jerusalém Oriental. Mas não há qualquer dúvida de que uma limpeza étnica seja a etapa final da visão de Um Estado dos direitistas. Na primeira etapa haverá um esforço para cobrir o território com assentamentos e demolir qualquer chance para a solução de Dois Estados, a qual é a única base realista para a paz.

No filme *O bebê de Rosemary*, de Roman Polanski, uma bela jovem dá à luz um lindo bebê, que se revela como o filho de Satã. A visão atraente da esquerda da solução de Um Estado pode se transformar em um monstro direitista.

24/7/2010

"Mate um turco e descanse"

Em alto-mar, em águas internacionais, o barco foi detido pela Marinha. Os comandos o invadiram. Centenas de pessoas a bordo resistiram, os soldados utilizaram a força. Alguns dos passageiros foram mortos, muitos ficaram feridos. O barco foi levado a um porto, os passageiros foram retirados à força. O mundo os viu andando pelo cais, homens e mulheres, velhos e jovens, todos exaustos, um atrás do outro, cada um escoltado por dois soldados...

O navio era o *Exodus* e o fato ocorreu em 1947. Havia deixado a França na esperança de romper o bloqueio britânico, imposto para impedir que navios abarrotados de sobreviventes do Holocausto aportassem nas costas da Palestina. Se conseguissem aportar, imigrantes ilegais seriam levados pelos britânicos para os campos de detenção em Chipre, como já acontecera. Ninguém se interessaria por eles por mais de um, dois dias.

Mas naquela época o poder estava nas mãos do ministro do Exterior britânico, Ernest Bevin, do Partido Trabalhista, arrogante e brutal, apaixonado pelo poder. Jamais deixaria que um bando de judeus mandasse em seu governo. E decidiu ensinar uma lição aos judeus, o mundo por testemunha. "É provocação!", gritou ele e, claro, estava certo. O objetivo era mesmo gerar um ato de provocação, para atrair os olhos do mundo para o bloqueio britânico da Palestina.

O que aconteceu todos sabem: o episódio se arrastou, uma estupidez levou a outra, o mundo solidarizou-se com os passageiros do navio. Os britânicos, senhores da Palestina, não cederam e pagaram o preço. Um preço alto.

Muitos creem que o caso do *Exodus* marcou o ponto de virada da luta para a criação do Estado de Israel. A Grã-Bretanha cedeu ao peso da condenação internacional e decidiu desistir de seu mandato na Palestina. Houve, é claro, muitas outras razões importantes para aquela decisão, mas o episódio do *Exodus* provou ser a palha que quebrou a espinha dorsal do camelo.

Esta semana, em Israel, não fui o único que se lembrou desse episódio. De fato, foi quase impossível não lembrar, sobretudo para nós, israelenses que já vivíamos na Palestina naquele tempo e testemunhamos aqueles fatos.

Há diferenças importantes, é claro. Aqueles passageiros eram sobreviventes do Holocausto; hoje, são pacifistas de todo o mundo. Mas então, como hoje, o mundo viu soldados pesadamente armados atacarem brutalmente passageiros desarmados — que resistiram com o que encontraram à mão, paus e punhos. Daquela vez, como hoje, aconteceu em alto-mar — daquela vez, a 40 quilômetros da costa; agora, a 65 quilômetros.

Em retrospectiva, o comportamento do governo britânico naquele incidente parece inacreditavelmente estúpido. Mas Bevin não era bobo e os oficiais britânicos que comandaram a ação não eram idiotas. Afinal, acabavam de combater em uma guerra mundial, do lado vencedor.

Se agiram como perfeitos idiotas do começo ao fim, foi por arrogância, insensibilidade e absoluto desprezo pela opinião pública mundial.

Ehud Barak é o Bevin israelense. Burro, não é; nem os generais israelenses são idiotas. Mas são responsáveis por uma cadeia de atos alucinados, cujas implicações desastrosas são difíceis de avaliar. O ex-ministro e atual comentarista Yossi Sarid descreveu o comitê dos sete ministros — "grupo dos sete" — que decide sobre questões de segurança como "os sete idiotas" — e devo protestar: foi um insulto aos idiotas.

Os preparativos para a flotilha duraram mais de um ano. Centenas de mensagens de e-mail foram trocadas. Eu mesmo recebi dúzias delas. Não era segredo. Tudo foi feito às claras.

Houve tempo de sobra para que autoridades políticas e militares em Israel se preparassem para a chegada dos barcos. Os políticos puderam ser consultados. Os soldados, treinados. Os diplomatas, informados. O pessoal da Inteligência executou seu trabalho.

De nada adiantou. Todas as decisões foram erradas, do primeiro ao último momento. E isso ainda não terminou.

A ideia de romper o bloqueio com uma flotilha de pacifistas beira a genialidade. Coloca Israel em um dilema — tendo de escolher entre várias alternativas, todas ruins. É a situação em que qualquer general sonha ver o adversário.

As alternativas:

(a) Permitir que a flotilha chegue a Gaza, sem obstáculos. O secretário do Gabinete apoiava essa ideia. Mas levaria ao fim do bloqueio, porque depois dessa flotilha viriam outras, cada vez maiores.

(b) Deter os navios em águas territoriais, vistoriar a carga, assegurar-se de que não havia nem armas nem "terroristas" e deixá-los prosseguir em seu caminho. Levantaria alguns protestos em todo o mundo, mas o bloqueio seria preservado, pelo menos a princípio.

(c) Capturar os barcos em alto-mar e levá-los até Ashdod, assumindo o risco de um confronto corpo a corpo com os ativistas a bordo.

Como os governantes em Israel sempre fazem, quando têm de escolher entre várias alternativas ruins, o governo Netanyahu escolheu a pior.

Todos os que acompanharam os preparativos conforme noticiados pelos jornais podiam prever que havia risco da operação resultar em mortos e feridos. Ninguém invade um barco turco e espera ser recebido por garotinhas bonitas oferecendo flores. Todos sabem que os turcos não se rendem facilmente.

As ordens que os soldados receberam — e a imprensa divulgou — incluíam as palavras fatais: "a qualquer custo". Qualquer soldado sabe o que significam essas palavras terríveis. Não bastasse, na lista dos objetivos da missão a atenção aos passageiros civis aparecia em terceiro lugar, depois da salvaguarda da segurança dos soldados e da necessidade de cumprir a tarefa.

Se Binyamin Netanyahu, Ehud Barak, o chefe do Estado-Maior do Exército e o comandante da Marinha não perceberam que a operação poderia matar e ferir civis desarmados, então é necessário concluir — até os que ainda relutem — que são todos insuperavelmente incompetentes. Merecem ouvir as palavras imortais de Oliver Cromwell ao Parlamento: "Estão aí há tempo demais, considerando o serviço que têm prestado... Vão-se! Livrem-nos de vocês. Em nome de Deus, fora!"

Esse acontecimento aponta outra vez para um dos mais sérios aspectos da situação: Israel vive numa bolha, numa espécie de gueto mental, que nos isola do mundo e nos impede de ver outra realidade: a que o resto do mundo vê. Um psiquiatra veria aí um sintoma de uma grave doença mental.

A propaganda do governo e do Exército de Israel, para o público interno, conta uma história simples: os heroicos soldados israelenses, valentes e sensíveis, elite da elite, abordaram o navio com intenções de "conversar" e foram atacados por uma turba selvagem e violenta. Os porta-vozes oficiais repetiram várias vezes a palavra "linchamento".

No primeiro dia, praticamente toda a mídia israelense acreditou. Afinal, claro que nós, os judeus, somos as vítimas. Sempre. Aplica-se a soldados judeus também. Claro, nós invadimos um barco estrangeiro no mar, mas imediatamente nos transformamos em vítimas, sem outra opção exceto nos defender de antissemitas incitados e violentos.

Impossível não se lembrar da clássica piada de humor judaico sobre a mãe judia na Rússia que se despede do filho convocado para o Exército do tsar, em guerra contra a Turquia. "Não se desgaste", aconselha a mãe. "Mate um turco e descanse. Mate outro turco e descanse outra vez..."

"Mas, mamãe", o filho interrompe. "E se o turco me matar?"

"Matar você"?, pergunta a mãe. "E por que o mataria? O que você fez a ele?"

Soa como loucura, para qualquer pessoa normal. Soldados pesadamente armados de um comando de elite invadem um navio em águas internacionais, no meio da noite, por mar e por ar — e são as vítimas?

Mas há aí uma gota de verdade: são vítimas, sim, de comandantes arrogantes e incompetentes, de políticos irresponsáveis e da imprensa que os mesmos arrogantes, incompetentes e irresponsáveis alimentam. De fato, são vítimas também da população de Israel, dado que esses eleitores, não outros, elegeram o governo, inclusive a oposição, que não é diferente da situação.

O caso do *Exodus* repetiu-se, com troca de papéis. Agora, os israelenses são os britânicos.

Em algum lugar, algum novo Leon Uris prepara-se para escrever o próximo livro, *Exodus 2010*. Um novo Otto Preminger planeja filmar um novo blockbuster. Estrelando, um novo Paul Newman. Sorte que hoje não faltam atores turcos talentosos.

Há mais de 200 anos Thomas Jefferson declarou que todas as nações deveriam agir "com respeito decente pelas opiniões da humanidade". Em Israel os líderes jamais aceitaram a sabedoria dessa lição. Preferem a lição de David Ben-Gurion: "Não importa o que pensem os não judeus. Só importa o que os judeus fazem." Talvez ele tenha pressuposto que judeus não agiriam como imbecis.

Transformar a Turquia em inimiga é pior do que simples tolice. Há décadas a Turquia tem sido a mais próxima aliada de Israel na região, muito mais próxima do que a opinião pública supõe. A Turquia poderia, no futuro, fazer o papel de importante mediadora entre Israel e o mundo árabe-muçulmano, entre Israel e Síria e, sim, também entre Israel e o Irã. É possível que agora tenhamos conseguido unir o povo turco contra nós — alguns dizem que essa é a única questão que une os turcos.

Estamos vivendo o segundo capítulo da operação "Chumbo Fundido". Daquela vez reunimos a maioria dos países do mundo contra nós, chocamos os raros amigos de Israel e alegramos nossos inimigos. Agora repetimos o feito, com talvez ainda mais sucesso. A opinião pública mundial está se voltando contra nós.

Esse processo é lento. É como água se acumulando por trás da barragem. A água sobe devagar, em silêncio, mal se vê. Mas quando alcança um nível crítico, a barragem cede e vem a catástrofe. Estamos nos aproximando continuamente desse ponto.

"Mate um turco e descanse...", recomenda a mãe, na piada. Nosso governo nem descansa. Parece decidido a não parar, até transformar em inimigo o último dos nossos amigos.

5/6/2010

Aleluia, o mundo está contra nós!

Uma rede israelense de televisão informou esta semana que um grupo de israelenses aderiu a teorias de conspiração.

Acreditam que George W. Bush planejou a destruição das Torres Gêmeas para poder chegar mais rapidamente aos seus funestos objetivos. Acreditam que as grandes corporações farmacêuticas espalharam o vírus da gripe suína para vender suas vacinas inúteis. Acreditam que Barack Obama é agente secreto a serviço do complexo industrial-militar. Acreditam que colocam flúor na água potável com o objetivo de esterilizar os homens para reduzir o número de nascimentos e diminuir a população do planeta em exatos dois bilhões. E por aí vai.

Muito me surpreende que ainda não tenham revelado a mais nefasta das conspirações, aquela cometida pela gangue de antissemitas que tomou o controle do governo de Israel para destruir o Estado judeu.

Provas? Nada mais fácil! Basta abrir os jornais.

O ministro do Exterior, por exemplo. Quem, se não um antissemita diabólico, nomearia justamente Avigdor Lieberman para esse cargo? A função do ministro do Exterior é fazer amigos e convencer a opinião pública mundial de que temos razão. Lieberman trabalha duramente e de maneira talentosa para levar Israel a ser detestado pelo mundo inteiro.

Ou o ministro do Interior. É outro que trabalha dia e noite para horrorizar os defensores de direitos humanos e dar munição aos piores inimigos de Israel. Recentemente, proibiu a entrada em Israel de dois bebês porque o pai deles é gay. Impede mulheres de reunirem-se aos maridos em Israel. Deporta crianças, filhos de trabalhadores estrangeiros que constroem o país.

Ou o comandante em chefe do Exército. Convenceu o governo a boicotar a comissão da ONU que investiga a operação "Chumbo Fundido", deixando assim o campo livre para aqueles que condenam o Exército israelense. E desde a publicação do relatório da comissão comanda uma campanha internacional de difamação contra o juiz judeu e sionista Richard Goldstone, que chefiou o trabalho de investigação.

Agora o Exército de Israel anunciou que irá bloquear a flotilha que planeja levar uma quantidade simbólica de suprimentos para a Faixa de Gaza sitiada. Essa medida irá garantir uma cobertura, ao vivo, pelos canais de TV e o mundo inteiro irá acompanhar os barcos, a atenção internacional se voltará para o bloqueio perverso imposto por Israel há anos contra 1,5 milhão de seres humanos. É o sonho de todos aqueles que odeiam Israel.

Esta semana essa conspiração alcançou o auge quando o professor Noam Chomsky foi impedido de entrar na Cisjordânia.

Esse incidente não tem outra explicação confiável exceto uma conspiração antissemita perversa.

No começo achei que se tratava apenas da usual mistura de ignorância e loucura. Mas cheguei à conclusão de que não pode ser só isso. Nem em nosso governo atual a estupidez poderia chegar a tais proporções.

Em resumo, eis o que aconteceu: o professor Chomsky, 81 anos, chegou à ponte Allenby, no rio Jordão, vindo de Amã para a Universidade Birzeit, próximo de Ramallah, onde era esperado para duas conferências sobre a política americana. Claro que as autoridades israelenses estavam informadas de sua chegada. Um jovem funcionário fez-lhe algumas perguntas, telefonou para os seus superiores no Ministério do Interior, voltou, fez mais perguntas, telefonou novamente e, então, carimbou o passaporte do professor: "Entrada Negada".

As perguntas? O funcionário perguntou ao professor por que não faria conferências em alguma universidade israelense. E por que não tinha passaporte israelense.

O professor retornou a Amã e fez as palestras por videoconferência. O incidente foi amplamente publicado no mundo inteiro, sobretudo nos Estados Unidos. O Ministério do Interior pediu desculpas esfarrapadas afirmando que o assunto não era de sua responsabilidade, mas sim do coordenador militar dos territórios (ocupados).

Essa é obviamente uma desculpa mentirosa, pois o próprio ministério vem negando recentemente a permissão de entrada a várias personalidades que manifestam simpatia aos palestinos, inclusive ao palhaço mais popular da Espanha.

Aqui, uma lembrança pessoal: há cerca de 12 anos participei de um acalorado debate público em Londres com Edward Said, professor e intelectual palestino, falecido há alguns anos. Às tantas, ele anunciou que seu amigo, Noam Chomsky, fazia uma conferência numa universidade londrina.

Corri para lá e vi o prédio cercado por uma densa multidão de jovens, homens e mulheres. Abri caminho com dificuldade até as escadas que levavam à sala de conferências e ali fui barrado pelos porteiros. Disse, em vão, que era amigo do conferencista e que viera de Israel especialmente para ouvi-lo. Responderam que a sala estava superlotada e ali não caberia nem mais um alfinete. Já naquela época a popularidade de Chomsky era grande.

Noam Chomsky é, provavelmente, o mais requisitado intelectual do planeta. Sua reputação vai bem além de sua especialidade acadêmica — linguística — na qual é considerado um gênio. É guru de milhões ao redor do mundo. A mídia internacional o trata como uma celebridade cerebral.

Como, pois, o Ministério do Interior e/ou da Defesa de Israel o detiveram durante quatro horas e depois o despacharam de volta? Loucura? Má intenção? Vingança? Tudo isso somado? Alguma outra coisa?

O episódio tem várias implicações de longo alcance. Antes de tudo, é uma provocação contra a Autoridade Palestina, com a qual Binyamin Netanyahu quer realizar negociações diretas — ou diz que quer. É como cuspir na cara dos líderes da AP.

Chomsky vinha a convite de Mustafa Barghouti, líder palestino que trabalha pela não violência e pelos direitos humanos. Vinha a convite de uma universidade palestina.

O que Israel tem a ver com isso? Que audácia é essa de impedir que estudantes ouçam os professores que escolhem ouvir?

E o que isso demonstra sobre os discursos de Netanyahu de "Dois Estados para Dois Povos"? Que tipo de Estado palestino seria esse se Israel pode decidir quem pode ou não pode entrar? Principalmente em vista do fato de que Israel exige o controle de todas as fronteiras do novo Estado!

Em segundo lugar, cresce em todo o mundo a campanha pelo boicote a todas as universidades israelenses. Não só contra o auto-designado "Instituto Universitário" no assentamento de Ariel. Não só contra a Universidade Bar-Ilan, que apoiou o instituto. O boicote é contra todas as universidades israelenses.

Várias associações acadêmicas na Grã-Bretanha e em outros países já aprovaram esse boicote, outras são contra. Trata-se de uma batalha que está em andamento.

Os que se opõem ao boicote defendem a bandeira da liberdade acadêmica. Até onde chegaríamos se boicotássemos pesquisadores e pensadores por causa do país onde moram ou de suas opiniões? O escritor italiano Umberto Eco escreveu a seus colegas uma carta emocionada contra o boicote. Eu também sou contra.

E então vem o governo de Israel e nos puxa o tapete. Ninguém insinua que Chomsky apoie o terrorismo ou que tenha vindo para

OUTRO ISRAEL

espionar. Foi impedido de entrar em Israel exclusivamente por suas ideias. O que implica que liberdade acadêmica só vale se usufruída por aqueles que elogiam Israel, e não vale uma casca de alho (como se diz em hebraico) no caso de alguém que discorde das políticas do governo de Israel.

Essa atitude fornece mais argumentos para o campo pró-boicote. Principalmente em vista do fato de que nenhuma universidade israelense, ou grupo de acadêmicos, manifestou-se em protesto.

A ideia de que Chomsky seria um inimigo de Israel é ridícula. Seu nome é claramente hebraico, assim como o de sua filha, Aviva, que o acompanhava.

Encontrei o professor Chomsky pela primeira vez nos anos 1960, quando o visitei em sua sala pequena e atulhada no Massachusetts Institut of Technology (MIT), uma das mais respeitadas instituições acadêmicas dos Estados Unidos e do mundo.

Ele falou com alguma nostalgia sobre o kibutz (Hazorea, um kibutz que pertence ao movimento Hashomer Hatzair, da esquerda sionista) onde passara um ano quando jovem. Trocamos ideias e concordamos em que a solução dos Dois Estados seria a única saída viável.

Seu primeiro nome é uma espécie de herança que recebeu dos pais, que nasceram no império russo e emigraram ainda jovens para os Estados Unidos. A língua materna de ambos foi o ídiche, mas o lar era devotado à cultura hebraica. Noam falou hebraico desde a infância. No mundo mental de sua juventude, socialismo e anarquismo eram misturados com sionismo. Sua tese de doutorado foi sobre a língua hebraica.

Desde então sempre acompanhei suas declarações. Jamais vi qualquer oposição à existência de Israel. O que vi foi uma crítica cortante às políticas do governo israelense — a mesma crítica manifestada pelo campo pacifista israelense. Mas muito mais do que criticar Israel o professor Chomsky dedica-se a criticar os governos dos Estados Unidos, cujas políticas considera mães de todas as desgraças do mundo.

Quando os professores John Mearsheimer e Stephen Walt publicaram seu livro revolucionário, no qual afirmam que Israel controla a política dos Estados Unidos mediante o lobby pró-Israel, Chomsky discordou e argumentou que se tratava exatamente do contrário: os Estados Unidos exploram Israel, com vistas a seus objetivos imperialistas, os quais contradizem os verdadeiros interesses de Israel.

De minha parte, parece-me que os dois lados têm razão. A posição de Chomsky pode ser confirmada em vista do veto americano a uma reconciliação entre Fatah e Hamas e a intervenção dos Estados Unidos contra a troca de prisioneiros palestinos por Gilad Shalit.

Então por que, santo Deus, Israel impediu que Chomsky entrasse no país?

Tenho uma teoria que poderia explicar tudo.

Por séculos os judeus foram perseguidos na Europa cristã. O antissemitismo fez da vida dos judeus europeus um inferno. Foram vítimas de pogroms, expulsões em massa, confinamento em guetos, leis discriminatórias e opressivas. Ao longo do tempo, os judeus desenvolveram mecanismos de defesa mental e física, métodos de sobrevivência e estratégias de fuga.

Desde o Holocausto a situação mudou radicalmente. Hoje os judeus encontraram nos Estados Unidos um paraíso que só pode ser comparado com aquele que conheceram na Idade de Ouro da Espanha muçulmana.

Quando se criou o Estado de Israel o mundo nos olhou com admiração e simpatia. Aquilo foi maravilhoso, mas, sob a superfície do que se pode chamar, generalizando, de consciência nacional, instalou-se certa desorientação, um mal-estar. Ali se desintegraram os mecanismos de defesa que sempre mantiveram os judeus orientados no mundo, atentos aos riscos, capazes de sobreviver. Sentiram que algo estava errado, que as pistas que sempre os orientaram ao longo dos caminhos haviam deixado de funcionar. Se não judeus elogiam judeus, ou dispõem-se a fazer alianças, algo deve estar errado. Deve haver algo de sinistro por trás disso. As coisas não são mais como sempre foram. E isso assusta.

Desde então temos trabalhado febrilmente para restabelecer o que conhecíamos como normalidade. Inconscientemente, fazemos o possível para voltar a ser odiados, para que possamos nos sentir em casa, em um ambiente conhecido.

Se há, pois, alguma conspiração, é nossa conspiração contra nós mesmos. Não vamos sossegar enquanto o mundo não voltar a ser antissemita, e sabemos como fazê-lo.

Como diz a canção: "O mundo inteiro está contra nós, mas não faz mal, superaremos..."

22/5/2010

Me segurem!

A expressão "Me segurem!" faz parte do folclore israelense. Nos lembra de nossa infância.

Os meninos, quando se desentendem com meninos maiores, fingem tentar conter-se para não atacar o grandão e gritam para a rodinha em volta: "Me segurem! Me segurem... Ou eu mato esse cara!"

Israel vive hoje uma situação semelhante. Fingimos que vamos atacar o Irã a qualquer momento e gritamos para o mundo inteiro: "Me segurem ou..."

E o mundo, de fato, tem segurado Israel.

É arriscado profetizar nesses assuntos, sobretudo porque se tem de lidar com gente nem sempre inteligente e nem sempre mentalmente sã. Mesmo assim, arrisco: não há qualquer possibilidade, de nenhum tipo, de Israel mandar a Força Aérea atacar o Irã.

Não vou entrar em assuntos militares. Será que nossa Força Aérea é realmente capaz de executar tal operação? As circunstâncias de hoje são semelhantes às de há 28 anos, quando Israel conseguiu destruir o reator iraquiano? Será que podemos eliminar o esforço nuclear iraniano, cujas instalações estão dispersas num vasto território e enterradas profundamente no subsolo?

Interessa-me focar outro aspecto: será que o ataque ao Irã é politicamente viável? E quais seriam as consequências?

Em primeiro lugar, uma regra fundamental da realidade israelense: o Estado de Israel não pode iniciar nenhuma operação militar de larga escala sem a aprovação americana.

Israel depende dos Estados Unidos em praticamente todos os aspectos, mas em nenhum campo depende tanto como no militar.

Os aviões para executar a missão nos foram fornecidos pelos Estados Unidos. A eficácia desses aviões depende de um fornecimento contínuo de peças de reposição americanas. E, com tal distância de voo, seria necessário utilizar um avião-tanque dos Estados Unidos para reabastecimento.

O mesmo se pode dizer de praticamente todo o equipamento militar de nosso Exército, assim como do dinheiro necessário para comprá-los. Tudo vem dos Estados Unidos.

Em 1956 Israel entrou em guerra sem o consentimento dos Estados Unidos. Ben-Gurion imaginou que bastaria acertar-se com o Reino Unido e a França. Errou imensamente. Cem horas depois de nos dizer que "O Terceiro Reino de Israel" estava nascendo, anunciou com voz trêmula que se retiraria de todos os territórios que acabara de conquistar. O presidente Dwight Eisenhower e seu colega soviético deram um ultimato e foi o fim daquela aventura.

Desde então Israel não iniciou guerra alguma sem obter autorização de Washington. Na véspera da Guerra dos Seis Dias, Israel enviou um emissário especial aos Estados Unidos para evitar qualquer dúvida quanto à autorização dos americanos. Quando ele retornou com uma resposta positiva, a ordem para atacar foi emitida.

Às vésperas da Primeira Guerra do Líbano, Ariel Sharon, ministro da Defesa, correu a Washington para pedir autorização para atacar. Encontrou-se com o secretário de Estado, Alexander Haig, que concordou com o ataque, mas exigiu que Israel só atacasse se fosse claramente provocado. Alguns dias depois, por coincidência, houve um atentado contra a vida do embaixador de Israel em Londres. E a guerra começou.

Os ataques do Exército de Israel ao Hezbollah ("Segunda Guerra do Líbano") e ao Hamas (a operação "Chumbo Fundido") só foram possíveis porque foram definidos como parte da campanha americana contra o "Islã Radical".

Aparentemente, o mesmo argumento se aplicaria a um ataque ao Irã. Mas não.

Não, porque um ataque de Israel ao Irã causaria um desastre militar, político e econômico para os Estados Unidos.

Como os iranianos também sabem que Israel não poderia atacar sem a autorização americana, a reação deles seria de acordo.

Conforme já escrevi, basta um rápido exame do mapa para ver qual seria a reação imediata do Irã. O pequeno estreito de Hormuz, à entrada do Golfo Pérsico (ou Arábico), pelo qual passa uma quantidade imensa do petróleo mundial, seria fechado imediatamente. O resultado abalaria a economia internacional, dos Estados Unidos e da Europa à China e ao Japão. Os preços chegariam às alturas. Países que começam a recuperar-se da crise econômica mundial afundariam na miséria, no desemprego, em tumultos de rua e falências.

O estreito só poderia ser reaberto por uma operação terrestre. Os Estados Unidos simplesmente não têm soldados sobrando para esse tipo de operação — mesmo se a opinião pública americana aceitasse mais uma guerra, a qual poderia ser ainda mais difícil do que no Iraque ou no Afeganistão. Existe até uma incerteza se os Estados Unidos poderiam ajudar Israel a defender-se do inevitável contra-ataque por mísseis iranianos.

Um ataque israelense a um país islâmico central uniria o mundo muçulmano, inclusive todo o mundo árabe. Os Estados Unidos passaram os últimos anos trabalhando duramente para formar uma coalizão de Estados árabes "moderados" (quer dizer, de países governados por ditadores sustentados pelos Estados Unidos) contra os Estados ditos "radicais". Esse pacote imediatamente se desataria. Nenhum líder árabe conseguiria manter-se neutro se as massas saíssem às ruas com grandes manifestações.

Tudo isso é evidente para qualquer pessoa bem-informada e principalmente para os líderes civis e militares americanos. Ministros, generais e almirantes já foram enviados a Israel para explicar tudo isso a nossos líderes, em uma linguagem que até crianças podem entender: Não! No! Nyet!

Assim sendo, por que a opção militar ainda não foi retirada da mesa de discussões? Pois os Estados Unidos e Israel gostam de tê-la ali, à vista, sobre a mesa.

Os Estados Unidos gostam de parecer que tentam, a duras penas, conter o feroz rottweiler israelense. Assim, as demais potências são pressionadas a concordar com as sanções ao Irã. Se alguém não concordar, o cão furioso pode ficar fora de controle. Imaginem as consequências!

E que sanções? Nos últimos tempos não há palavra mais ameaçadora do que essa — "sanções" — no palco das discussões internacionais. Mas se pensarmos um pouco, logo se verá que há mais fumaça do que fogo.

Alguns comandantes da Guarda Revolucionária talvez sejam prejudicados, a economia iraniana talvez sofra algum dano secundário. Mas ninguém cogita aplicar "sanções que paralisarão o Irã", porque não há qualquer chance de Rússia e China concordarem. Ambos os países fazem bons negócios com o Irã.

Além disso, a possibilidade de essas sanções interromperem a fabricação da bomba, ou mesmo de retardar o processo, é mínima. Do ponto de vista dos aiatolás, o esforço nuclear é um imperativo de segurança nacional — só um país com bomba atômica tem como defender-se de um ataque americano. Diante das ameaças repetidas dos porta-vozes americanos de derrubar seu regime, nenhum governo iraniano poderia agir diferentemente. As negações do Irã são pouco convincentes. Segundo todos os relatos, até os maiores opositores de Mahmoud Ahmadinejad apoiam o projeto da bomba atômica e o defenderão se for atacado.

Nesse ponto a liderança israelense tem razão: nada impedirá o Irã de construir uma bomba nuclear, exceto o emprego em massa de força militar. "Sanções" são brincadeiras de criança. Os governantes americanos falam delas em termos tão empolgados apenas para encobrir o fato de que nem eles, com toda sua força, podem impedir os iranianos de obterem a bomba.

Quando Netanyahu & Cia. criticam a falta de capacidade dos Estados Unidos para enfrentar o Irã, os americanos lhes respondem na mesma toada: vocês também não são confiáveis.

De fato, que confiança mereceriam nossos líderes? Eles mesmos convenceram o público israelense de que o armamento nuclear iraniano é uma questão de vida ou morte para Israel. Que o Irã é governado por um louco, um novo Hitler, antissemita doente, obcecado negador do Holocausto. Se ele tiver uma bomba nuclear não hesitará em lançá-la sobre Tel Aviv e Dimona. Com tal espada sobre nossas cabeças, este não é um momento para assuntos triviais como a questão palestina e a ocupação.

Quem quer que toque na questão palestina com nossos líderes é imediatamente interrompido: "Que Palestina? Esqueçam isso! Vamos conversar sobre a bomba iraniana!"

Obama e sua equipe têm conseguido inverter a argumentação de Netanyahu: se essa é realmente uma ameaça existencial a Israel, dizem eles, por favor tirem as conclusões. Se a bomba iraniana ameaça a própria existência de Israel, vocês devem sacrificar os assentamentos da Cisjordânia para impedi-la. Aceitem a proposta da Liga Árabe, façam a paz com os palestinos o mais rapidamente possível. Esse movimento de Israel facilitará a posição dos Estados Unidos no Iraque e no Afeganistão e liberará nossas tropas. Além disso, o Irã ficará sem pretexto para fazer guerra contra Israel. As massas no mundo árabe deixariam de apoiar tal guerra.

E os Estados Unidos concluem: se um novo bairro judaico em Jerusalém Oriental é mais importante para Israel do que a bomba iraniana, então, evidentemente, esse assunto não é tão crítico assim para vocês. E essa, modestamente, também é a minha opinião.

Anteontem uma jornalista do canal 2 da TV, muito popular em Israel, me telefonou e perguntou, com voz chocada: "É verdade que você deu uma entrevista à agência iraniana de notícias?"

"É verdade", respondi. A agência mandou-me algumas perguntas por e-mail, sobre a situação política e enviei as respostas. "Por que você fez isso?", ela perguntou-acusou. "E por que não?", disse eu. E a conversa acabou ali.

De fato, por que não? Sim, Ahmadinejad é um líder repulsivo. Espero que os iranianos livrem-se dele e suponho que isso vai acontecer mais cedo ou mais tarde. Mas nossas relações com o Irã não dependem de uma só pessoa, seja quem for.

Israel e Irã sempre foram nações amigas, desde os tempos de Ciro até Khomeini (a quem Israel forneceu armas na guerra contra o Iraque).

Hoje em dia o Irã é apresentado em Israel como uma caricatura: um país primitivo, louco, sem outra coisa na cabeça além da obsessão de destruir o Estado sionista. Mas basta ler alguns bons livros sobre o Irã (recomendaria *Understanding Iran*, de William Polk) para conhecer uma das civilizações mais antigas do mundo, onde nasceram vários grandes impérios e que deu uma impressionante contribuição para a cultura, uma tradição antiga e digna. Para vários especialistas, a religião judaica foi profundamente influenciada pelos ensinamentos éticos de Zoroastro (Zaratustra).

Sejam quais forem os desmandos de Ahmadinejad, os clérigos islâmicos, que governam realmente o país, têm conduzido uma política cautelosa e sóbria e nunca atacaram qualquer outro país. Eles têm interesses importantes, mas Israel não está entre eles. A ideia de que sacrificariam sua própria pátria para destruir Israel é ridícula.

A simples verdade é que não há meios de impedir que os iranianos obtenham uma bomba atômica. Portanto, é melhor pensar seriamente sobre a situação que se criaria: um equilíbrio de terror como o existente entre Índia e Paquistão, uma elevação do Irã à categoria de potência regional e a necessidade de iniciar um diálogo sóbrio com esse país.

A principal conclusão, contudo, é a seguinte: é preciso fazer a paz com o povo palestino e com todo o mundo árabe para puxar o tapete debaixo da postura iraniana de que os estaria protegendo de nós.

3/4/2010

O Americano Tranquilo

O Americano Tranquilo é o herói do romance de Graham Greene sobre a primeira guerra do Vietnã, na qual os franceses foram derrotados.

Era um americano jovem e ingênuo, filho de um professor, que fora bem educado em Harvard, um idealista com todas as melhores intenções. Quando chegou, como soldado ao Vietnã, queria ajudar os nativos a superar os dois principais males que via lá: o colonialismo francês e o comunismo. Sem saber coisa alguma sobre o país no qual estava, provocou um desastre. O romance termina num massacre — resultado dos esforços desorientados do "americano tranquilo". Comprovou-se a velha máxima: "A estrada para o inferno é pavimentada de boas intenções."

Já se passaram 54 anos desde que esse livro foi escrito, mas parece que o Americano Tranquilo não mudou. Ainda é idealista (pelo menos, ele acredita que seja idealista), ainda deseja levar a redenção a povos estrangeiros distantes e sobre os quais nada sabe; e ainda provoca desastres terríveis: aconteceu no Iraque, no Afeganistão e agora, parece, no Iêmen.

O exemplo do Iraque é o mais simples de todos.

Os soldados americanos foram mandados ao Iraque para derrubar o regime tirano de Saddam Hussein. Havia, é claro, outros objetivos menos altruístas, como tomar o controle do petróleo iraquiano e instalar bases americanas no coração da região petrolífera do Oriente Médio. Mas a aventura foi apresentada ao público americano como uma empreitada idealista contra um ditador sanguinário que ameaçava o mundo com bombas nucleares.

Isso aconteceu há seis anos e a guerra continua. Barack Obama, que se opôs à guerra desde o início, prometeu tirar os americanos de lá. Apesar de muita conversa, não há fim à vista.

Por quê? Porque os que realmente tomam decisões em Washington não tinham ideia alguma do que é o país que queriam libertar e ajudar a viver feliz para sempre.

Desde o início o Iraque foi um Estado artificial. Os britânicos costuraram umas às outras várias províncias otomanas para servir aos seus interesses coloniais. Coroaram um árabe sunita como rei dos curdos, que não são árabes, e dos xiitas, que não são sunitas. Só uma sucessão de ditadores, cada um mais brutal que o outro, impediu que o Estado se esfacelasse.

Os planejadores em Washington não tinham qualquer interesse na história, na demografia nem na geografia do país que invadiram com força brutal. O caso, visto de Washington, pareceu bem simples: alguém teria de derrubar o tirano, estabelecer instituições democráticas à maneira dos Estados Unidos, fazer eleições livres... e tudo o mais entraria "naturalmente" nos eixos.

Ao contrário das expectativas, os americanos não foram recebidos com flores. Tampouco encontrou-se lá a terrível bomba atômica de Saddam. Como o elefante na loja de porcelana do provérbio, quebraram tudo, destruíram o país e acabaram presos num pântano.

Depois de anos de operações militares sangrentas que levaram a lugar nenhum, encontraram afinal uma panaceia. Para o inferno o idealismo; para o inferno os altos ideais; para o inferno todas as doutrinas militares. Hoje os Estados Unidos não fazem outra coisa além de subornar os chefes tribais que constituem a realidade do Iraque.

OUTRO ISRAEL

O Americano Tranquilo não sabe como se safar de lá. Sabe que, se sair agora, há risco de o país se desintegrar em matança geral.

Dois anos antes de invadir o Iraque, os americanos invadiram o Afeganistão.

Por quê? Porque uma organização chamada al-Qaeda ("a base") declarara-se autora da destruição das Torres Gêmeas em Nova York. Os chefes da al-Qaeda estavam no Afeganistão, lá ficavam seus campos de treinamento. Para os americanos, tudo estava claro — ninguém precisava pensar duas vezes (de fato, parece, ninguém tampouco pensara uma primeira vez).

Se os Estados Unidos conhecessem o país que decidiram invadir, talvez tivessem hesitado. O Afeganistão é um histórico cemitério de exércitos invasores. Grandes impérios saíram de lá com o rabo entre as pernas. Diferentemente do Iraque, que é plano, o Afeganistão é país montanhoso, um paraíso para a guerra de guerrilhas. Além de ser lar de vários povos e de incontáveis tribos, cada povo e cada tribo é furiosamente zeloso da própria independência.

Os estrategistas em Washington não tomaram conhecimento de nada disso. Para eles, parece, todos os países são idênticos, todas as sociedades são iguais. No Afeganistão, também, bastaria estabelecer uma democracia livre, à moda dos Estados Unidos, com eleições à moda dos Estados Unidos e viva! — tudo daria certo.

O elefante entrou na loja de porcelanas sem pedir licença e obteve vitória estrondosa. A Força Aérea "bombou", o Exército não encontrou obstáculos, a al-Qaeda sumiu como um fantasma, os Talibã ("estudantes religiosos") fugiram. As mulheres poderiam voltar a andar pela rua sem véus, as meninas encheriam as escolas, os campos de ópio voltariam a florescer, assim como os protegidos de Washington em Cabul.

Contudo... a guerra prossegue, ano após ano, o número de americanos mortos sobe inexoravelmente. Para quê? Ninguém sabe. É como se a guerra tivesse adquirido vida própria, sem quê nem por quê, sem objetivo, sem razão. Um americano deve perguntar-se: o que, diabos, estamos fazendo ali?

O objetivo imediato, a expulsão da al-Qaeda do Afeganistão, foi ostensivamente alcançado. A al-Qaeda já não está lá — supondo-se que algum dia tenha estado.

Escrevi certa vez que a al-Qaeda é invenção dos Estados Unidos e que Osama bin Laden foi descoberto pela central de seleção de atores de Hollywood e mandado para fazer aquele papel. Osama bin Laden é perfeito demais para ser autêntico.

Claro, exagerei um pouco. Mas só um pouco. Os Estados Unidos vivem precisando de um inimigo universal. No passado, foi o Comunismo Internacional, cujos agentes eram vistos atrás de cada árvore, por baixo de cada tábua do assoalho. Infelizmente, já não há União Soviética, há falta de inimigo, alguém teria de preencher o papel. Foi quando acharam a *jihad* planetária, encarnada na al-Qaeda. Esmagar o "Terrorismo Mundial" passou a ser a razão de ser de tudo que os Estados Unidos fazem.

Essa razão de ser não é razão; como objetivo, é irracional. O terrorismo não passa de um instrumento de guerra. Esse instrumento é utilizado por organizações completamente diferentes umas das outras, que lutam nos mais diversos países, por metas totalmente distintas. Fazer guerra universal contra "o terror internacional" é como fazer guerra à "artilharia internacional" ou à "marinha internacional".

Não há nenhum movimento terrorista universal liderado por Osama bin Laden. Graças aos Estados Unidos, "al-Qaeda" tornou-se grife prestigiada no mercado da guerrilha, assim como "McDonald's" e "Armani", no mundo do fast-food e da moda. Cada militante de organização islâmica pode hoje se apropriar da grife, mesmo sem pagar royalties a Bin Laden.

Os governos controlados pelos Estados Unidos, que sempre rotularam de "comunistas" seus inimigos locais para obter ajuda dos patrões americanos, hoje rotulam os seus inimigos locais de "terroristas da al-Qaeda".

Ninguém sabe onde está Bin Laden — nem sequer se está vivo — não há provas de que esteja no Afeganistão. Há quem diga que se mudou para o vizinho Paquistão. E mesmo que lá esteja: que sentido há em alguém fazer guerra e matar milhares de pessoas para caçar um único homem?

Há os que dizem: Ok, Bin Laden não existe. Mas é preciso impedir a volta dos Talibã ao governo do Afeganistão. Por quê, santo Deus?! Quem são os americanos para mandar no Afeganistão? Pode-se odiar os fanáticos religiosos em geral e os Talibã em particular — mas seria motivo para uma guerra interminável?

Se os afegãos preferem ser governados pelos Talibã, em vez dos mercadores de ópio que hoje estão no poder em Cabul, o problema é deles. E parece que sim, que preferem os Talibã, dado que eles já retomaram o controle de praticamente todo o país. Essa não é uma boa razão para fazer uma guerra como a do Vietnã.

Mas como é que os Estados Unidos sairão de lá? Obama não sabe. Durante a campanha eleitoral, Obama prometeu, com entusiasmo febril de candidato, que aprofundaria a guerra no Afeganistão como uma espécie de compensação pela retirada do Iraque. Hoje está atolado tanto no Iraque como no Afeganistão. E aparentemente está prestes a atolar-se, também, numa terceira guerra.

Durante os últimos dias, o nome do Iêmen aparece em todas as manchetes. Iêmen — um segundo Afeganistão, um terceiro Vietnã. O elefante está pronto para entrar em outra loja de porcelanas. Desta vez, tampouco está preocupado com a porcelana.

Sei pouco sobre o Iêmen, mas sei o suficiente para entender que só um doido teria qualquer interesse em deixar-se envolver lá. É mais um Estado artificial, composto de metades incompatíveis — o país de Sanaa no norte e o sul (ex-britânico). A maior parte do país é montanhosa, controlada por tribos belicosas que defendem, todas, a própria independência. Como o Afeganistão, é uma região ideal para guerra de guerrilhas.

Lá também há um grupo que adotou a grife "al-Qaeda": é a "al-Qaeda da Península Arábica" (depois que os militantes iemenitas uniram-se aos irmãos sauditas). Mas seus chefes interessam-se muito menos pela revolução mundial do que pelas intrigas e batalhas das tribos entre elas e contra o governo "central" — uma realidade com história de milhares de anos. Só um doido absoluto poria a própria cabeça nesse travesseiro.

O nome Iêmen significa "a terra à direita". (Se se olha para Meca a partir do Oeste, o Iêmen fica à direita, com a Síria à esquerda.) A direita também tem conotação de felicidade e o nome Iêmen é associado a al-Yamana, palavra em árabe para "estar feliz". Os romanos chamavam aquela terra de Arabia Felix ("Arábia Feliz"), porque era terra próspera, que enriqueceu no comércio de especiarias.

(Aliás, por falar nisso, talvez interesse a Obama saber que outro líder, de outra superpotência, César Augusto, tentou uma vez invadir o Iêmen e foi rechaçado.)

Se o Americano Tranquilo, na sua mistura de idealismo e ignorância, resolver levar para lá a democracia e as quinquilharias de sempre, porá fim a qualquer felicidade que lá ainda haja. Os Estados Unidos afundarão em outro pântano, dezenas de milhares de pessoas serão mortas. Tudo terminará em desastre.

É possível que o problema tenha raízes — entre outras — na arquitetura de Washington DC.

A cidade é cheia de prédios enormes, de ministérios e outros escritórios da única superpotência que há no mundo. As pessoas que trabalham lá sentem o poder tremendo de seu império. Olham para os chefes tribais do Afeganistão e do Iêmen como um rinoceronte olha as formigas que correm entre suas patas. O rinoceronte caminha por cima das formigas sem percebê-las. Mas as formigas sobrevivem.

De modo geral, o Americano Tranquilo faz pensar também em Mefistófeles no *Fausto*, de Goethe, que se autodefine como a força que "sempre quer o mal e sempre cria o bem". Só que ao contrário.

9/1/2010

Bandeira preta

Um juiz espanhol iniciou um inquérito judicial em que acusa sete líderes políticos e militares israelenses de crimes de guerra e contra a humanidade. A razão: a bomba de uma tonelada, lançada em 2002, sobre a casa de Salah Shehade, líder do Hamas. Além da vítima visada no atentado, foram mortas 14 pessoas, a maioria crianças. Para os que tenham esquecido: o então comandante da Força Aérea de Israel, Dan Halutz, foi entrevistado, à época, sobre o que sentia quando lançava uma bomba em um prédio residencial. A resposta dele, inesquecível: "Uma leve trepidação na asa." Quando nós, do Gush Shalom (Bloco da Paz), o acusamos de crime de guerra, exigiu que fôssemos processados por traição. Com ele estava o primeiro-ministro, Ariel Sharon, que nos acusou de desejar "entregar os oficiais do Exército de Israel ao inimigo". Fomos oficialmente notificados pelo procurador-geral de que o Estado de Israel não investigaria o ataque à bomba.

Eu deveria estar feliz, portanto, por, depois de tanto tempo, alguém ter decidido dar andamento àquele processo (por mais que pareça motivado por pressão política). Mas lamento que tenha acontecido na Espanha, e não em Israel.

Os telespectadores em Israel têm sido brindados com imagens bizarras: os oficiais do Exército mascarados como criminosos comuns quando o tribunal proíbe que sejam identificados. Como os pedófilos ou molestadores de mulheres idosas.

As ordens dos censores militares aplicam-se a todos os oficiais, de comandantes de batalhão para baixo, que tenham participado na guerra de Gaza. Como já se conhecem todas as caras dos comandantes de brigada para cima, o mascaramento obrigatório não os inclui.

Imediatamente depois do cessar-fogo, o ministro da Defesa, Ehud Barak, promoveu uma lei especial que dá apoio ilimitado do Estado a todos os soldados e oficiais que participaram da guerra de Gaza e que possam ser acusados, no exterior, por prática de crime de guerra. O que parece confirmar um ditado hebraico: "Em cabeça de ladrão, chapéu pega fogo."

Nada tenho contra esses processos fora de Israel. O que interessa é que os criminosos de guerra, como os piratas, sejam julgados. Não importa muito onde sejam presos. (Essa foi a regra aplicada pelo Estado de Israel quando sequestrou Adolf Eichmann, na Argentina, e o enforcou, em Israel, por crimes hediondos, cometidos fora do território de Israel e mesmo antes de Israel existir.)

Mas como patriota israelense eu preferiria que israelenses suspeitos de crime de guerra fossem julgados em Israel. Isso é necessário para o país, por respeito aos oficiais e soldados decentes do Exército de Israel e para educar as futuras gerações de cidadãos e de soldados.

Não é preciso recorrer às leis internacionais. O Estado de Israel tem leis contra crimes de guerra. Basta lembrar a sentença imortal cunhada por Binyamin Halevy, quando servia como juiz militar, no julgamento dos policiais de fronteira que foram responsáveis, em 1956, pelo massacre em Kafr Kassem. Naquele caso, dezenas de crianças, homens e mulheres foram assassinadas por violar um toque de recolher que nem sabiam que tinha sido implantado.

O juiz declarou que mesmo em tempos de guerra há ordens que carregam a "bandeira preta da ilegalidade". São ordens "manifestamente" ilegais — isto é, ordens que qualquer pessoa normal sabe que são ilegais, sem precisar consultar advogados.

Criminosos de guerra envergonham o Exército cujo uniforme vestem — sejam generais ou soldados rasos. Como soldado combatente

OUTRO ISRAEL

que fui, no dia em que o Exército de Defesa de Israel foi oficialmente criado, envergonho-me dos criminosos de guerra e exijo que sejam expulsos do Exército e julgados em Israel.

Minha lista de suspeitos inclui políticos, soldados, rabinos e advogados.

Não há nem sombra de dúvida de que, na guerra de Gaza, cometeram-se crimes de guerra. Falta determinar quem os cometeu e a extensão dos crimes.

Exemplo: soldados gritaram para os moradores de uma casa que saíssem. Uma mulher e quatro crianças saíram, acenando lenços brancos. É absolutamente claro que não eram combatentes armados. Um soldado de um tanque próximo levantou-se, mirou e matou-os à queima-roupa. Segundo testemunhas que parecem confiáveis, fatos semelhantes aconteceram mais de uma vez.

Outro exemplo: o bombardeio da escola da ONU, repleta de refugiados, de onde não saiu um único tiro — o que até o Exército já admitiu, depois que os pretextos iniciais foram descartados.

Esses são casos "simples". Mas o espectro de casos é muito mais amplo. Uma investigação judicial criteriosa teria de começar por cima: pelos políticos e oficiais superiores que decidiram iniciar a guerra e autorizaram os planos; todos esses têm de ser investigados a partir das decisões que tomaram. Em Nuremberg ficou estabelecido que é crime iniciar uma guerra de agressão.

Uma investigação objetiva tem de determinar se a decisão de iniciar a guerra de Gaza se justifica ou se haveria outros meios para deter o lançamento de foguetes contra o território de Israel. Claro que país algum aceitaria que suas cidades e aldeias fossem bombardeadas. Mas não haveria meio de evitar que fossem, no caso de Israel, mediante contato com as autoridades em Gaza? A verdadeira causa da guerra não teria sido a decisão do nosso governo de boicotar o Hamas, vencedor de eleições democráticas? O bloqueio imposto a 1,5 milhão de habitantes da Faixa de Gaza contribuiu para que começassem os ataques com Qassams? Em resumo: antes de decidir iniciar uma guerra brutal, o governo de Israel considerou devidamente todas as alternativas?

O plano de guerra incluiu ataque em massa contra a população civil da Faixa de Gaza. O real objetivo da guerra pode ser deduzido menos das declarações oficiais dos que a iniciaram e mais de suas ações. Se nessa guerra foram mortos cerca de 1.300 homens, mulheres e crianças, a grande maioria dos quais não era de combatentes; se cerca de 5 mil pessoas foram feridas, a maioria das quais, crianças; se cerca de 2.500 residências foram destruídas total ou parcialmente; se a infraestrutura em Gaza foi demolida — é evidente que nada disso poderia acontecer acidentalmente. Tudo isso, necessariamente, deve ter sido parte do plano de guerra.

Os pronunciamentos de políticos e comandantes militares durante a guerra deixam claro que o plano tinha dois objetivos e ambos configuram crime de guerra: (1) causar morte e destruição em larga escala, para "fixar um preço", "para marcar a fogo a consciência [do inimigo]", "para reforçar o poder de dissuasão" e, sobretudo, para levar a população a levantar-se contra o Hamas e derrubar seu governo. Evidentemente tudo isso afeta principalmente a população civil. E (2) evitar baixas no nosso Exército a (literalmente) qualquer preço, destruindo qualquer prédio e matando qualquer pessoa na área na qual nossas tropas se deslocassem, destruindo também casas habitadas e impedindo o socorro aos feridos, matando gente indiscriminadamente. Em alguns casos, os habitantes foram advertidos para fugir, mas isso foi principalmente para construir um álibi: não havia para onde fugir e muitas vezes se abriu fogo contra pessoas que tentaram escapar.

Uma corte independente terá de decidir se tal plano de guerra condiz com a legislação nacional e internacional ou se, desde o início, configura crime de guerra e crime contra a humanidade.

Foi uma guerra de um exército regular com enorme capacidade de ataque contra uma força de guerrilha. Mas nesse tipo de guerras,

OUTRO ISRAEL

inclusive, nem tudo é permitido. Argumentos como "os terroristas do Hamas escondiam-se entre os civis" e "usaram a população como escudos humanos" servem talvez para propaganda, mas são irrelevantes: é sempre assim em guerra de guerrilhas. E, nessas circunstâncias, a decisão de iniciar uma guerra deve levar em consideração o alto risco de atingir civis.

Em um Estado democrático, os militares são subordinados aos dirigentes políticos. Ok. Mas isso não inclui obedecer a ordens "manifestamente" ilegais, sobre as quais paire a bandeira preta da ilegalidade. Desde os julgamentos de Nuremberg já não se aceitam mais desculpas de que "eu estava apenas obedecendo ordens".

É indispensável, portanto, examinar a responsabilidade pessoal de todos os envolvidos — do chefe do Estado-Maior, do comandante de operações e dos comandantes de divisão até o último soldado. Pode-se deduzir das declarações dos soldados que muitos acreditavam que a missão era "matar a maior quantidade possível de árabes". Isso só significa uma coisa: não distinguir entre combatentes e não combatentes. Essa ordem é completamente ilegal, seja explícita ou implícita, numa piscadela ou num cutucão. Os soldados entenderam que esse era "o espírito do comandante".

Dentre os suspeitos de crimes de guerra, os rabinos têm lugar de honra.

Aqueles que incitaram a prática de crimes de guerra e conclamaram os soldados, direta ou indiretamente, também podem ser responsáveis por crimes de guerra.

Quando se fala de "rabinos", pensa-se em homens velhos, de longas barbas brancas e grandes chapéus, que dão voz a saberes veneráveis. Os rabinos que acompanharam as tropas são de espécie muito diferente.

Nas últimas décadas, a educação religiosa financiada pelo Estado, em Israel, tem formado "rabinos" que mais parecem padres católicos medievais do que os velhos sábios judeus poloneses ou marroquinos.

Esse sistema de doutrinação converte os jovens a uma espécie de culto tribal violento, totalmente etnocêntrico, que vê a história universal como história contínua dos judeus como vítimas. É uma religião do Povo Eleito, sem compaixão por quem não seja judeu, que glorifica o genocídio decretado por Deus narrado na Bíblia, no Livro de Josué.

Os "rabinos", professores dos jovens religiosos, são resultado desse tipo de educação. Por influência deles, está em andamento um esforço sistemático para ocupar mais espaço dentro do Exército israelense. Oficiais que usam quipá substituíram os oficiais educados nos kibutz e que há pouco tempo eram maioria no Exército. Muitos dos oficiais de baixas e médias patentes hoje em dia pertencem a esse grupo.

O exemplo mais destacado é o rabino-chefe do Exército, coronel Avichai Ronsky, que declarou que sua missão é reforçar "o espírito de combate" dos soldados. É um homem de extrema-direita, próximo das ideias do falecido rabino Meir Kahane, cujo partido foi tornado ilegal em Israel, por sua ideologia fascista. Os soldados receberam brochuras de conteúdo religioso-fascista, que foram patrocinadas pelo rabinato do Exército, com textos desses "rabinos" de extrema-direita.

Esse material inclui incitamento político, a ideia de que a religião judaica proíbe "ceder um milímetro sequer da 'Grande Israel'"; que os palestinos, como os bíblicos filisteus (nome étnico do qual deriva a palavra Palestina), são um povo estrangeiro que invadiu o país e que qualquer concessão (como as indicadas no programa oficial do governo) seria pecado mortal. A distribuição de propaganda política aos soldados viola, é claro, as leis militares.

Os rabinos pregaram aos soldados, abertamente, que fossem cruéis e impiedosos com os árabes. Tratá-los com piedade seria — disseram eles — "terrível, horrenda imoralidade". Esse material foi distribuído aos soldados religiosos que partiam para o combate. E isso ajuda a entender por que as coisas aconteceram como aconteceram.

Quem planejou essa guerra sabia que a sombra dos crimes de guerra pairava sobre toda a operação. Prova: o procurador-geral

OUTRO ISRAEL

(cujo título oficial é "conselheiro legal do governo") participou do planejamento. Esta semana, o advogado-geral do Exército, coronel Avichai Mandelblut, revelou que seus funcionários estiveram alocados, durante toda a guerra, em todos os comandos, do gabinete do chefe do Estado-Maior até os comandos de divisão.

Tudo isso leva à conclusão inescapável de que os assessores jurídicos têm responsabilidade direta pelas decisões tomadas e implementadas, do massacre dos formandos da polícia civil, assassinados durante a cerimônia de formatura, até o bombardeio de instalações da ONU. Todos os advogados que participaram das deliberações antes de as ordens serem expedidas são responsáveis pelas consequências, a menos que possam provar que se opuseram a essas ordens.

O advogado-geral do Exército, a quem cabe dar aconselhamento profissional e objetivo ao Exército, fala de um "inimigo monstruoso" e tem tentado justificar as ações do Exército dizendo que enfrentava "um inimigo sem freios, que declarara que 'ama a morte' e esconde-se atrás de mulheres e crianças". Essa linguagem, perdoável talvez nos discursos de algum comandante embriagado pela guerra, como o chefe de batalhão que ordenou que seus soldados se suicidassem se houvesse risco de serem capturados, é totalmente inadmissível no discurso do advogado-geral do Exército.

Devemos seguir todos os trâmites legais em Israel e exigir uma investigação independente e que sejam indiciados todos os suspeitos de crimes de guerra. Temos de exigir que se cumpram esses imperativos de lei, ainda que as chances de que se venham a cumprir sejam, de fato, mínimas.

Se nossos esforços falharem, ninguém terá o que objetar se Israel for julgado em tribunais no exterior, seja em corte internacional ou seja em cortes nacionais de países que respeitam os direitos humanos e a lei internacional.

Até lá, a bandeira preta vai continuar pairando.

31/1/2009

Do lado errado

De todas as belas frases do discurso de posse de Barack Obama, estas são as palavras que me ficaram na cabeça: "Vocês estão do lado errado da história."

Falava dos regimes tirânicos do mundo. Mas nós também devemos refletir sobre essas palavras.

Nos últimos dias tenho ouvido muitas declarações de Ehud Barak, Tzipi Livni, Binyamin Netanyahu e Ehud Olmert. E cada vez que as ouço aquelas palavras voltam a me perseguir: "Vocês estão do lado errado da história!"

Obama falou como um homem do século XXI. Nossos líderes falam a linguagem do século XIX. São como os dinossauros, que antigamente espalhavam medo à sua volta, e nem percebem que seu tempo já passou.

Durante a emocionante cerimônia de posse, várias vezes falou-se do quadro multicolorido que é a família do novo presidente.

Todos os 43 presidentes antes de Obama foram brancos e protestantes, exceto John Kennedy, branco e católico. Deles, 38 eram descendentes de emigrados das ilhas britânicas. Dos outros cinco, três eram descendentes de holandeses (Theodor e Franklin D. Roosevelt e Martin van Buren) e dois, de alemães (Herbert Hoover e Dwight Eisenhower.)

A face da família Obama é muito diferente. Na família ampliada há brancos e descendentes de escravos negros, africanos do Quênia, indonésios, chineses do Canadá, cristãos, muçulmanos e até um judeu (um afro-americano convertido). Os dois primeiros nomes do presidente, Barack Hussein, são árabes.

Essa é a face da nova nação americana — uma mistura de raças, religiões, países de origem e cores de pele, uma sociedade aberta e diversa, na qual se espera que os cidadãos sejam iguais e se identifiquem com os "pais fundadores". O americano Barack Hussein Obama, filho de pai nascido numa aldeia do Quênia, pode falar com orgulho de "George Washington, pai de nossa nação", da "Revolução Americana" (a guerra de independência contra os britânicos) e lembrar o exemplo dos "nossos ancestrais" — que incluem tanto os pioneiros brancos como os escravos negros que "sofreram o golpe do chicote". Essa é a percepção de uma nação moderna, multicultural e multirracial: uma pessoa se junta a ela adquirindo a cidadania e, a partir desse momento, torna-se herdeira de toda a história da nação.

Israel é produto do nacionalismo estreito do século XIX, um nacionalismo fechado e excludente, baseado na origem étnica e racial, em sangue e terra. Israel é um "Estado judeu" e um judeu é quem nasceu judeu ou converteu-se conforme a lei religiosa judaica (Halakha). Como o Paquistão e a Arábia Saudita, Israel é um Estado cujo mundo mental é, em grande parte, condicionado pela religião, pela raça e pela origem étnica.

Quando Ehud Barak fala sobre o futuro, ele utiliza a linguagem de séculos passados, em termos de força bruta e ameaças brutais, com exércitos fornecendo soluções para todos os problemas. Essa foi também a linguagem de George W. Bush, que na semana passada desapareceu de Washington, uma linguagem que já soa para os ouvidos ocidentais como eco de um passado distante.

As palavras do novo presidente vibram no ar: "Nossa força, só ela, não pode proteger-nos nem nos autoriza a fazer o que quisermos." As palavras-chave foram "humildade e moderação".

Nossos líderes agora se vangloriam de sua parte na guerra de Gaza, na qual uma força militar sem limites foi utilizada intencionalmente contra uma população civil, homens, mulheres e crianças, com o objetivo declarado de "criar dissuasão". Na era que começou na terça-feira passada, esse tipo de expressão só gera indignação.

Entre Israel e os Estados Unidos abriu-se uma fenda esta semana, ainda estreita, quase invisível — mas que pode alargar-se e converter-se em um abismo.

Os primeiros sinais ainda são fracos. No discurso de posse, Obama disse que "Somos uma nação de cristãos, muçulmanos, judeus e hindus — e de não crentes."

Desde quando? Desde quando os muçulmanos aparecem antes dos judeus? O que aconteceu com a "herança judaico-cristã"? (Expressão completamente falsa, para começar, porque o judaísmo é muito mais próximo do islamismo do que do cristianismo. Por exemplo: judaísmo e islamismo não pregam a separação entre religião e Estado.)

Na manhã seguinte, Obama telefonou para vários líderes do Oriente Médio. Decidiu fazer um gesto inusitado: o primeiro telefonema foi para Mahmoud Abbas, só depois telefonou a Ehud Olmert. A mídia israelense não consegue digerir isso. O *Haaretz*, por exemplo, falsificou conscientemente a notícia escrevendo — não só uma, mas duas vezes na mesma edição — que Obama telefonou a "Olmert, Abbas, Mubarak e ao rei Abdallah" (nessa ordem).

Em vez do grupo de judeus americanos que estiveram encarregados do conflito israelense-palestino, tanto durante o governo de Clinton como o de Bush, Obama, logo no primeiro dia no cargo, nomeou um árabe-americano, George Mitchell, filho de mãe libanesa que chegou aos Estados Unidos com 18 anos. Mitchell, órfão de pai irlandês, foi criado por uma família de cristãos maronitas libaneses.

Nenhuma dessas é boa notícia para os líderes israelenses. Nos últimos 42 anos mantiveram uma política de expansão, ocupação e assentamentos em estreita cooperação com Washington. Confiaram no apoio ilimitado dos Estados Unidos, desde o fornecimento em massa de dinheiro e de armas até o veto no Conselho de Segurança da ONU. Esse apoio foi essencial para a política israelense. Esse apoio pode estar alcançando seus limites.

Claro que as coisas acontecerão gradualmente. O lobby pró-Israel em Washington continuará a impor o medo de Deus no Congresso. Um navio imenso, como os Estados Unidos, só pode alterar o rumo muito lentamente, tem de fazer uma curva suave. Mas a virada começou logo no primeiro dia do governo Obama.

Nada disso aconteceria se os próprios Estados Unidos não tivessem mudado. Não se trata apenas de uma mudança política. Ocorre uma mudança na visão de mundo, na perspectiva mental, nos valores. Certo mito americano, muito semelhante ao mito sionista, foi substituído por outro mito americano. Não por acaso Obama devotou parte tão grande do discurso a esse tema (o discurso, aliás, não inclui uma única palavra sobre o extermínio dos nativos americanos).

A guerra de Gaza, quando dezenas de milhões de americanos assistiram à horrível carnificina na Faixa de Gaza (apesar de a rigorosa autocensura só ter mostrado uma parte ínfima do que realmente aconteceu), acelerou o processo de distanciamento. Israel, o valente irmãozinho, aliado leal na "Guerra ao Terror" de Bush, tornou-se violento, um monstro enlouquecido, sem compaixão por mulheres, crianças, feridos e doentes. E quando sopram ventos como esses, o lobby perde peso.

Os líderes oficiais israelenses nada perceberam. Não sentem que Obama implanta um novo contexto e que "o chão se deslocou sob seus pés". Pensam que não passa de um problema político passageiro, que pode ser resolvido com a ajuda do lobby e dos membros servis do Congresso.

Nossos líderes ainda estão intoxicados pela guerra, embriagados de violência. Reescreveram a frase famosa do general prussiano Carl von Clausewitz. Para eles: "A guerra é a continuação de uma campanha eleitoral por outros meios." Competem entre eles com empenho de se vangloriar, cada um por seu quinhão do "crédito".

Tzipi Livni, que não pode disputar com os homens a coroa de senhor da guerra, tenta superar os homens em dureza, belicosidade e impiedade.

De todos o mais brutal é Ehud Barak. Uma vez eu o chamei de "criminoso de paz", porque levou ao fracasso a conferência de Camp David em 2000 e destroçou o campo da paz israelense. Agora devo chamá-lo de "criminoso de guerra", porque foi quem planejou a guerra de Gaza, sabendo que assassinaria um grande número de civis.

De seu ponto de vista e de muitos na opinião pública israelense, a guerra foi uma operação militar digna de todos os elogios. Os conselheiros de Barak também apostaram que a guerra o levaria a um sucesso eleitoral. O Partido Trabalhista, que durante décadas foi o maior partido no Parlamento israelense, se reduzira nas pesquisas a 12, até a nove cadeiras, entre 120. Com a ajuda da atrocidade em Gaza, subiu agora para 16 cadeiras, ou próximo disso. Não é um grande aumento e nada garante que não volte a afundar.

Qual foi o erro de Barak? Simples: as guerras sempre ajudam a direita. A guerra, por sua própria natureza, desperta na população as emoções mais primitivas — ódio e medo, medo e ódio. A direita cavalga sobre essas emoções há séculos. Mesmo quando a "esquerda" inicia uma guerra, ainda assim a direita sempre sai ganhando com isso. Em uma situação de guerra a população prefere eleger um direitista autêntico a um esquerdista falso.

Essa, aliás, é a segunda vez que Barak comete o mesmo erro. Quando, em 2000, disseminou o mantra do "Revirei cada pedra no caminho da paz./ Ofereci aos palestinos o que jamais alguém lhes oferecera./ Rejeitaram tudo./ Não há com quem negociar." — Barak conseguiu não só reduzir a esquerda a frangalhos mas também abriu o caminho para a ascensão de Ariel Sharon nas eleições de 2001. Agora está pavimentando a estrada para Binyamin Netanyahu (com a esperança bem evidente de ser seu ministro da Defesa).

E Barak não pavimenta a estrada apenas para Binyamin Netanyahu. O verdadeiro vencedor nessa guerra é um homem que nem participou dela: Avigdor Lieberman.

O partido de Lieberman, que em qualquer país normal seria chamado de fascista, está crescendo nas pesquisas eleitorais. Por quê? Porque Lieberman soa e parece como um Mussolini israelense, odeia árabes, representa a força mais brutal. Comparado a Lieberman, até Netanyahu parece moderado. Grande parte dos mais jovens, criados ao longo de anos de ocupação, matança e destruição, depois de duas guerras atrozes, vê Lieberman como um político digno de liderar o país.

Enquanto os Estados Unidos dão um salto gigante para a esquerda, Israel está prestes a dar um salto maior ainda para a direita.

Quem viu os milhões que se reuniram em Washington para assistir à posse de Obama sabe que o novo presidente americano não falou só em seu próprio nome. Ele expressou as aspirações de seu povo, outra visão de mundo.

Entre o mundo mental de Obama e o mundo mental de Lieberman e Netanyahu não há ponte possível. Entre Obama e Barak e Livni também há um abismo. O Israel pré-eleitoral talvez descubra que entrou em rota de colisão com os Estados Unidos pós-eleitorais.

Onde estão os judeus americanos? A grande maioria deles votou em Obama. Estarão entre o martelo e a bigorna — entre Israel e o governo americano? É razoável supor que daí virá alguma pressão de baixo para cima, sobre os "líderes" dos judeus-americanos os quais, vale lembrar, jamais foram eleitos, e sobre organizações como o Comitê Americano-Israelense de Negócios Públicos (AIPAC). O bastão com o qual os líderes israelenses estão habituados a contar nas horas de aperto pode se revelar como um caniço quebrado.

A Europa tampouco permanece intocada pelos novos ventos. É verdade, ao final da guerra vimos os líderes europeus — Sarkozy, Merkel, Brown e Zapatero — sentados como alunos na sala de aula, ouvindo respeitosamente a escandalosa arrogância de Ehud Olmert e repetindo seu texto. Pareciam aprovar as atrocidades da guerra, falando em Qassams e esquecendo a ocupação, o bloqueio e os assentamentos. Provavelmente não colocarão aquela foto na parede de seus gabinetes.

Mas durante a guerra de Gaza multidões de europeus saíram às ruas para se manifestar contra aqueles horrores. As mesmas multidões saudaram Obama no dia da posse.

Esse é o novo mundo. Talvez nossos líderes estejam sonhando com um novo slogan: "Parem o mundo, eu quero descer!" Mas não existe outro mundo.

Sim, estamos do lado errado da história.

Felizmente existe também outro Israel. Não aparece na ribalta e sua voz só pode ser ouvida por quem o procure. É um Israel são, racional, que olha para o futuro e deseja progresso e paz. Nas próximas eleições de fevereiro, mal se ouvirá sua voz, porque os velhos partidos continuam com os pés pregados no mundo do passado.

Mas o que aconteceu nos Estados Unidos terá uma profunda influência sobre Israel. A enorme maioria dos israelenses sabe que não podemos existir sem laços estreitos com os Estados Unidos. Obama é agora o líder do mundo e nós vivemos neste mundo. Quando ele promete trabalhar "agressivamente" pela paz entre nós e os palestinos, o significado é de uma ordem para nós.

Queremos estar do lado certo da história. Levará meses ou anos, mas tenho certeza de que chegaremos lá. O momento para começar é agora.

24/1/2009

O chefe enlouqueceu

Heinrich Heine escreveu, 169 anos antes da guerra de Gaza, 12 versos premonitórios, com o título de "An Edom" (para Edom). O poeta judeu-alemão falava da Alemanha ou, talvez, de todas as nações da Europa cristã. Escreveu o seguinte (aqui, em tradução precária):

> Por mil anos e mais
> Vivemos um pacto
> Você me deixa respirar
> Eu deixo sua loucura crescer
> Às vezes, quando os dias são mais escuros
> Você é tomado de desejos estranhos
> E pinta as garras
> Com o sangue da vida das minhas veias
> Hoje nossa amizade é firme
> Cada dia mais forte, dia a dia
> Porque sua loucura já ruge em mim
> Eu, cada dia mais, à sua imagem.

O sionismo, que surgiu cerca de 50 anos depois de esses versos terem sido escritos, realizou plenamente essa profecia. Nós, os israelenses, nos tornamos uma nação idêntica a todas as outras e a memória do Holocausto, de tempos em tempos, nos faz agir como as piores nações. Poucos israelenses conhecem esses versos de Heine, mas Israel, como país, é a encarnação deles.

Nesta guerra, políticos e generais têm repetido que "o dono da barraca enlouqueceu", como gritam os feirantes, no sentido de "está distribuindo tomates quase de graça". Mas ao longo do tempo algo foi acontecendo e converteu-se em doutrina mortal que frequentemente aparece no discurso público israelense: para deter nossos inimigos temos de agir como loucos, sem limite, matar e destruir sem piedade.

Nesta guerra a loucura tornou-se dogma político e militar: só se matarmos "eles" de maneira desproporcional, mil "eles" para cada dez "nossos", então eles entenderão que não vale a pena meter-se conosco. Isso ficará "cauterizado na consciência deles" (frase que se ouve muito hoje em dia em Israel). Depois disso eles pensarão duas vezes antes de lançar um foguete Qassam contra nós, mesmo em reação ao que fizermos, seja lá o que for.

É impossível avaliar o quanto há de vicioso nesta guerra sem pensar no contexto histórico: o sentimento de vitimização depois de tudo que os judeus sofreram ao longo dos anos e a convicção de que, depois do Holocausto, temos o direito de fazer qualquer coisa, absolutamente qualquer coisa, para nos defender, sem limites legais ou morais.

Quando a matança e a destruição em Gaza estavam no auge, aconteceu algo nos distantes Estados Unidos que nada teve a ver diretamente com a guerra, mas de fato tem muito a ver com ela.

O filme israelense *Valsa com Bashir* recebeu um importante prêmio internacional. Os jornais israelenses informaram sobre o prêmio com alegria e orgulho, mas tiveram o cuidado de não mencionar o tema do filme. Só até aí já foi um fenômeno interessante: saudou-se o sucesso de um filme e ao mesmo tempo ignorou-se seu conteúdo.

O tema desse importante filme é um dos capítulos mais negros de nossa história: o massacre de Sabra e Shatila. Durante a primeira Guerra do Líbano, em 1982, uma milícia de libaneses cristãos, sob os auspícios do Exército israelense, cometeu o massacre de centenas de refugiados palestinos indefesos, encurralados em campos de refugiados, homens, mulheres, crianças e velhos. O filme narra essa atrocidade com exatidão meticulosa, inclusive nossa participação nela.

Tudo isso não foi mencionado no noticiário sobre o prêmio. Na cerimônia de premiação, o diretor do filme nem aproveitou a oportunidade para protestar contra os acontecimentos em Gaza. Não se sabe exatamente quantas mulheres e crianças estavam sendo assassinadas no momento em que acontecia a cerimônia — mas não há dúvidas de que o massacre em Gaza é ainda mais terrível do que o de 1982. Naquela ocasião, 400 mil israelenses saíram de casa e protestaram, espontaneamente, em Tel Aviv. Hoje, apenas 10 mil israelenses têm ido às ruas para protestar contra a matança em Gaza.

A comissão oficial de Israel que investigou o massacre de Sabra e Shatila declarou que o governo israelense foi "indiretamente responsável" pela atrocidade. Vários altos funcionários e oficiais foram suspensos. Entre eles, um comandante de divisão, Amos Yaron. Nenhum dos demais indiciados, do ministro da Defesa, Ariel Sharon, ao chefe do Estado-Maior, Rafael Eitan, jamais disse uma palavra de arrependimento, porém Yaron expressou remorso, em um discurso aos seus comandados, e admitiu: "Nossa sensibilidade estava ofuscada."

As sensibilidades ofuscadas estão muito evidentes na guerra de Gaza.

A primeira guerra do Líbano durou cerca de 18 anos e morreram mais de 500 de nossos soldados. Os arquitetos da segunda guerra do Líbano decidiram evitar uma guerra tão longa e com perdas tão pesadas. Inventaram o princípio do "comandante louco": destruir bairros inteiros, amplas áreas e infraestruturas. Em 33 dias de guerra, já havia mil libaneses mortos, quase todos civis — recorde que já foi batido nesta guerra de Gaza, no 17º dia.

Naquela guerra nosso Exército sofreu baixas nos combates e a opinião pública, que de início apoiara a guerra tanto quanto hoje apoia a guerra em Gaza, rapidamente mudou de direção.

Desta vez paira sobre a guerra de Gaza a fumaça da segunda guerra do Líbano. Em Israel todos juraram que haviam aprendido as lições daquela guerra. Mas a principal lição foi: não arriscar a vida de nenhum soldado. Uma guerra sem baixas (do nosso lado). Como fazer? Usar o poder de fogo esmagador de nosso Exército para destruir tudo que houver no caminho, matar todos que se moverem na área. Matar não apenas os combatentes do outro lado, mas também qualquer ser humano que possa vir a ter intenções hostis, mesmo que seja um enfermeiro de ambulância, um motorista em um comboio de alimentos ou um médico salvando vidas. Destruir todos os prédios de dentro dos quais alguém possa, presumivelmente, atirar em nossas tropas — mesmo que seja uma escola cheia de refugiados, doentes e feridos. Bombardear, com canhões e granadas, bairros inteiros, prédios, mesquitas, escolas, comboios de suprimentos da ONU, até ruínas debaixo das quais estejam soterrados feridos.

A mídia israelense dedicou várias horas a um foguete Qassam que caiu sobre uma casa em Ashkelon, cujos três moradores entraram em estado de choque, e poucas palavras para as 40 mulheres e crianças mortas numa escola da ONU, "da qual atiraram contra nós" — afirmação que foi rapidamente qualificada como "evidente mentira".

O poder de fogo também foi utilizado para semear o terror — bombardear tudo, de um hospital a um grande armazém de alimentos da ONU, de um ponto de observação da imprensa até as mesquitas. O pretexto padrão: "Fomos atacados a partir desses lugares."

Isso seria impossível se todo o país não estivesse com a sensibilidade ofuscada. A pessoas já não se chocam ante a imagem de um bebê mutilado ou ao saber que crianças passaram dias ao lado do cadáver da mãe porque o Exército não permitiu que saíssem das ruínas de sua casa. Aparentemente quase ninguém se importa: nem os soldados, nem os pilotos, nem os jornalistas, nem os políticos, nem os generais.

Uma insanidade moral, cujo expoente principal é Ehud Barak. Embora até Barak já possa estar sendo ultrapassado por Tzipi Livni, que sorriu ao falar desses eventos horripilantes. Nem Heinrich Heine poderia ter imaginado tudo isso.

Os últimos dias foram dominados pelo "efeito Obama".

Estamos num avião e, de repente, aparece uma enorme montanha negra entre as nuvens. Na cabine, pânico: como evitar a colisão?

Quem planejou a guerra escolheu cuidadosamente o *timing*: nos feriados de fim de ano, todos fora de suas bases e o presidente Bush ainda por aí. Mas aparentemente esqueceram que no dia 20 de janeiro Obama entrará na Casa Branca.

Essa data, agora, lança uma sombra enorme sobre os acontecimentos. O Barak israelense sabe que se o Barack americano se zangar, isso significará um desastre. Conclusão: os horrores em Gaza têm de cessar antes da posse de Obama. Nesta semana, esse é o único fato determinante para todas as decisões políticas e militares. Não "o número de foguetes", nem "a vitória" e nem "quebrar o Hamas".

Com o cessar-fogo, a primeira questão será: quem ganhou?

Em Israel só se fala sobre "o quadro da vitória" — não sobre a própria vitória, mas "o quadro". Esse é essencialmente importante para convencer a opinião pública israelense de que valeu a pena. Neste momento, todos, milhares de jornalistas, até o último deles, estão mobilizados para a missão de desenhar o tal "quadro". O outro lado, é claro, desenhará um quadro diferente.

Os líderes israelenses se vangloriarão de duas "realizações": o fim dos foguetes e o fechamento da fronteira Gaza-Egito (também chamado "corredor Philadelphi"). Realizações duvidosas: o lançamento dos Qassams poderia ter sido impedido sem uma guerra assassina se o governo de Israel tivesse concordado em negociar com o Hamas depois que o grupo venceu as eleições palestinas. Os túneis sob a fronteira com o Egito nem teriam sido escavados se o governo israelense não tivesse imposto o bloqueio mortal à Faixa de Gaza.

Mas a principal realização dos planejadores da guerra se encontra na própria barbárie de seu plano: as atrocidades, do ponto de vista deles, terão efeito de dissuasão e esse efeito, creem eles, perdurará por muito tempo.

Do outro lado, o Hamas afirmará que o fato de que sobreviveram em luta contra a poderosa máquina de guerra de Israel é, em si só, uma grande vitória; um pequeno Davi contra o gigante Golias. De acordo com a definição militar clássica, o vencedor é o exército que continua no campo de batalha quando a batalha termina. O Hamas permaneceu lá. O regime do Hamas continua de pé na Faixa de Gaza, apesar de todos os esforços para eliminá-lo. Essa é uma realização significativa.

O Hamas dirá também que o Exército de Israel não estava ansioso para invadir as cidades palestinas onde seus combatentes se entrincheiravam. De fato, o Exército informou o governo de que a ocupação da cidade de Gaza poderia custar a vida de cerca de 200 soldados e nenhum líder político desejava isso às vésperas das eleições.

O próprio fato de que uma força de guerrilha, de alguns milhares de combatentes levemente armados, resistiu por longas semanas contra um dos mais poderosos exércitos do mundo será visto por milhões de palestinos e outros árabes e muçulmanos — e não só por eles — como uma vitória importantíssima.

No final haverá alguma espécie de acordo, que incluirá os termos óbvios. Nenhum país pode tolerar que seus habitantes vivam expostos a foguetes disparados de fora das fronteiras e nenhuma população pode tolerar um bloqueio asfixiante. Então, (1) o Hamas terá de desistir do lançamento de foguetes; (2) Israel terá de abrir as passagens entre a Faixa de Gaza e o resto do mundo; e (3) terá fim a entrada de armas para a Faixa (na medida do possível), conforme Israel exige. Tudo isso poderia ser alcançado sem guerra se o nosso governo não tivesse boicotado o Hamas.

Seja como for, os piores resultados dessa guerra ainda são invisíveis e se farão sentir só dentro de alguns anos: Israel imprimiu uma terrível imagem de si próprio na consciência do mundo.

Bilhões de pessoas nos viram como monstros sanguinários. Nunca mais voltarão a ver Israel como um Estado que busca paz, progresso e justiça. A Declaração de Independência americana recomenda "um respeito decente às opiniões da humanidade". Esse é um sábio princípio.

Ainda pior é o impacto sobre centenas de milhões de árabes ao nosso redor: verão os combatentes do Hamas não só como heróis da nação árabe, mas também verão seus próprios governos nacionais em sua nudez: servis, corruptos e traiçoeiros.

A derrota dos árabes na guerra de 1948 levou à queda de quase todos os regimes árabes de então e à ascensão de uma nova geração de líderes nacionalistas. De Gamal Abd-al-Nasser, por exemplo. A guerra de 2009 pode determinar a queda da atual safra de regimes árabes e a ascensão de uma nova geração de líderes — e podem ser fundamentalistas islâmicos que odeiam Israel e todo o Ocidente.

Nos próximos anos ficará evidente a absoluta loucura que foi a guerra de Gaza. O chefe realmente enlouqueceu — no sentido literal da palavra.

17/1/2009

Quantas divisões?

Há quase 70 anos, durante a Segunda Guerra Mundial, cometeu-se um crime hediondo na cidade de Leningrado. Por mais de mil dias uma gangue de extremistas, chamada "o Exército Vermelho", manteve como reféns os milhões de habitantes da cidade e provocou a retaliação do Exército alemão, agindo a partir de grandes centros de população. Os alemães não tiveram outra opção exceto bombardear e impor total bloqueio, o que causou a morte de centenas de milhares.

Pouco antes disso, um crime semelhante foi cometido na Inglaterra. A gangue de Churchill infiltrou-se entre os moradores de Londres, servindo-se de milhões de pessoas como escudo. Os alemães foram obrigados a despachar para lá sua Luftwaffe e muito relutantemente reduziram a cidade a ruínas. Chamaram a operação de Blitz.

Essa seria a narrativa da história que veríamos hoje nos livros escolares — se os alemães tivessem vencido a guerra.

Absurdo? Não mais absurdo do que as descrições diárias de nossa imprensa, que vem repetindo *ad nauseam*: os terroristas do Hamas utilizam os habitantes de Gaza como reféns e exploram mulheres e crianças como "escudos humanos". Não nos deixam alternativa exceto lançar bombardeios maciços, durante os quais, lamentamos muito, centenas de mulheres, crianças e homens são mortos e feridos.

Na guerra de Gaza, como em todas as guerras modernas, a propaganda desempenha um papel fundamental. A disparidade entre as forças, entre o Exército israelense — com seus aviões, navios de guerra, artilharia e tanques — e alguns milhares de combatentes do Hamas, levemente armados, é uma disparidade absoluta, de um para mil, talvez de um para um milhão. Na arena política a diferença é ainda maior. Mas na guerra de propaganda a diferença é quase infinita.

De início praticamente toda a imprensa ocidental só fez repetir a linha oficial da propaganda israelense. Ignoraram quase completamente o lado palestino da história e as manifestações diárias do campo pacifista israelense. A versão do governo israelense ("O Estado tem de defender seus cidadãos contra os foguetes Qassam") foi aceita como verdade absoluta. O ponto de vista do outro lado, de que os Qassams são reação ao bloqueio que condena à fome 1,5 milhão de habitantes na Faixa de Gaza, não foi mencionado.

Só quando as cenas horríveis de Gaza começaram a aparecer nas televisões ocidentais a opinião pública mundial gradualmente começou a mudar.

É verdade, os canais de televisão ocidentais e israelenses só mostraram uma pequena porção dos horrores que apareceram, durante 24 horas, no canal árabe da Al Jazeera, mas uma única imagem de um bebê morto nos braços de um pai aterrorizado é mais poderosa do que milhares de frases bem construídas do porta-voz do Exército israelense. E no final essas imagens são decisivas.

A guerra — qualquer guerra — é o reino das mentiras. Podem ser chamadas de propaganda, ou de guerra psicológica, e todos consideram aceitável mentir pelo bem do país. E quem disser a verdade corre o risco de ser considerado traidor.

O problema é que para o próprio propagandista a propaganda é mais convincente. E depois de se convencer de que uma mentira é verdade, que o falso é real, ninguém mais é capaz de tomar decisões racionais.

Um exemplo desse processo viu-se no episódio mais chocante, até agora, desta guerra: o bombardeio da Escola Fakhura, da ONU, no campo de refugiados de Jabaliya.

Imediatamente depois de o mundo tomar conhecimento do incidente, o Exército "revelou" que combatentes do Hamas estariam disparando morteiros das proximidades da entrada da escola. Como prova, exibiram uma foto aérea na qual realmente se via a escola e o morteiro. Porém, logo depois o mentiroso de plantão do Exército teve de admitir que a foto era antiga, de mais de um ano. Resumindo: a foto fora falsificada.

Depois outro porta-voz militar mentiroso declarou que "nossos soldados estavam sendo atacados a tiros, de dentro da escola". Menos de 24 horas depois o Exército teve de reconhecer diante de funcionários da ONU que a segunda declaração também era mentira. Ninguém tinha atirado de dentro da escola, não havia combatentes do Hamas dentro da escola, a qual estava cheia de refugiados apavorados.

No entanto, o desmentido não fez grande diferença. Àquela altura o público israelense já estava cegamente convencido de que "eles estavam atirando de dentro da escola" e apresentadores da TV anunciavam isso como se fosse um fato.

O mesmo aconteceu a cada nova atrocidade. Cada bebê metamorfoseava-se, no momento de morrer, em terrorista do Hamas. Cada mesquita bombardeada convertia-se instantaneamente em base do Hamas. Cada prédio residencial, em esconderijo de armas; cada escola, em posto de comando do terror; cada centro de administração pública, em "símbolo do regime do Hamas". Assim, o Exército israelense tentou apresentar uma imagem do "Exército mais moral do mundo".

A verdade é que as atrocidades são resultado direto do próprio plano da guerra. Refletem a personalidade de Ehud Barak — homem cujo modo de pensar e agir são evidência do que se conhece como "insanidade moral", desordem sociopática.

O objetivo real desta guerra (além de conquistar cadeiras nas próximas eleições) é destruir o regime do Hamas na Faixa de Gaza. Na imaginação dos planejadores, o Hamas é um invasor que tomou o controle de um país estrangeiro. A realidade, claro, é completamente diferente.

O movimento Hamas obteve a maioria dos votos em eleições totalmente democráticas realizadas na Cisjordânia, em Jerusalém Oriental e na Faixa de Gaza. Venceu porque os palestinos chegaram à conclusão de que a abordagem pacífica do Fatah nada obtivera de Israel — nem o congelamento dos assentamentos nem a libertação dos prisioneiros; nenhum passo significativo foi dado para terminar a ocupação e criar o Estado palestino.

O Hamas está profundamente enraizado na população — não só como movimento de resistência que combate um ocupante estrangeiro, como foram, no passado, os grupos Irgun e Stern, mas também como instituição política e religiosa que fornece serviços de assistência social, de educação e de saúde.

Do ponto de vista da população palestina, os combatentes do Hamas não são um corpo estranho, são os filhos das famílias da Faixa de Gaza e de outras regiões palestinas. Eles não "se escondem por trás da população", a população os vê como seus únicos defensores.

Portanto, toda a operação militar se baseia em premissas erradas. Transformar sua vida em um inferno não leva a população a levantar-se contra o Hamas. Acontece exatamente o contrário, a população se une em torno do Hamas e fica ainda mais determinada a não se render. Os habitantes de Leningrado não se levantaram contra Stálin. Nem os ingleses de Londres levantaram-se contra Churchill.

Quem dá as ordens para uma guerra como esta, com este tipo de métodos, em uma área densamente povoada, sabe que a guerra causará um massacre terrível de civis. Aparentemente nada disso o incomodou. Ou, então, ele acreditou que os palestinos "mudarão de rumo" e que a guerra "cauterizará sua consciência", de modo que, no futuro, não se atreverão a desafiar Israel.

Uma alta prioridade dos planejadores era a necessidade de minimizar o número de soldados mortos, sabendo que o estado de espírito de grande parte do público, que apoia a guerra, mudaria se começassem a chegar notícias de baixas no Exército. Isso é exatamente o que aconteceu tanto na primeira como na segunda guerra do Líbano.

Essa consideração teve um papel particularmente importante, pois a guerra faz parte da campanha eleitoral. Ehud Barak, que subiu nas pesquisas nos primeiros dias da guerra, sabe que despencaria se as televisões começassem a mostrar imagens de soldados mortos.

Portanto, uma nova doutrina foi aplicada: evitar baixas entre nossos soldados, por intermédio da destruição de tudo que estivesse no caminho. Os planejadores estavam dispostos não apenas a matar 80 palestinos para salvar um soldado israelense, como de fato vem acontecendo, mas também 800. Evitar baixas do nosso lado é a instrução primordial, a qual está levando a um número recorde de baixas do outro lado.

O que aí se vê é a escolha consciente de um tipo particularmente cruel de estratégia de guerra — e esse tem sido seu calcanhar de Aquiles.

Um homem sem imaginação como Barak (seu slogan eleitoral é "Não é simpático, mas é um líder!") não faz ideia de como gente de bem, em todo o mundo, reage diante de assassinatos de famílias inteiras; destruição de casas sobre as cabeças de seus moradores; fileiras de meninos e meninas envoltos em mortalhas brancas; relatórios sobre feridos que sangram até morrer, porque a passagem das ambulâncias é impedida; ante assassinatos de médicos e paramédicos a caminho de salvar vidas e ante a morte de motoristas da ONU que transportam alimentos. As imagens dos hospitais com os mortos, os agonizantes e os feridos deitados juntos no chão, por falta de espaço, têm chocado o mundo. Nenhum argumento tem qualquer força ante a imagem de uma menina ferida, deitada no chão, se retorcendo de dor e gritando por sua mãe.

Os estrategistas pensaram que poderiam impedir o mundo de ver essas imagens bloqueando a cobertura da imprensa. Os jornalistas israelenses, para sua vergonha, deram-se por satisfeitos com comunicados e fotografias fornecidos pelo porta-voz do Exército, como se fossem notícias autênticas, enquanto eles próprios permaneceram a quilômetros de distância dos eventos. A entrada de jornalistas estrangeiros na Faixa de Gaza também não foi permitida, até que eles protestaram e foram levados a excursões rápidas, em grupos selecionados e controlados.

Porém, nas guerras modernas, esse tipo de noticiário estéril e manufaturado já não pode excluir completamente outras vias para obter e distribuir informação — as câmeras se encontram dentro da Faixa de Gaza, no meio do inferno, e não podem ser controladas. O canal Al Jazeera transmite imagens 24 horas e alcança todos os lares.

Essa batalha, pelas telas de televisão, é uma das mais decisivas da guerra.

Centenas de milhões de árabes, da Mauritânia ao Iraque, mais de um bilhão de muçulmanos, da Nigéria à Indonésia, veem as imagens e ficam horrorizados. As transmissões têm um impacto forte sobre o desenrolar da guerra. Muitos dos telespectadores veem os governantes do Egito, da Jordânia e da Autoridade Palestina como colaboradores de Israel nas atrocidades cometidas contra seus irmãos palestinos.

Os serviços de segurança dos regimes árabes já registram uma efervescência perigosa em vários países. De todos os líderes árabes Hosni Mubarak é o que está mais exposto, por ter fechado a passagem de Rafah diante de refugiados apavorados. Mubarak começou a pressionar Washington, que até pouco tempo atrás rejeitava todos os pedidos para um cessar-fogo.

Os governantes americanos começaram a entender a ameaça aos interesses vitais dos Estados Unidos no mundo árabe e de repente mudaram de atitude — causando consternação entre os complacentes diplomatas israelenses.

Gente que sofre de insanidade moral não pode realmente entender as motivações de pessoas normais e tem de adivinhar suas reações. "Quantas divisões tem o Papa?", zombou Stálin. "Quantas divisões têm pessoas decentes?" — deve estar se perguntando Ehud Barak.

E, como estamos percebendo, pessoas decentes têm, sim, algumas divisões. Não muitas. Não são capazes de uma reação muito rápida. Nem são muito poderosas, nem muito bem organizadas. Mas num determinado momento, quando as atrocidades transbordam e começam a surgir protestos em massa, esses podem definir uma guerra.

A incapacidade de perceber a real natureza do Hamas levou ao fracasso da previsão dos resultados. Israel é incapaz de vencer esta guerra e o Hamas não pode perdê-la.

Ainda que Israel conseguisse matar todos os combatentes do Hamas, até o último homem, ainda assim o Hamas venceria. Os combatentes do Hamas passariam a ser vistos como modelos para a nação árabe, heróis do povo palestino, exemplos a serem seguidos por todos os jovens no mundo árabe. A Cisjordânia cairia nas mãos do Hamas, como uma fruta madura. O Fatah afundaria em um mar de desprezo, vários regimes árabes estariam sob risco de colapso.

Se ao final desta guerra o Hamas ainda estiver de pé, sangrando mas invicto diante da poderosa máquina militar de Israel, será uma vitória fantástica, uma vitória do espírito sobre a matéria.

Na consciência do mundo o que será cauterizado será a imagem de Israel como um monstro manchado de sangue, disposto a cometer crimes de guerra a qualquer momento e que não respeita restrição moral alguma. As consequências serão muito graves, para nosso futuro em longo prazo, para nossa posição no mundo, para nossas chances de viver em paz e tranquilidade.

No final, esta guerra também é um crime contra nós mesmos, um crime contra o Estado de Israel.

10/1/2009

Memorando para Obama

Para: Sr. Barack Obama, presidente eleito dos Estados Unidos
De: Uri Avnery, Israel

As modestas sugestões que aí vão baseiam-se nos meus 70 anos de experiência como combatente clandestino, como soldado das Forças Especiais na guerra de 1948, como editor-chefe de uma revista política, como deputado no Parlamento de Israel e como membro fundador de um movimento pacifista:

(1) Nos assuntos relacionados à paz entre israelenses e árabes, o senhor tem de agir desde o primeiro instante.

(2) Deverá haver eleições em Israel em fevereiro de 2009. O senhor pode ter uma influência construtiva importante, mesmo que indireta, no resultado dessas eleições. Para que isso aconteça, anuncie sua determinação inequívoca de obter a paz entre israelenses e palestinos, entre israelenses e sírios e entre Israel e todo o mundo árabe, durante o ano de 2009.

(3) Infelizmente, todos os presidentes dos Estados Unidos que o antecederam desde 1967 fizeram jogo duplo. Ao mesmo tempo que muito falavam sobre a paz, vez ou outra até empenhando algum esforço mais ativo a favor da paz, na prática apoiaram nossos governos, que tomaram a direção

exatamente oposta à paz. Sobretudo, apoiaram tacitamente a construção e a ampliação dos assentamentos israelenses nos territórios palestinos e sírios ocupados. Cada um desses assentamentos ilegais equivale a uma mina terrestre no caminho para a paz.

(4) De acordo com a lei internacional, todos os assentamentos são ilegais. A distinção entre postos avançados "ilegais" e os demais assentamentos é um golpe de propaganda para obscurecer esse simples fato.

(5) Todos os assentamentos, desde 1967, foram construídos com o objetivo evidente de tornar impossível a criação de um Estado palestino — e, portanto, impossibilitar a paz — cortando em tiras o território do futuro Estado.
Praticamente todos os setores do nosso governo e do Exército têm ajudado, às claras ou secretamente, na construção, consolidação e ampliação dos assentamentos — como demonstra o relatório preparado em 2005 pela advogada Talia Sasson, funcionária da própria Procuradoria do Estado(!).

(6) Hoje o número de colonos israelenses moradores na Cisjordânia já chega a cerca de 250 mil (sem contar os 200 mil colonos israelenses em Jerusalém Oriental, cujo status é um pouco diferente).

(7) Nenhum governo israelense ousaria enfrentar a força política e concreta concentrada nas mãos dos colonos. Para que tal confrontação tenha alguma chance de sucesso, seria necessária uma liderança muito forte e um firme apoio do presidente dos Estados Unidos.

(8) Sem esse apoio claro e firme, todas as tais "negociações de paz" são conversa fiada. O governo israelense e seus padrinhos nos Estados Unidos têm feito o possível para impedir que as negociações, tanto com os palestinos como com os sírios, cheguem a alguma conclusão, por medo de provocar uma confrontação com os colonos e seus simpatizantes. As

OUTRO ISRAEL

atuais "negociações" de Annapolis são tão vazias quanto as precedentes, cada lado mantendo as aparências para resguardar seus próprios interesses políticos.

(9) O governo Clinton e, sobretudo, o governo Bush permitiram que o governo israelense mantivesse essa falsa aparência. É portanto imperativo, presidente Obama, evitar que os membros dos governos anteriores desviem sua política para o Oriente Médio para os mesmos velhos canais.

(10) É importante que o senhor fixe um marco inicial completamente novo e que o faça publicamente. Ideias já desacreditadas e tentativas fracassadas — como a "visão" de Bush, o Mapa do Caminho, Annapolis e outras parecidas — devem ser varridas para a lata de lixo da história.

(11) Para que um novo começo seja possível, é indispensável declarar, de forma clara e sucinta, o objetivo da política americana. O objetivo: obter a paz, baseada na solução de Dois Estados em um prazo definido (por exemplo, até o fim de 2009).

(12) É necessário mencionar que esse objetivo é baseado em uma reavaliação do interesse nacional americano, que é de neutralizar o veneno que prejudica as relações entre os Estados Unidos e os árabes e muçulmanos; fortalecer os regimes orientados para a paz; derrotar o terrorismo de grupos como al-Qaeda; pôr um fim às guerras no Iraque e no Afeganistão e conseguir um acordo viável com o Irã.

(13) Os termos da paz israelense-palestina são claros. Foram cristalizados em milhares de horas de negociação, conferências, reuniões, encontros e conversas. São os seguintes:

a) Um Estado da Palestina, soberano e viável, a ser criado ao lado do Estado de Israel.

b) A fronteira entre os dois Estados será baseada na Linha Verde (ou Linha do Armistício) demarcada antes de 1967. Pequenas alterações podem ser negociadas, como trocas de territórios, em termos de 1 por 1.

c) Jerusalém Oriental — incluindo Haram-al-Sharif ("O Monte do Templo") e todos os bairros árabes — será oficializada como capital da Palestina. Jerusalém Ocidental — incluindo o Muro das Lamentações e todos os bairros judaicos — será oficializada como capital de Israel. Uma autoridade municipal conjunta, baseada em igualdade, poderá ser estabelecida em comum acordo, para administrar a cidade como uma unidade territorial.

d) Todos os assentamentos israelenses — exceto os que sejam incluídos em Israel mediante a troca acordada de territórios — serão retirados (ver item 15, abaixo).

e) Israel reconhecerá em princípio o direito de retorno dos refugiados. Uma Comissão Conjunta de Verdade e Reconciliação, composta por palestinos, israelenses e historiadores internacionais, examinará os eventos de 1948 e 1967 e determinará as responsabilidades, ou seja, quem foi responsável por quê. Cada refugiado, individualmente, poderá optar entre (1) ser repatriado para o Estado da Palestina; (2) continuar a viver onde estiver e receber uma indenização generosa; (3) voltar a Israel e ser reassentado; ou (4) emigrar para qualquer outro país, recebendo uma indenização generosa. O número de refugiados que voltará para o território israelense será fixado em comum acordo e entende-se que nada será feito que altere de maneira significativa a composição demográfica da população israelense. Os grandes fundos necessários para implementar essa solução serão providos pela comunidade internacional, no interesse da paz mundial. Assim, se economizará grande parte do dinheiro gasto hoje para fins militares e do apoio militar que os Estados Unidos transferem diretamente a Israel.

f) A Cisjordânia, Jerusalém Oriental e a Faixa de Gaza constituem uma unidade nacional. Uma conexão extraterritorial (rodovia, ferrovia, túnel ou ponte) unirá a Cisjordânia e a Faixa de Gaza.

g) Israel e Síria assinarão um acordo de paz. Israel recuará para trás da linha pré-1967 e os assentamentos nas colinas de Golã serão desmontados. A Síria fará cessar todas as atividades anti-Israel dirigidas diretamente por sírios ou por prepostos. As duas partes estabelecerão entre elas relações normais.

h) De acordo com a Iniciativa Saudita de Paz, todos os Estados-membros da Liga Árabe reconhecerão Israel e estabelecerão relações normais com Israel. Pode-se considerar a possibilidade de conversações sobre uma futura União das Nações do Oriente Médio, no molde da União Europeia, que pode vir a incluir a Turquia e o Irã.

(14) A união dos palestinos é essencial para que haja paz. Nada vale uma paz que se faça só com uma parte do povo. Os Estados Unidos estimularão a reconciliação dos palestinos e a unificação das estruturas de governo na Palestina. Para tanto, os Estados Unidos suspenderão o boicote ao Hamas — que venceu as últimas eleições —, iniciarão um diálogo político com o movimento e estimularão Israel a tomar a mesma atitude. Os Estados Unidos respeitarão qualquer que seja o resultado de eleições democráticas na Palestina.

(15) Os Estados Unidos ajudarão o governo de Israel a enfrentar o problema dos assentamentos. Os colonos terão um ano para deixar voluntariamente os territórios ocupados, em troca de uma indenização que lhes possibilitará construir suas casas dentro do território israelense. Terminado esse prazo, todos os assentamentos — exceto os localizados em áreas que passem a pertencer a Israel nos termos do tratado de paz — serão retirados.

(16) Sugiro que o senhor, como presidente dos Estados Unidos, venha a Israel e fale diretamente ao povo israelense, não só da tribuna do Parlamento mas também em um grande comício, na Praça Rabin, em Tel Aviv. Em 1977 o presidente egípcio,

Anwar Sadat, veio a Israel e, falando diretamente ao povo israelense, conseguiu mudar completamente sua atitude em relação à paz com o Egito. Atualmente quase todos os israelenses sentem insegurança, incerteza e medo de qualquer iniciativa corajosa de paz, em parte por uma profunda desconfiança que têm do mundo árabe. Uma intervenção pessoal de sua parte, no momento crítico, imediatamente depois de empossado, pode, literalmente, operar um milagre e criar as bases emocionais e psicológicas para a paz.

6/12/2008

Um momento inesquecível

Anwar Sadat riu quando lhe disse: "No momento em que se abriu a porta de seu avião os israelenses estavam de respiração suspensa. Moro numa rua central em Tel Aviv e naquele momento olhei pela janela. A rua estava completamente deserta. Nada se movia, exceto um gato que corria, provavelmente para chegar logo à televisão."

Depois de amanhã, ter-se-ão passado 31 anos daquele momento, um dos mais emocionantes de nossas vidas.

O ponto de vista dos israelenses era o seguinte: Egito e Israel estavam em estado de guerra. Nos 30 anos anteriores tinha havido quatro grandes guerras, com milhares de israelenses e dezenas de milhares de egípcios mortos e mutilados. O ódio entre os dois povos era amargo e profundo. Gamal Abd-al-Nasser, predecessor de Sadat, fora oficialmente designado "o tirano egípcio" e crianças israelenses costumavam jogar fotos dele em fogueiras. O incitamento da Rádio Cairo contra Israel era vicioso. Apenas quatro anos antes daquele dia os egípcios haviam lançado um ataque surpresa contra Israel, nos dando um golpe duro.

E naquele momento, sem qualquer prelúdio, lá estava o presidente egípcio falando ao Parlamento de seu país e anunciando que pretendia ir a Jerusalém para fazer a paz. Muitos não acreditaram. O chefe do Estado-Maior do Exército israelense pensou que se tratava de uma armadilha. Ninguém levou a sério o pronunciamento de Sadat.

E aqui estava ele. O inacreditável estava acontecendo diante de nossos olhos. Uma data inesquecível: 17 de novembro de 1977. Toda a liderança israelense à espera, na pista. O avião egípcio pousou e se aproximou devagar do tapete vermelho. As escadas foram conectadas. A atmosfera era surreal. Então abriu-se a porta e lá estava o líder egípcio, magro, ereto e solene. Os corneteiros do Exército israelense soaram a saudação. Um momento inesquecível.

Procurei um momento histórico comparável àquele e não encontrei. Poderia até ser comparado aos primeiros passos do homem na Lua.

O feito de Anwar Sadat foi sem precedentes.

Esta semana me lembrei daquele dia em um contexto atual. Estava com um grupo de amigos discutindo, como sempre, as chances de paz. Alguém disse que as negociações não darão qualquer fruto se não conseguirmos mudar a atitude da maioria dos israelenses em relação aos palestinos. Outro disse que não acreditava que a paz fosse possível e acrescentou que nem uma crise séria ajudaria — porque, passada a crise, todos voltariam às opiniões iniciais, como se nada tivesse acontecido.

Eu disse que grande parte das opiniões não se baseia no pensamento racional, mas sim em emoção. Se há contradição entre razão e emoção, o pensamento racional subordina-se ao padrão emocional existente. Portanto, para conseguir realmente mudar a opinião de alguém, é preciso mobilizar também a emoção.

Precisei de um exemplo concreto e lembrei-me de Sadat.

Sadat fez exatamente isso. Se dirigiu às emoções dos israelenses.

O feito extraordinário foi o choque emocional, que atingiu também a consciência, sem o quê a paz com o Egito não teria sido possível. Sadat capturou os corações de um povo inteiro. Atitudes emocionais, petrificadas há décadas, derreteram como manteiga ao sol do meio-dia, abrindo caminho para um modo completamente novo de ver as coisas. Israelenses que odiavam os egípcios — de fato, odiavam todos os árabes — apaixonaram-se por Sadat, amor à primeira vista.

OUTRO ISRAEL

A partir daquele momento Sadat pôde falar ao público israelense e persuadi-lo. Os israelenses beberam suas palavras.

Até aquele momento havia total consenso em Israel de que não devíamos, em nenhum caso, "entregar" a península do Sinai. Que seria um suicídio nacional. Que perderíamos nossa "profundidade estratégica" essencial. Moshe Dayan, então ministro da Defesa e ídolo nacional, declarou que "preferia Sharm-al-Sheikh sem paz à paz sem Sharm-al-Sheikh". Ninguém estava disposto a abrir mão dos campos de petróleo do Sinai. Os ministros do Partido Trabalhista haviam construído um grande bloco de assentamentos no norte do Sinai, em torno de uma cidade recém-fundada, Yamit, considerada a mais bela e bem planejada de Israel. E dizia-se que Sadat havia colaborado com os nazistas na Segunda Guerra Mundial e que estivera preso por isso.

De repente, do dia para a noite, tudo mudou. Quem precisa do Sinai, quem precisa de Sharm-al-Sheikh (e quem lembra, hoje, que o lugar, então, chamava-se "Ophira"?), quem precisa de petróleo, quem precisa de Yamit — se se pode trocar tudo isso pela paz? Tudo aquilo sumiu. Tudo foi retirado. Nada restou, além das imagens ridículas de Tzachi Hanegbi sobre uma torre e dos discursos alucinados de Meir Kahane e sua promessa não cumprida de morrer lá, num bunker.

Não há dúvidas de que Sadat foi um gênio. Tinha aquela específica sabedoria egípcia, a sabedoria de seis mil anos de um povo que viu tudo e sobreviveu a tudo. Não estou dizendo que não tenha cometido erros graves, que não tenha criado ilusões, que não dissesse bobagens, ao lado de frases muito brilhantes, às vezes no mesmo fôlego.

Mas aqueles que o conheceram de perto viveram a sensação de estar na presença de uma figura histórica.

O que o levou a decidir viajar ao território inimigo? O próprio Sadat contou-me (como contou a outros) que teve uma espécie de iluminação mística. Que voltava de uma visita ao governante romeno. Que lhe fizera duas perguntas: "Pode-se confiar em Menachem Begin?" E: "Begin terá força para implementar suas decisões?" Nicolau Ceaucescu respondeu "sim" às duas perguntas.

Então, sobrevoando o monte Ararat na Turquia, teve uma ideia: por que não ir a Jerusalém e falar diretamente aos israelenses, na casa deles?

É uma boa história, mas não explica tudo. Sadat não era ingênuo nem foi homem de apostas amalucadas. Antes do gesto público, manteve negociações secretas com Begin. Hassan Tohami, vice-primeiro-ministro egípcio, foi enviado a um encontro, no Marrocos, com Moshe Dayan, então ministro das Relações Exteriores de Begin. Dayan disse-lhe claramente que Begin estava disposto a devolver todo o Sinai, até o último grão de areia.

(Quando publiquei isso, há muito tempo, ambos os lados negaram. No entanto, recentemente o general Binyamin Gibli, confidente de Dayan, confirmou os fatos, pouco antes de morrer.)

Em palavras simples: antes do gesto dramático, antes de iniciar oficialmente qualquer negociação, Sadat já sabia que receberia de volta todos os territórios egípcios ocupados por Israel. Estava andando sobre terra bem firme.

E esse é o outro lado da moeda, o lado israelense. A iniciativa de Sadat jamais teria sido bem-sucedida sem Menachem Begin.

Quando os vi lado a lado, ocorreu-me que jamais vira dois homens mais diferentes um do outro.

Sadat era uma pessoa impulsiva, um homem de visão muito ampla, que não dava atenção aos detalhes. Acreditava nas pessoas. Um egípcio típico, um menino da aldeia, moreno (herdou a pele escura da mãe sudanesa).

Begin, um judeu típico da Europa Oriental. De fato nunca se tornou israelense. Tinha temperamento de advogado, atento a detalhes, desconfiado.

Mas havia nos dois um traço comum: a paixão pelos gestos dramáticos. Adoravam os grandes gestos e confiavam em sua eficácia. Ambos tinham a consciência de serem atores no palco da história. E tinham o dom de tocar as emoções mais profundas das pessoas.

Diferentemente de Sadat, Begin tinha uma ideologia rígida e fixa. Essa ideologia expressava-se num específico mapa da Terra de Israel, traçado pelos britânicos quando receberam o Mandato sobre o país. Esse mapa nada tinha a ver com a Terra Santa da Bíblia, mas foi adotado também por Vladimir Jabotinsky e incorporado à bandeira do movimento clandestino Irgun muito antes de Begin assumir o comando.

Por esse mapa a terra do outro lado do rio Jordão (hoje o reino Hachemita da Jordânia) também pertenceria à Terra de Israel. Mas o Sinai, não. Nem as colinas de Golã. Assim, foi fácil para Begin devolver o Sinai e, penso eu, também teria sido fácil para ele devolver o Golã, não tivessem os eventos tomado outro rumo.

Porém, Begin era incapaz de devolver a Cisjordânia. Autonomia aos habitantes — sim. Tratamento justo para os árabes naquela área — por que não? Afinal, o próprio Jabotinsky aceitava que se o presidente do Estado judeu fosse judeu, o primeiro-ministro seria árabe e vice-versa. Mas sair da Cisjordânia? Nem pensar!

Sadat tinha certeza de que poderia convencer Begin a concordar com o estabelecimento de um Estado palestino. Begin de fato reconheceu oficialmente o "povo palestino", mas acrescentou imediatamente que se referia aos "árabes do Eretz Israel" (Israel inteiro). Mais tarde, os egípcios convenceram-se de que Israel traíra a confiança deles. Dayan renunciou, em sinal de protesto, quando percebeu que Begin não tinha qualquer intenção de cumprir a parte do acordo relacionada aos palestinos. Mas quem conhecesse Begin saberia que em momento algum ele poderia agir de outra maneira. (Gastei várias horas tentando explicar a Boutros Boutros-Ghali, chanceler egípcio em exercício, pessoa extremamente inteligente, o que era Begin, o que significava seu mapa do Eretz Israel e o que significava "autonomia" no dicionário do Partido Likud.)

A questão palestina foi o pomo da discórdia que fez descarrilhar a paz entre Egito e Israel.

Saiu dos trilhos, talvez, mas mesmo assim foi imenso sucesso.

Basta imaginar o que teria acontecido se Sadat não tivesse empreendido aquela viagem histórica. Quantas outras guerras teriam eclodido? Quantos soldados e civis, dos dois lados, teriam sido mortos e mutilados? Quantas centenas de bilhões seríamos obrigados a gastar para defender nossa fronteira sul?

Um pequeno exemplo: há alguns dias a Marinha egípcia fez um exercício, o maior em toda sua história. Nos jornais israelenses dedicaram ao fato apenas umas poucas linhas. Se não houvesse paz, todos os alarmes em Israel teriam disparado. A Marinha egípcia é maior do que a nossa e, no passado, nos deu vários golpes dolorosos.

Naquele momento houve quem dissesse "essa é a paz de Sadat e desaparecerá no momento em que Sadat se for. Devolvemos todo o Sinai e, amanhã, algum novo faraó egípcio nos atacará". Nada disso aconteceu. Sadat foi assassinado e seu sucessor está mantendo a paz.

Mas muito mais importante até do que a alteração no mapa político foi a mudança psicológica. Como o próprio Sadat costumava dizer, a dimensão psicológica do conflito é muito mais importante do que todos os demais fatores somados.

É verdade que Sadat não conseguiu mudar a atitude dos israelenses em relação ao mundo árabe nem, em especial, em relação ao povo palestino. A oposição emocional era muito forte e Begin perdeu força antes de começar a lidar com a questão palestina. Além disso, a atitude dos israelenses em relação à Cisjordânia é diferente da atitude em relação ao deserto do Sinai. Essa parte do conflito é ainda mais longa e mais profunda do que o conflito amargo com o Egito.

Mas Sadat provou algo que, aos meus olhos, é mais importante do que tudo: que é possível mudar o estado emocional de todo um povo. É possível cortar o nó psicológico com um só golpe. Para tanto é preciso que haja líderes, dos dois lados. Esses líderes podem aparecer de repente, nos lugares e nos momentos mais inesperados. Barack Obama pode vir a ser uma espécie de Sadat dos Estados Unidos.

OUTRO ISRAEL

Pessoalmente, minha experiência emocional mais intensa, associada à visita de Sadat, aconteceu no Cairo. Begin convidara-me, como editor de uma revista, para o jantar oficial de gala que Sadat ofereceu no palácio. Durante o jantar, meu ex-comandante de brigada apresentou-me ao general egípcio que, em 1948, então ainda jovem capitão, comandou o ataque no qual fui gravemente ferido. Nos apertamos as mãos.

15/11/2008

Aco em chamas?

Em milhares de anos de história, Aco (Akko, em hebraico; Akka em árabe; Acre em francês e inglês) jamais foi uma cidade israelita. Mesmo de acordo com a história mitológica da Bíblia os israelitas não conquistaram a cidade de Aco, um porto muito antigo. No primeiro capítulo do Livro dos Juízes, que contradiz em boa parte o que se lê no Livro de Josué, está bem claro: "Nem (a tribo de) Acer expulsou os habitantes de Aco" (Juízes 1:31).

Poucas cidades em todo o mundo viveram uma história tão tempestuosa como Aco. Foi uma cidade canaanita-fenícia, teve laços de comércio com o Egito, se rebelou contra a Assíria, enfrentou os judeus hasmoneanos, foi conquistada pelos Cruzados, serviu de campo de batalha para o legendário Saladino e para o não menos legendário Ricardo Coração de Leão, foi capital do Estado árabe semi-independente da Galileia sob Daher al-Omar e resistiu ao sítio de Napoleão. Cada um desses períodos deixou marcas em Aco, tanto muralhas como construções. Uma cidade fascinante, talvez a mais bela — e certamente a mais interessante — depois de Jerusalém.

Durante alguns desses períodos houve em Aco uma pequena comunidade judaica, mas nunca foi uma cidade judaica. Ao contrário: os rabinos costumavam discutir se Aco, do ponto de vista da lei religiosa (Halacha), pertencia ao Eretz Israel. Essa questão era importante, pois alguns mandamentos só se aplicam à Terra de Israel. Alguns rabinos acreditavam que Aco não pertencia, outros afirmavam que ao menos uma parte da cidade pertencia à Terra de Israel. (O que não nos impedia de cantar, quando jovens, que "Aco também pertence ao Eretz Israel" — em referência à antiga fortaleza dos Cruzados, à beira-mar, onde os britânicos mantinham prisioneiros das organizações judaicas clandestinas.)

Na guerra de 1948 Aco foi ocupada pelas forças israelenses e desde então vive sob lei israelense: 60 anos, de uma história de mais de cinco mil anos.

Esse é o cenário dos acontecimentos da semana passada em Aco.

Para os habitantes árabes Aco é a cidade de seus antepassados, ocupada à força pelos judeus. Para os habitantes judeus é uma cidade judaica, na qual os árabes são, no máximo, uma minoria tolerada.

Por muitos anos Aco viveu encoberta por uma fina capa de hipocrisia. Todos elogiavam e celebravam a maravilhosa coexistência na cidade. Até que se rasgou a capa e foi exposta a verdade nua e crua.

Sou uma pessoa totalmente secular. Sempre defendi a completa separação entre Estado e religião, mesmo em tempos em que a ideia era considerada loucura. Mas jamais me passou pela cabeça dirigir um carro no Yom Kippur. Não há lei que o proíba, pois nenhuma lei é necessária.

Para um judeu tradicional, o Yom Kippur é um dia como nenhum outro. Mesmo quem não acredita que nesse dia Deus toma a decisão de vida ou morte de todas as pessoas para o ano seguinte e registra tudo em um grande livro sente que é preciso respeitar a fé daqueles que creem. Eu não passaria de carro em um bairro judaico nesse dia, assim como não comeria em público, durante o Ramadã, em um bairro árabe.

Difícil saber o que pensava o motorista árabe Tawfic Jamal quando entrou com seu carro naquele bairro predominantemente judaico no Yom Kippur. É razoável supor que não o tenha feito com má intenção, como provocação; pode ter acontecido por estupidez ou descuido.

OUTRO ISRAEL

A reação era previsível. Uma multidão de judeus furiosos o perseguiu e o cercou em uma casa árabe. Em um bairro árabe distante os alto-falantes das mesquitas anunciaram que árabes haviam sido mortos e que havia um árabe cercado, que corria risco de morte. Jovens árabes furiosos correram à casa da família árabe sitiada, mas foram barrados pela polícia. E descarregaram sua raiva destruindo carros e lojas de judeus. Jovens judeus, com o reforço de ativistas da extrema-direita, queimaram casas de moradores árabes, que se tornaram refugiados em sua própria cidade. Em poucos minutos, sessenta anos de coexistência foram apagados — prova de que naquela cidade "mista" não existe uma coexistência verdadeira, mas sim duas comunidades que se odeiam profundamente.

É fácil entender esse ódio. Como em outras cidades "mistas" e como, de fato, em todo o território de Israel, o público árabe é discriminado pelo Estado e pelas autoridades municipais. Os orçamentos são menores, as escolas têm condições inferiores, as moradias são mais precárias e os bairros, superpovoados.

Os cidadãos árabes são vítimas de um círculo vicioso. Vivem em cidades e bairros superpovoados, convertidos em guetos esquecidos. Quando o padrão de vida dos habitantes melhora, cria-se uma demanda desesperada por um ambiente melhor e melhores condições de moradia. Casais jovens deixam os bairros árabes subfinanciados e mudam-se para regiões predominantemente habitadas por judeus — o que imediatamente desperta ressentimento e oposição. O mesmo aconteceu com os afro-americanos nos Estados Unidos e antes acontecia com os judeus, tanto nos Estados Unidos como em outros países.

Todas as falas sobre igualdade, boa vizinhança e coexistência se evaporam quando famílias árabes vivem em um bairro judaico hostil. Sempre podem se encontrar motivos e a incursão de Tawfiq Jamal é apenas um exemplo particularmente infeliz.

Situações semelhantes existem em várias partes do mundo. Sensibilidades religiosas, nacionalistas e étnicas podem explodir a qualquer momento. Passaram-se 100 anos desde a emancipação dos escravos nos Estados Unidos até a aprovação das leis de direitos civis e durante todos aqueles anos o linchamento foi prática regular. E passaram-se mais 40 anos até que um candidato negro pôde se aproximar da Casa Branca. A polícia londrina é conhecida pelo racismo. Em Berlim os cidadãos de origem turca são discriminados. Um africano pode jogar na seleção francesa de futebol, mas não tem qualquer chance de chegar à presidência da República.

Quanto a isso Aco não é diferente do resto do mundo.

Jean-Paul Sartre disse que há um pequeno racista dentro de cada um de nós. A única diferença está entre os que sabem disso e tentam derrotá-lo e os que se rendem a ele.

Por acaso, enquanto os tumultos abalavam a cidade de Aco, passei o Yom Kippur lendo o fascinante livro de William Polk, *Neighbors and Strangers* (Vizinhos e Estranhos), sobre as origens do racismo. Como outros animais, o homem antigo era caçador e coletor. Vagava com sua família ampliada, um grupo com não mais de 50 indivíduos, em uma área que mal lhe fornecia recursos para sua própria subsistência. Qualquer estranho que invadisse aquele território representava uma ameaça mortal, enquanto ele mesmo tentava invadir áreas vizinhas, para aumentar as próprias chances de sobreviver. Em outras palavras: o medo do estrangeiro e o impulso para expulsá-lo parecem estar inscritos profundamente em nossa herança biológica e há milhões de anos.

O racismo pode ser derrotado, ou no mínimo controlado, mas para isso é preciso um trabalho consciente, sistemático e consistente.

Em Aco — como em outros lugares em Israel — esse trabalho não é feito.

Neste país o racismo está obviamente ligado ao conflito nacional que já dura cinco gerações. Os eventos de Aco são apenas mais um episódio na guerra entre os dois povos deste país.

A extrema-direita judaica, inclusive o núcleo mais duro dos colonos, não esconde a intenção de expulsar todos os árabes e converter o país inteiro em um Estado exclusivamente judaico. O que significa

OUTRO ISRAEL

limpeza étnica. Parece ser o sonho de uma pequena minoria, mas pesquisas de opinião pública têm mostrado que essa tendência se alastra em um público bem mais amplo, mesmo de forma semiconsciente, oculta e negada.

Na comunidade árabe há provavelmente quem sonhe com os velhos tempos, antes de os judeus chegarem e tomarem o país pela força.

Quando judeus fazem um pogrom em Aco, seja qual for o motivo imediato, o caso ganha proporções de caráter nacional.

O incêndio de casas árabes em um bairro judaico imediatamente faz despertar o medo dos árabes da limpeza étnica. Quando jovens árabes invadem um bairro judaico para salvar um irmão árabe ameaçado os judeus imediatamente se lembram do massacre de 1929, quando judeus foram assassinados por árabes em Hebron — que então também era cidade "mista".

Existe uma esperança razoável de algum dia terminarmos o conflito nacional e alcançarmos uma solução pacífica aceita por ambos os povos (se não for por outras razões, será apenas por não haver alternativa). Existirá então um Estado palestino, ao lado de Israel, e ambos os povos entenderão que essa é a melhor solução possível.

(Os incidentes em Aco devem dar o que pensar aos que acreditam na solução de um único Estado no qual judeus e árabes viveriam em fraternidade e igualdade. Uma "solução" semelhante transformaria o país inteiro em uma grande Aco.)

Mas a paz baseada em dois Estados que coexistam lado a lado não resolverá automaticamente o problema dos cidadãos árabes em Israel, Estado que se define como "judaico". Devemos nos preparar para uma longa luta pelo caráter do nosso Estado.

O extremista de direita Avigdor Lieberman propôs que cidades árabes localizadas em Israel sejam anexadas ao Estado palestino; em troca seriam anexados a Israel os blocos de assentamentos construídos nos territórios palestinos ocupados. Nada disso diz respeito, é claro, aos habitantes árabes de Aco, Haifa, Yafo, Nazaré e das cidades da Galileia.

Mas nem nas cidades e aldeias próximas da Linha Verde encontra-se um único árabe que aceite essa ideia. Embora Lieberman proponha entregar cidades inteiras, juntamente com todas as suas terras e propriedades, ao Estado palestino, não se ouviu uma única voz árabe que aceite a proposta.

Por quê? O milhão e meio de cidadãos árabes em Israel não gosta das políticas do governo, nem da bandeira nem do hino nacional, para não falar do tratamento dado à população palestina nos territórios ocupados. Mas preferem a democracia, o progresso social e o sistema de Seguridade Social de Israel. Estão enraizados na vida e nos costumes de Israel mais profundamente do que eles mesmos reconhecem. Querem ser cidadãos neste Estado, mas em termos de igualdade e de respeito mútuo.

Os judeus que sonham com a limpeza étnica não entendem como é grande a contribuição da comunidade árabe para Israel.

Como os outros habitantes, eles trabalham aqui, contribuem para o PIB e pagam impostos. Como todos nós, os árabes tampouco têm escapatória — pagam os impostos embutidos em todos os produtos que consomem e de seus salários também abate-se o imposto de renda.

São muitas as questões a serem discutidas e reconhecidas e delas devem ser tiradas conclusões. É desejável, ou não, no ponto em que estamos, que árabes morem em bairros judaicos e judeus em bairros árabes? Como elevar o nível econômico dos bairros árabes para que alcancem o estágio de desenvolvimento econômico dos bairros judaicos? As crianças judias devem aprender árabe e as crianças árabes devem aprender hebraico, como propôs esta semana o prefeito de Haifa? O sistema educacional árabe deve receber o mesmo status e o mesmo orçamento que tem hoje, por exemplo, o sistema educacional ultraortodoxo, que é independente, mas financiado pelo governo? Devem-se estabelecer instituições árabes autônomas?

Encontrar soluções para esses problemas ou, pelo menos, para alguns deles é parte essencial da luta contra o racismo — atacando as raízes, não só os sintomas.

De fato, não existe alternativa: os cidadãos de Israel, judeus e árabes, estão "condenados" a viver juntos, gostem ou não. Mas, como os acontecimentos de Aco mostraram mais uma vez, o tecido social conjunto ainda é frágil.

Para mudar essa situação, todos nós devemos ter a coragem de olhar o problema de frente, de vê-lo como realmente é, sem hipocrisia ou falsidade. Essa é a única maneira para que possamos encontrar soluções.

18/10/2008

Pode acontecer em Israel!

O sobrenome alemão Sternhell significa "brilhante como as estrelas". O nome é adequado: as posições do professor Ze'ev Sternhell destacam-se, brilhantes, contra a escuridão do céu. Ele vem alertando para o perigo de fascismo em Israel. Esta semana fascistas israelenses colocaram uma bomba na entrada de seu apartamento e ele ficou levemente ferido.

À primeira vista a escolha da vítima parece estranha. Mas os autores do atentado sabiam o que faziam.

Não atacaram os ativistas que, todas as semanas, fazem manifestações contra o Muro de Separação em Bilin e Naalin. Não atacaram os grupos de esquerda que, ano após ano, mobilizam-se para ajudar os palestinos a colher suas azeitonas perto dos assentamentos mais perigosos. Não atacaram as Mulheres de Preto que se manifestam todas as sextas-feiras, nem as mulheres do movimento Machsom Watch que vigiam os pontos de checagem militares para registrar e denunciar atos de violência de soldados israelenses contra palestinos. Atacaram uma pessoa que se dedica exclusivamente ao trabalho acadêmico.

As lutas de campo são essenciais. Mas visam principalmente a influenciar a opinião pública. E a principal batalha é pela opinião pública, na qual os intelectuais têm um papel importante a desempenhar.

Nessa batalha há duas visões confrontantes, tão distantes uma da outra quanto o Oriente é distante do Ocidente. Por um lado: um Israel esclarecido, moderno, secular, liberal e democrático, que vive em paz e em parceria com a Palestina e faz parte integral da região. Por outro lado: um Israel fanático, religioso, fascista, desconectado da região e da humanidade civilizada, um povo que "vive sozinho e não considerará as outras nações" (Números, 23:9), no qual "a espada devorará para sempre" (2 Samuel 2:26).

Ze'ev Sternhell é um dos guias mais proeminentes da visão esclarecida. Suas posições brilham como estrelas, firmes e incisivas. Não surpreende que tenha sido escolhido como alvo para aqueles que têm sonhos de neonazistas e utilizam táticas semelhantes às deles.

Sternhell é um acadêmico especialista nas origens do fascismo, um tema ao qual também me dedico, ao longo de toda a minha vida. Ele e eu somos movidos por interesses semelhantes: o nazismo deixou marca indelével em nossa infância e nosso destino. Como criança, testemunhei a ascensão do nazismo na Alemanha. Durante sua infância, Sternhell viu a ascensão do nazismo na Polônia e depois da morte do pai perdeu a mãe e a irmã no Holocausto.

"Quem se queimou com água fervente é cauteloso até com água fria", diz um velho provérbio judaico. Quem teve a vida invadida pelo fascismo, na infância, é sensível ao menor sintoma de recaída dessa doença. Em 1961 escrevi um livro com o título de *A suástica* (que só existe em hebraico), no qual tentei decifrar o código das raízes do nazismo. Ao final do livro coloquei a questão: "Isso pode acontecer aqui?" Minha resposta foi bem clara: "Sim, certamente."

Portanto, sou sensível a qualquer sinal de alerta em nossa sociedade. Como jornalista e editor de uma revista, usei minha lanterna para iluminar cada sinal. Como ativista político, lutei contra eles, no Parlamento e nas ruas.

Sternhell, por sua vez, depois de uma carreira militar, passou a dedicar-se exclusivamente à vida acadêmica. E usa os instrumentos da academia: pesquisa, aulas e publicações. Trabalha para encontrar definições precisas, sem buscar popularidade ou evitar provocações. Em um de seus artigos, há anos, afirmou que a resposta violenta dos palestinos aos assentamentos é bastante natural. Por isso, atraiu a eterna ira dos colonos e da extrema-direita, que tentaram impedir que ele recebesse o Prêmio Israel — a láurea mais importante do país.

Agora recorreram às bombas de fabricação caseira.

Quem colocou aquela bomba? Um único indivíduo? Um grupo? Algum novo grupo clandestino? Os terroristas dos assentamentos? Cabe à polícia e ao Shin-Bet descobrir.

Do ponto de vista público, o assunto é bem mais simples: vê-se facilmente em que canteiro crescem essas sementes venenosas, que ideologia lhes serve de adubo e quem espalha esse tipo de sementes.

O fascismo israelense está vivo e esperneia. Cresce no mesmo canteiro que já gerou vários grupos religiosos-nacionalistas clandestinos: o grupo que tentou explodir os locais sagrados para os muçulmanos, no Monte do Templo, os que tentaram assassinar os prefeitos palestinos, a gangue Kach, o autor do massacre em Hebron (Baruch Goldstein), o assassino do ativista pela paz Emil Grunzweig, o assassino de Itzhak Rabin e todos os outros grupos clandestinos que foram descobertos em estágio inicial de organização.

Essas ações não podem ser simplesmente atribuídas a indivíduos ou grupos desimportantes. Existe uma franja fascista na margem da política israelense. Sua ideologia é nacionalista-religiosa e seus líderes espirituais são principalmente "rabinos" que formulam a visão de mundo e determinam a implementação prática dessa visão. Esses idólatras judeus não trabalham em sigilo. Ao contrário, oferecem sua mercadoria abertamente.

O setor está concentrado nos assentamentos "ideológicos". Isso não significa que todos os colonos sejam fascistas, mas a maioria dos fascistas é composta por colonos. Concentram-se em determinados assentamentos bem conhecidos. Por acaso ou não por acaso todas esses assentamentos estão localizados no coração da Cisjordânia, bem além do Muro de Separação. Os primeiros desses assentamentos, na área de Hebron, foram instalados com a ajuda do líder "esquerdista" Yigal Allon e outros, na área de Nablus, pelo "esquerdista" Shimon Peres.

Durante os últimos meses houve um aumento significativo no número de incidentes nos quais colonos atacam palestinos, soldados, policiais e "esquerdistas".

São atos cometidos abertamente, para aterrorizar e intimidar. Colonos vandalizam aldeias palestinas por cobiçar suas terras ou por vingança.

São pogroms no sentido clássico da palavra: atos de vandalismo, executados por grupos armados, intoxicados de ódio, contra pessoas indefesas, enquanto o Exército e a Polícia contemplam. Os pogromchiks destroem, ferem e matam. Nos últimos tempos têm acontecido mais frequentemente.

Nos raros casos em que o Exército ou a Polícia intervêm, não tomam atitude alguma contra os colonos, mas sim contra os ativistas israelenses dos grupos pró-paz que acorrem para ajudar os agricultores palestinos agredidos. Os porta-vozes militares e os comentaristas tentam aparentar isenção e falam de "desordeiros da esquerda e da direita". Trata-se de uma isenção falsa e ela própria faz parte do arsenal de truques dos fascistas.

Os colonos que cometem os pogroms são violentos, tanto na intenção quanto na ação, enquanto os ativistas pacifistas são não violentos por princípio. Quando há violência, é iniciada pelo Exército e a polícia de fronteira, sob o pretexto de que, antes, meninos locais atiraram pedras. O que ninguém diz é que soldados e policiais bem equipados perseguem os manifestantes palestinos pelas ruas de suas aldeias.

A "ousadia" das gangues da extrema-direita — ou "ativistas da direita", como a mídia cortesmente insiste em chamá-los — está aumentando dia a dia. Fazem o que querem, sabendo perfeitamente que nada de mau lhes acontecerá. A polícia geralmente não interfere e, de qualquer maneira, os tribunais não os condenam a uma pena significativa.

Todos que conhecem a história do nazismo sabem muito bem do vergonhoso papel que tiveram os tribunais e demais agentes da lei, na República de Weimar, em relação aos criminosos cujo objetivo explícito era acabar com o próprio sistema democrático. Os juízes determinavam penas ridiculamente leves para agitadores nazistas, os quais consideravam "patriotas equivocados", enquanto agitadores comunistas eram tratados como agentes estrangeiros e traidores.

Atualmente estamos vivendo o mesmo fenômeno aqui. Os colonos que infringem a lei recebem penas simbólicas, enquanto os palestinos, mesmo quando acusados por infrações muito mais leves, recebem penas severas. Hoje em dia até um colono que atiça seu cão contra um comandante de batalhão é liberado, assim como um colono que quebra os ossos de um oficial militar.

O sistema jurídico interno do Exército só pode ser chamado de monstruoso: o comandante que deteve uma mulher palestina sangrando, em trabalho de parto, num ponto de checagem, causando a morte do bebê, foi condenado a duas semanas de prisão. O comandante que ordenou que um soldado atirasse na perna de um palestino algemado foi "transferido" — o que significa que esse criminoso de guerra pode continuar servindo em outra unidade do Exército.

O aumento no número e na gravidade de incidentes desse tipo demonstra que o fascismo israelense está se fortalecendo? À primeira vista pode-se ter essa impressão.

Mas, pensando melhor, o que acontece é o contrário.

Os colonos fanáticos sabem que perderam o apoio da opinião pública em Israel e que os cidadãos comuns os veem como bandidos perigosos. Seus atos, expostos pela televisão, despertam indignação e muitas vezes repugnância. A visão do "Grande Israel" não apenas perdeu altitude — se esborrachou no chão da realidade. Os fanáticos agem, como agem, por fraqueza e frustração.

Como os nazistas odiavam a República alemã, assim esses fanáticos estão começando a odiar o Estado de Israel. E têm boas razões para isso. Estão vendo que não há lugar para eles em um consenso nacional que vai ganhando corpo em torno da ideia de "dois Estados para dois povos" — seja por razões negativas, como os temores demográficos ou o fardo da ocupação, seja por razões positivas, como a esperança de paz e prosperidade após a retirada dos territórios ocupados.

A discussão sobre as fronteiras continua, mas a maioria vê o Muro de Separação como a fronteira futura. (Como deixamos claro, desde o início, o Muro não foi construído para barrar atentados suicidas de palestinos, como dizem as autoridades israelenses, mas sim para demarcar uma futura fronteira entre os dois Estados.)

Os governantes israelenses desejam anexar as terras que ficam entre o Muro e a Linha Verde e, em troca, estão dispostos a entregar áreas de Israel aos palestinos. Como os colonos interpretam esse fato?

A maioria dos colonos vive em assentamentos próximos da Linha Verde, que, conforme essa visão, serão anexados a Israel. Esses colonos, não por acaso, são "não ideológicos", que buscam apartamentos baratos e "qualidade de vida", perto de Tel Aviv ou de Jerusalém. Esses colonos provavelmente aceitarão qualquer acordo de paz que os mantenha em território israelense.

A grande maioria dos colonos extremistas, daqueles que são motivados por uma ideologia religiosa-fascista, vive em pequenos assentamentos a leste do Muro, os quais devem ser desmantelados quando a paz chegar. São uma pequena minoria, mesmo entre os colonos, apoiada por uma minoria radical da extrema-direita. Aí, exatamente, é que está crescendo o violento fascismo israelense.

Antigamente parecia que uma linha vermelha corria paralela à Linha Verde — se pensava que o terrorismo religioso-nacionalista feriria "apenas" os palestinos e não atingiria israelenses. Até o rabino Meir Kahane, fascista nato, dizia isso.

Essa ilusão desmanchou-se com o assassinato de Itzhak Rabin. Então se viu que o fascismo israelense é igual ao fascismo clássico, que troveja contra "o inimigo estrangeiro", mas dirige seu terrorismo contra "o inimigo interno".

A bomba que explodiu na entrada da casa de Sternhell deve fazer acender todas as luzes vermelhas, porque se soma ao assassinato de Emil Grunzweig e às ameaças à vida de outros conhecidos ativistas da paz.

A batalha decisiva, a batalha por Israel, está entrando em uma nova fase — muito mais violenta, muito mais perigosa. No entanto, mais grave do que o perigo que ameaça indivíduos é o perigo que ameaça a sociedade israelense inteira. Sobretudo se a sociedade não mobilizar todos os seus recursos — governo, polícia, serviços de inteligência, a lei, os tribunais, a mídia e o sistema educacional — para uma luta total contra esse perigo.

Não creio que o fascismo vencerá em nossa sociedade. Acredito na força da democracia de Israel. Mas se me pressionarem e perguntarem "Isso pode acontecer aqui?", serei obrigado a responder: "Sim, pode."

27/9/2008

A ira, a saudade, a esperança

Um dos pronunciamentos mais sábios que ouvi em minha vida foi de um general egípcio, poucos dias depois da visita histórica de Anwar Sadat a Jerusalém.

Fomos os primeiros israelenses a ir ao Cairo e, entre outras curiosidades, queríamos muito saber: como os egípcios haviam conseguido nos surpreender no início da guerra de outubro de 1973?

O general respondeu: "Em vez de ler relatórios dos serviços de inteligência vocês deveriam ter lido nossos poetas."

Pensei nessas palavras na quarta-feira passada, no funeral de Mahmoud Darwish.

Durante a cerimônia em Ramallah, vários referiram-se a ele como o Poeta Nacional palestino.

Mas ele foi muito mais do que isso. Foi a encarnação do destino dos palestinos. Seu destino pessoal coincidiu com o destino de seu povo.

Darwish nasceu em Al-Birwa, uma aldeia na estrada Aco-Tzfat. Há 900 anos, um viajante persa contou que visitou essa aldeia e ajoelhou-se nos túmulos de "Esaú e Simeão, que descansem em paz". Em 1931, dez anos antes de Mahmoud nascer, havia 996 habitantes na aldeia, dos quais 92 eram cristãos e os demais, muçulmanos sunitas.

No dia 11 de junho de 1948 a aldeia foi ocupada pelo Exército de Israel. Suas 224 casas foram derrubadas logo depois da guerra, assim como as casas de mais 650 aldeias palestinas. Só alguns cactos e poucas ruínas ainda testemunham que aquelas aldeias um dia existiram. A família Darwish fugira pouco antes da chegada das tropas, levando o pequeno Mahmoud, de 7 anos.

De alguma maneira a família conseguiu voltar, para o que se tornou território israelense. Foi-lhes concedido o status de "ausentes presentes" — uma astuta invenção israelense. Significava que eram residentes legais de Israel, mas que suas terras lhes haviam sido confiscadas, nos termos de uma lei que dizia que qualquer árabe perderia a propriedade de suas terras se não estivesse fisicamente presente na aldeia quando foi ocupada. Nas terras da família Darwish foi construído o kibutz Yasur (pertencente ao movimento de esquerda Hashomer Hatzair) e implantou-se a comunidade cooperativa Ahihud.

O pai de Mahmoud instalou-se na aldeia árabe mais próxima, Jadeidi, de onde podia ver de longe as suas terras. Ali Mahmoud cresceu e sua família ainda vive até hoje.

Durante os 15 primeiros anos do Estado de Israel os cidadãos árabes viveram sob um "regime militar" — um sistema severo de repressão que controlava todos os aspectos de suas vidas, inclusive todos os seus movimentos. Nenhum árabe podia sair de sua aldeia sem permissão especial. O jovem Mahmoud Darwish várias vezes violou essa proibição e sempre que foi apanhado foi preso. Quando começou a escrever poesia foi acusado de incitação e posto sob "detenção administrativa", sem julgamento.

Naquela época escreveu um de seus poemas mais conhecidos, "Carteira de identidade", que expressa a ira de um jovem que cresceu nessas condições de humilhação. Começa com as palavras trovejantes: "Registrem: sou árabe!"

Foi nesse período que encontrei Darwish pela primeira vez. Procurou-me e trouxe outro jovem árabe, também nascido em uma aldeia e com forte compromisso político nacional, o poeta Rashid

Hussein. Lembro-me de uma frase de Hussein: "Os alemães mataram seis milhões de judeus e apenas seis anos depois vocês fizeram a paz com a Alemanha. Mas conosco os judeus se recusam a fazer a paz."

Darwish filiou-se ao Partido Comunista, que naquela época era o único partido em que um nacionalista árabe podia atuar politicamente. Editou os jornais do partido.

O partido o enviou para estudar em Moscou, mas o expulsou quando Darwish decidiu não voltar a Israel. Em vez de voltar, entrou na OLP e foi para o quartel-general de Yasser Arafat em Beirute.

Lá o encontrei outra vez, num dos momentos mais emocionantes de minha vida, quando cruzei as linhas em julho de 1982, no auge do sítio de Beirute, e me encontrei com Arafat. O líder palestino insistiu em que Mahmoud Darwish estivesse presente naquele encontro simbólico: era a primeira vez que Arafat se encontrava com um israelense. Mandou chamar Darwish.

A descrição do sítio de Beirute é um dos trabalhos mais impressionantes de Darwish. Naqueles dias tornou-se o poeta nacional. Acompanhou a luta palestina e nas sessões do Conselho Nacional Palestino, instituição que uniu todas as partes do povo palestino, eletrizava os participantes declamando seus poemas.

Naqueles anos Darwish era muito próximo de Arafat. Enquanto Arafat era o líder político do movimento nacional palestino, Darwish era o líder espiritual. Foi ele quem escreveu a Declaração de Independência Palestina, adotada na sessão de 1988 do Conselho Nacional, por iniciativa de Arafat. É muito semelhante à Declaração de Independência de Israel, que Darwish aprendera na escola.

Ele claramente entendeu seu significado: ao adotar esse documento, o Parlamento palestino no exílio aceitou, na prática, a ideia de estabelecer-se um Estado palestino lado a lado com Israel, apenas numa parte da pátria, como Arafat propusera.

A aliança entre os dois rompeu-se quando foram assinados os acordos de Oslo. Para Arafat tratava-se de "o melhor acordo possível, na pior situação possível". Darwish acreditava que Arafat concedera demais. Era o coração nacional se confrontando com a razão nacional. (Hoje, após a morte de ambos, esse debate histórico ainda não foi concluído.)

Desde aquela época, Darwish viveu em Paris, Aman e Ramallah — o palestino errante, que substituiu o judeu errante.

Nunca quis ser o poeta nacional. Não queria ser um poeta político, mas sim lírico, um poeta do amor. Mas quando tentava tomar esse rumo, o longo braço do destino dos palestinos o arrastava de volta.

Não tenho competência para avaliar seus poemas ou sua grandeza como poeta. Reconhecidos especialistas em língua árabe ainda discutem furiosamente o significado de seus versos, suas nuances e camadas, imagens e metáforas. Era um mestre em árabe clássico e se sentia igualmente à vontade com a poesia ocidental e israelense. Para muitos Darwish foi o maior poeta árabe e dos maiores de nossos tempos.

Com a poesia ele conseguiu fazer o que ninguém conseguira por outros meios: unir todas as partes do povo palestino fragmentado — na Cisjordânia, na Faixa de Gaza, em Israel, nos campos de refugiados e em toda a diáspora. Darwish pertencia a todos os palestinos. Os refugiados podiam identificar-se com ele, porque era um refugiado, os cidadãos palestinos de Israel também, porque era um deles, assim como os habitantes dos territórios palestinos ocupados, pois lutou contra a ocupação.

Esta semana alguns integrantes da Autoridade Palestina tentaram explorá-lo na luta contra o Hamas. Não acredito que Darwish concordaria com isso. Embora fosse um palestino absolutamente secular e muito distante do mundo religioso do Hamas, ele expressava os sentimentos de todos os palestinos. Seus poemas também repercutiam na alma de membros do Hamas em Gaza.

Darwish foi o poeta da ira, da saudade, da esperança e da paz. Essas eram as cordas de seu violino.

Ira, pela injustiça cometida contra o povo palestino e contra cada filho da Palestina, individualmente. Saudade, do "café de minha mãe", das oliveiras de sua aldeia, da terra de seus antepassados. Esperança, de que o conflito chegasse ao fim. Apoio à paz entre os dois povos, baseada em justiça e respeito mútuo. No documentário da diretora francesa-israelense Simone Bitton, Darwish apontou o burrico como símbolo do povo palestino — um animal inteligente e paciente, que sempre consegue sobreviver.

Entendia a natureza do conflito mais claramente do que a maioria dos israelenses e dos palestinos. Dizia que o conflito era "uma luta entre duas memórias". A memória histórica dos palestinos colide com a memória histórica dos judeus. Só haverá paz quando cada lado entender a memória do outro — seus mitos, suas saudades secretas, suas esperanças e seus medos.

É esse o significado do que disse o general egípcio: a poesia manifesta os sentimentos mais profundos de um povo. E só a compreensão desses sentimentos pode abrir o caminho para uma paz verdadeira. Uma paz entre os líderes políticos não vale grande coisa se não houver paz entre os poetas e os públicos cujas emoções a poesia manifesta. Por isso Oslo foi um fracasso e por isso o "acordo de prateleira" que está sendo negociado agora também não tem valor algum. Pois não se baseiam nos sentimentos dos dois povos.

Há oito anos o então ministro da Educação, Yossi Sarid, tentou incluir dois poemas de Darwish no currículo escolar em Israel. Houve escândalo e o então primeiro-ministro, Ehud Barak, decidiu que "o público israelense não está preparado para isto". De fato disse que o público israelense não está preparado para a paz.

Talvez ainda seja verdade. Uma paz verdadeira, entre os povos, entre as crianças que nasceram nesta semana, no dia do funeral de Darwish, em Tel Aviv e em Ramallah, só será viável quando alunos árabes lerem o poema imortal de Chaim Nachman Bialik "O vale da morte", sobre o pogrom de Kishinev, e quando alunos israelenses lerem os versos de Darwish sobre a Naqba. E, sim, também os poemas da ira, inclusive o verso "Vão embora! E levem consigo seus mortos!".

Sem entender e encarar com coragem a ira flamejante da Naqba e suas consequências não entenderemos as raízes do conflito e não seremos capazes de solucioná-lo. Como disse outro grande intelectual palestino, Edward Said: sem entender o impacto do Holocausto na alma israelense os palestinos nunca serão capazes de lidar com os israelenses.

Os poetas são os marechais na luta entre as memórias, entre os mitos, entre os traumas. Precisaremos deles no caminho para a paz entre israelenses e palestinos, entre os dois Estados, para construirmos um futuro comum.

Não estive presente ao funeral de Estado organizado pela Autoridade Palestina na Mukata, uma cerimônia muito bem organizada, em seus mínimos detalhes. Cheguei duas horas depois, quando o corpo de Darwish foi enterrado numa alta colina, observando, de cima, o cenário, perto do Centro Cultural de Ramallah, que a partir de agora terá seu nome. Lá foram disparados os tiros em sua honra.

Fiquei profundamente impressionado com as pessoas, reunidas sob o sol escaldante à volta do túmulo coberto por flores, ouvindo a voz gravada de Darwish declamando seus versos. Os que estavam presentes, membros da elite e gente simples das aldeias, se uniram em silêncio, com o poeta, numa comunhão privada. Apesar de serem milhares, abriram alas para nós, os israelenses, que ali estávamos para reverenciar Mahmoud Darwish.

Despedimo-nos silenciosamente de um grande palestino, um grande poeta, um grande ser humano.

16/8/2008

"Se me esquecer de ti, ó Umm Touba..."

Num dos cantos mais belos da Bíblia o poeta diz:

Se me esquecer de ti, ó Jerusalém, que se paralise minha mão direita.
Grude minha língua ao céu da boca se me esquecer de ti, se não puser
Jerusalém no auge de minhas alegrias! (Salmos 137:5)

Por alguma razão o poeta não escreveu "Se me esquecer de ti, ó
Umm Touba!" Nem escreveu "se me esquecer de ti, ó Sur Baher!",
nem "se me esquecer de ti, ó Jabal Mukaber!", nem tampouco escreveu
"Se me esquecer de ti, ó Ein Karem!"

Fato que se deve sempre lembrar em qualquer discussão sobre
Jerusalém: não há qualquer semelhança entre a Jerusalém da Bíblia
e a "Jerusalém" do mapa israelense atual. A cidade pela qual clama-
ram os exilados que choraram às margens dos rios de Babilônia foi
a Jerusalém real — mais ou menos correspondente aos limites da
Cidade Velha, cujo centro é o Monte do Templo. No máximo, um
quilômetro quadrado, não mais.

A área redefinida de Jerusalém depois da anexação de 1967 é uma
grande região, de cerca de 126 quilômetros quadrados, de Belém, ao
sul, até Ramallah, ao norte. Essa área recebeu o nome de "Jerusalém", para conferir uma aura religiosa-nacional-histórica a um ato
de roubo de terras e colonização.

Os que traçaram esse mapa, inclusive o falecido general Rehavam Ze'evi, apelidado "Gandhi", o mais direitista dos oficiais do Exército de Israel, tinham um único objetivo: anexar a Jerusalém a maior quantidade possível de áreas onde não vivessem árabes, para ali instalar assentamentos judaicos. Eram atormentados pelo fantasma demográfico que ainda nos aterroriza, até hoje: queriam ampliar a população judaica e reduzir a população árabe — em Jerusalém como em todo o país.

Para alcançar esse objetivo os planejadores anexaram várias aldeias árabes. Não só as aldeias próximas da Cidade Velha, como o Monte das Oliveiras, Silwan e Ras-al-Amud, mas também aldeias mais distantes de lá — como Umm Touba, Sur Baher e Jabal Mukaber no leste; Beit Hanina e Kafr Aka no norte; Sharafat e Beit Safafa no sul.

O fantasma demográfico que então apavorava "Gandhi" nos persegue hoje pelas ruas de Jerusalém, cavalgando uma escavadeira mortal.

Até a guerra de 1948 Jerusalém foi de fato uma cidade mista. Bairros árabes e judaicos eram entrelaçados.

O mapa demográfico de Jerusalém gravou-se para sempre em minha lembrança durante uma experiência pessoal. Cerca de um ano antes da guerra, alguns de nós, rapazes e moças do grupo Bama'avak em Tel Aviv, decidimos viajar a Hebron. Naquela época poucos judeus visitavam a cidade do sul, conhecida como reduto religioso muçulmano e nacionalista.

Tomamos o ônibus árabe em Jerusalém e fomos a Hebron, andamos pela ruas, compramos o vidro azul pelo qual a cidade é famosa. No caminho, visitamos os kibutzim de Gush Etzion e voltamos para Jerusalém. Mas, enquanto isso, algo acontecera: uma das organizações clandestinas "dissidentes" executara um ataque especialmente sério (se bem me lembro, atacaram um clube de oficiais britânicos em Jerusalém) e os britânicos impuseram um toque de recolher geral, em todos os bairros judaicos, no país inteiro.

Na entrada de Jerusalém descemos do ônibus e cruzamos a cidade a pé, de um extremo a outro, tomando o cuidado de passar só pelos bairros árabes. Tomamos um ônibus até Ramle, outro até Yafo e de lá conseguimos chegar em casa, em Tel Aviv, atravessando quintais e ruas menores. Nenhum de nós foi preso.

Assim conheci os bairros árabes, dentre os quais quarteirões elegantes como Talbieh e Bakaa, que passaram a ser o centro da Jerusalém judaica após a guerra de 1948. Naquela guerra os habitantes fugiram/foram expulsos para Jerusalém Oriental e ali se instalaram — até que, em 1967, aqueles bairros também foram ocupados pelo Exército e anexados a Israel.

A anexação de Jerusalém Oriental criou um dilema. O que fazer com a população árabe? Não podia ser expulsa. A destruição do quarteirão Mugrabi, em frente ao Muro das Lamentações, e a brutal expulsão dos habitantes árabes do quarteirão judaico da Cidade Velha já haviam gerado reações negativas em todo o mundo.

Se o governo realmente pretendesse "unificar" a cidade, teria tomado algumas medidas imediatas para acompanhar a anexação, como conferir cidadania automática a todos os habitantes árabes e devolver suas propriedades "abandonadas" em Jerusalém Ocidental (ou, pelo menos, pagar-lhes indenização pelas propriedades).

Mas o governo de Israel nem sonhou com esse tipo de medida. Os habitantes não ganharam a cidadania, que lhes teria dado direitos iguais aos dos cidadãos árabes-israelenses na Galileia e no Triângulo. Foram reconhecidos apenas como "residentes" na cidade, na qual seus ancestrais viviam há mais de mil anos. Esse é um status frágil, que lhes dá carteira de identidade israelense, mas não o direito de votar para o Parlamento. E pode ser revogado facilmente.

Sim, teoricamente, um árabe de Jerusalém pode solicitar a cidadania israelense, mas a solicitação é sujeita à decisão arbitrária de burocratas hostis. E o governo, é claro, conta com que os árabes não requererão a cidadania, uma vez que o requerimento implica reconhecer a legitimidade da ocupação.

A verdade é que Jerusalém jamais foi unida. "A cidade unificada, a capital de Israel por toda a eternidade" foi e continua sendo apenas um mantra sem qualquer fundamento na realidade. Para todos os objetivos práticos, Jerusalém Oriental continua sendo território ocupado.

Os habitantes árabes têm direito de votar nas eleições municipais. Mas só um punhado deles — funcionários municipais e os que dependem de favores do governo — exercitam esse direito, porque esse voto também implica reconhecer a ocupação.

Na prática, Jerusalém é uma cidade controlada por judeus e para judeus. Seus líderes são escolhidos só por judeus e veem como seu principal objetivo judaizar a cidade. Há alguns anos a revista *Haolam Hazeh* publicou um documento secreto de orientação para as instituições governamentais e municipais no qual se recomendava que todas as providências fossem tomadas para que o número de árabes na cidade não excedesse 27,5 por cento — exatamente a porcentagem que existia na época da anexação.

Não é exagero dizer que o prefeito democraticamente eleito de Jerusalém Ocidental é também o comandante militar de Jerusalém Oriental.

Desde 1967 todos os prefeitos viram o cargo sob essa perspectiva. Juntamente com todos os braços do governo, eles garantem que os árabes que vivem fora de Jerusalém não retornem e que aqueles que vivem na cidade se mudem. Mil e um truques, grandes e pequenos, são utilizados para alcançar esses objetivos: da quase total recusa a fornecer licenças de construção para famílias árabes que crescem rapidamente até o cancelamento do direito de residência para quem passe algum tempo no exterior ou na Cisjordânia.

O contato entre árabes de Jerusalém e os habitantes da Cisjordânia, que era um tecido de densas relações sociais, foi totalmente rompido. Jerusalém, que servia como centro econômico, político, cultural, médico e social, foi completamente isolada de seus arredores naturais. A construção do Muro — que separou pais de filhos, alunos de suas escolas, comerciantes de seus clientes, médicos de seus pacientes, mesquitas de fiéis e até cemitérios dos recém-falecidos — serviu ao mesmo objetivo.

Em Israel há quem diga que os árabes residentes em Jerusalém "usufruem dos benefícios da Seguridade Social". Esse é um argumento mentiroso: para começar, a Seguridade Social não é grátis — é paga pelos segurados. Os árabes, assim como os judeus, pagam mensalmente por sua própria seguridade.

Os residentes árabes são obrigados a pagar todos os impostos da prefeitura, mas, em troca, recebem apenas uma pequena parte dos serviços municipais, tanto em quantidade como em qualidade. Nas escolas públicas faltam centenas de salas de aula e seu padrão é inferior ao das escolas islâmicas privadas. A remoção de lixo e outros serviços são abaixo da crítica. E isso para não falar da situação em que se encontram os jardins públicos e os clubes para jovens. Os habitantes de Kafr Akab, que fica depois do ponto de checagem de Kalandia, pagam impostos municipais e não recebem qualquer tipo de serviço público — a prefeitura diz que seus funcionários têm medo de ir até lá.

O público judaico não se interessa por esses assuntos. Eles não sabem — e nem querem saber — o que acontece nos bairros árabes, a poucas centenas de metros de suas casas.

Portanto, ficam surpresos e chocados com a "ingratidão" dos habitantes árabes. Um jovem de Sur Baher recentemente matou a tiros alunos de um seminário religioso em Jerusalém Ocidental. Outro jovem, de Jabal Mukaber, dirigindo uma escavadeira, passou por cima de tudo que apareceu à sua frente. Esta semana mais um jovem de Umm Touba repetiu exatamente o mesmo ato. Os três foram imediatamente mortos a tiros.

Nos três casos, os atacantes eram rapazes comuns, não especialmente religiosos. Aparentemente, nenhum deles era membro de organização. Um jovem acorda uma bela manhã e decide que basta. Então, parte para um ataque, completamente sozinho, utilizando qualquer instrumento que tiver à mão — uma pistola comprada com seu próprio dinheiro, no primeiro caso, ou a escavadeira que dirigiam no trabalho, nos dois outros casos.

Nessas circunstâncias se coloca uma pergunta: por que estão fazendo o que fazem? Primeiro, porque encontram a oportunidade para fazer. Alguém que seja motorista de escavadeira em uma construção em Jerusalém Ocidental pode simplesmente colidir com um ônibus em qualquer esquina. Um motorista de caminhão pode atropelar pessoas. É relativamente fácil realizar um ataque a tiros, como no recente incidente no Portão dos Leões, no qual os responsáveis não foram capturados. Não há serviço de inteligência que possa evitar ações desse tipo, em que o agressor não tem parceiros e não é membro de organização alguma.

Pelo que disseram os comentaristas esta semana, vê-se que eles nem imaginam o ódio que se acumula na cabeça de um jovem árabe de Jerusalém, ao longo de anos de humilhação, abuso, discriminação e desamparo. É mais fácil e divertido embarcar em descrições pornográficas das 72 virgens que esperam os mártires no paraíso muçulmano — o que farão com elas, como farão, quem conseguirá dar conta de todas.

Um dos fatores principais para alimentar o ódio é a demolição de casas "ilegais" de habitantes árabes, que não encontram meios para construí-las "legalmente".

A dimensão da estupidez oficial é atestada pelo que disse esta semana o chefe do Shin-Bet, que sugeriu que se destruam as casas das famílias dos atacantes, em nome da "dissuasão". Aparentemente ele não ouviu falar das dúzias de estudos e da experiência acumulada que demonstram que cada casa destruída converte-se em uma incubadora de novos vingadores movidos pelo ódio.

O ataque desta semana é especialmente instrutivo. Não se sabe exatamente o que aconteceu: Ghassan Abu-Tir planejou o ataque antecipadamente? Ou foi uma decisão espontânea, em um momento de turbilhão emocional? Será que foi mesmo um ataque — ou a escavadeira colidiu com o ônibus por acidente e o motorista, em pânico, tentou escapar, atropelando os que o perseguiram e tornando-se alvo dos tiros de civis e soldados? Na atmosfera de suspeita e medo que vigora em Jerusalém hoje em dia qualquer acidente de trânsito envolvendo um árabe torna-se um atentado e qualquer motorista árabe envolvido em um acidente de trânsito pode vir a ser executado na rua, sem julgamento. (Não se deve esquecer que a primeira Intifada eclodiu por causa de um acidente na estrada, no qual um motorista judeu atropelou vários árabes.)

E, outra vez, eis a questão: qual é a solução para esse problema complexo, que desperta emoções tão violentas, alimenta-se de mitos profundamente enraizados e cria dilemas morais como esses para milhões de pessoas no mundo inteiro?

Esta semana surgiram várias propostas. Uma delas, de construir um muro que divida Jerusalém ao meio, como o Muro de Berlim (além do muro que já existe em volta da cidade). Ou punir famílias inteiras pelos crimes de seus filhos, bem semelhante à *sippenhaft* dos nazistas. Ou expulsar as famílias da cidade. Ou retirar-lhes o status de residência. Ou demolir suas casas. Ou negar-lhes os benefícios da Seguridade Social, embora tenham pagado por eles.

Todas essas "soluções" têm uma coisa em comum — já foram tentadas no passado, aqui e em outros lugares, e nenhuma resolveu problema algum.

Resta a única solução ainda não tentada, a mais óbvia: transformar Jerusalém Oriental em capital do Estado da Palestina e possibilitar que seus habitantes estabeleçam seu próprio poder municipal. E, ao mesmo tempo, manter a cidade inteira como entidade urbana unida, sob a administração de uma superprefeitura, na qual árabes e judeus tenham direitos iguais.

Fico feliz de saber que em sua recente visita a Israel Barack Obama repetiu quase palavra a palavra esse plano, que o Gush Shalom (Bloco da Paz) publicou há cerca de dez anos, em colaboração com Feisal Husseini, o líder falecido da comunidade árabe de Jerusalém.

Os ataques são fruto de desespero, frustração e ódio, da sensação de que não há saída. Só uma solução que responda a esses sentimentos pode trazer segurança às duas partes de Jerusalém.

26/7/2008

Dois planetas

Passei o dia saltando entre os canais da televisão israelense e a Al Jazeera.

Foi uma experiência estranha: numa fração de segundo eu podia passar de um mundo a outro, enquanto todos os canais noticiavam exatamente o mesmo acontecimento. Os fatos ocorriam em uma distância de apenas alguns metros entre os dois lados, mas podia se pensar que estavam acontecendo em dois planetas diferentes.

Nunca antes eu experimentara o trágico conflito de forma tão imediata e impressionante como na quarta-feira passada, dia da troca de prisioneiros entre o Estado de Israel e o Hezbollah.

A figura central do evento personifica o abismo que separa os dois mundos, o israelense e o árabe: Samir al-Kuntar.

A mídia israelense diz "assassino Kuntar", como se "assassino" fosse seu nome próprio. Para a mídia árabe, é "herói Samir al-Kuntar".

Há 29 anos, antes de o Hezbollah tornar-se um fator significativo no conflito, Kuntar desembarcou com seus companheiros na praia de Nahariya e executou um atentado que ficou impresso na memória nacional israelense pela crueldade. Durante o ataque uma menina de 4 anos foi assassinada e uma mãe sufocou acidentalmente outra criança, tentando impedir que gritasse e revelasse onde estavam escondidas. Kuntar tinha então 16 anos. Não era palestino nem xiita, mas sim um druso libanês e comunista. A ação foi iniciativa de uma pequena facção palestina.

Há alguns anos tive uma discussão com meu amigo Issam al-Sartawi sobre um incidente semelhante. Sartawi foi um herói palestino, pioneiro da paz com Israel, que anos depois foi assassinado por causa dos contatos que mantinha com israelenses. Em 1978 um grupo de combatentes palestinos ("terroristas" no jargão israelense) desembarcou na praia ao sul de Haifa para capturar israelenses com o objetivo de trocá-los por prisioneiros. Na praia encontraram uma fotógrafa que passeava inocentemente e a mataram. Depois interceptaram um ônibus cheio de passageiros e, no fim, todos os palestinos e muitos passageiros israelenses foram mortos.

Eu conhecia a fotógrafa. Uma jovem delicada, uma boa alma, que gostava de fotografar flores na natureza. Em conversas com Sartawi, protestei contra aquele ato desprezível. Ele me disse: "Você não entende. São adolescentes, quase meninos, mal treinados e inexperientes, operando por trás das linhas de um inimigo temido. Estão apavorados. Não são capazes de agir de maneira fria e lógica."

Foi um dos poucos temas sobre os quais discordamos — embora ambos, ele e eu, cada um dentro de seu próprio povo, estivéssemos posicionados na franja da franja.

Nesta quarta-feira a diferença entre os dois mundos apareceu em sua forma mais extrema. De manhã o "assassino Kuntar" acordou numa prisão israelense, à noite o "herói al-Kuntar" estava diante de cem mil libaneses, de todas as comunidades e partidos, que o aplaudiam. Só precisou de alguns minutos para passar do território israelense até o pequeno enclave da ONU em Ras-al-Naqura e de lá até o território libanês, e do domínio da TV israelense ao domínio da TV libanesa — mas a distância era mais longa do que a que Neil Armstrong viajou até chegar à Lua.

De tanto falar, continuamente, sobre o "assassino manchado de sangue" que jamais seria libertado, acontecesse o que acontecesse, Israel converteu-o de um simples prisioneiro em um herói da nação árabe.

Hoje em dia já soa como banalidade dizer que um terrorista, para uns, é combatente pela liberdade, para outros. Esta semana um mínimo toque do dedo no controle remoto da televisão bastava para viver essa experiência em primeira mão.

As emoções eram fortes, dos dois lados.

O público israelense mergulhou num mar de tristeza e luto pelos dois soldados cuja morte só foi confirmada minutos antes da chegada dos corpos. Durante várias horas todos os canais da televisão israelense dedicaram suas transmissões aos sentimentos das duas famílias, que a mídia, ao longo de dois anos, convertera em símbolos nacionais (e em instrumento para alavancar a opinião pública).

Desnecessário dizer que nenhuma voz ouviu-se, em Israel, que lembrasse as 190 famílias que também receberam os corpos de seus filhos, no Líbano, no mesmo dia.

Nesse turbilhão de autocomiseração e cerimônias de luto o público israelense não teve energia ou interesse para tentar entender o que acontecia do outro lado. Ao contrário: a recepção de honra ao "assassino" e o discurso da vitória do "cérebro da matança" só puseram lenha na fogueira da fúria, do ódio e da humilhação.

Mas teria sido proveitoso que os israelenses acompanhassem o que acontecia do outro lado, porque o que acontecia do outro lado terá grande impacto em nossa situação.

Foi, é claro, o grande dia de Hassan Nasrallah. Aos olhos de dezenas de milhões de árabes ele foi o grande vitorioso de toda a operação. Um grupo pequeno, num país pequeno, pôs Israel, a potência regional, de joelhos enquanto os líderes dos países árabes ajoelham-se ante Israel.

Nasrallah havia prometido que resgataria Kuntar. Por isso capturou os dois soldados. Dois anos e uma guerra depois, o ex-prisioneiro, recém-libertado, subiu ao palanque, vestindo um uniforme do Hezbollah, e o próprio Nasrallah, contrariando até as normas estritas de segurança, apareceu e o abraçou frente às câmeras de TV. A massa enlouqueceu de tanto entusiasmo.

Ante essa demonstração de autoconfiança e coragem pessoal, mais um gesto dramático tão típico do personagem, o Exército israelense reagiu com mais uma declaração vazia: "Não aconselhamos Nasrallah a sair de seu bunker!"

A Al Jazeera mostrou tudo ao vivo, hora a hora, para milhões de lares, do Marrocos ao Iraque e para todo o mundo muçulmano. Era impossível para o público árabe não se deixar levar pela emoção. Para um jovem em Riad, Cairo, Aman ou Bagdá, só uma reação era possível: "Este é o homem! Aí está o homem que está devolvendo a honra aos árabes, depois de décadas de derrotas e humilhações! Eis o homem, frente ao qual todos os líderes do mundo árabe são anões!" E quando Nasrallah anunciou que "a partir de agora chega ao fim a era da derrota dos árabes!", capturou o espírito daquele dia.

Desconfio que vários israelenses fizeram comparações pouco elogiosas entre esse homem e nossos próprios ministros, os campeões da verborragia oca. Comparado a eles, Nasrallah parece responsável, confiável, lógico e determinado, homem que não desperdiça palavras e não repete slogans vazios.

Na véspera daquela manifestação enorme Nasrallah se dirigiu ao público e proibiu tiros para o ar, frequentes em celebrações árabes. "Quem atirar estará atirando no meu peito, na minha cabeça, no meu manto!", disse. Não se disparou um tiro sequer.

Para o Líbano foi um dia histórico. Jamais aconteceu coisa semelhante: toda a elite política libanesa, sem exceção, estava no aeroporto de Beirute para dar as boas-vindas a Kuntar e ao mesmo tempo homenagear Nasrallah. Alguns rangiam os dentes, é claro, mas entenderam muito bem de que lado sopravam os ventos.

Lá estavam todos: o presidente do Líbano, o primeiro-ministro, todos os membros do novo Gabinete, os líderes de todos os partidos, todas as comunidades e todas as religiões, todos os ex-presidentes e ex-premiês. O sunita Saad Hariri, que acusou o Hezbollah de envolvimento no assassinato de seu pai; o druso Walid Jumblat, que mais de uma vez pediu o fim do Hezbollah; o cristão maronita Samir Geagea,

OUTRO ISRAEL

que carrega a responsabilidade pelo massacre de Sabra e Shatila; com muitos outros que, na véspera, diziam todas as obscenidades possíveis contra o Hezbollah.

Em seu discurso o novo presidente elogiou todos que contribuíram para resgatar Kuntar; assim, deu legitimidade nacional não apenas à ação do Hezbollah que levou à guerra, mas, também, à função militar do Hezbollah na defesa do Líbano. Dado que, até recentemente, o presidente era comandante em chefe do exército, a fala do presidente significa que o Exército do Líbano também acolhe o Hezbollah.

Na quarta-feira Nasrallah tornou-se o homem mais importante e mais poderoso no Líbano. Três meses depois da crise que quase levou a uma guerra civil, quando o primeiro-ministro Fuad Siniora exigiu que o Hezbollah desativasse sua própria rede de comunicações, o Líbano tornou-se um país unificado. Pedidos de que se desarme o Hezbollah viraram piada. O Líbano também está unido na exigência de que se desocupem as fazendas de Shebaa e de que Israel entregue os mapas das áreas minadas e das mortais bombas de fragmentação deixadas por nosso Exército após a segunda guerra do Líbano.

Os que se lembram do Líbano como um capacho na região, e dos xiitas como capacho no Líbano, podem ver claramente a imensidade da mudança.

Em Israel alguns atribuem a ascensão de Nasrallah e de todo o campo nacionalista-religioso no mundo árabe à troca de prisioneiros. Mas a responsabilidade de Israel por essas tendências começou muito antes das tentativas de Ehud Olmert de distrair a atenção de seus negócios corruptos.

A responsabilidade cabe a todos os que concordaram com a estúpida e destrutiva segunda guerra do Líbano, entusiasticamente apoiada, desde o primeiro dia, por toda a mídia, pelos partidos "sionistas" e pelos principais intelectuais. Os corpos dos soldados capturados poderiam ter sido resgatados, mediante negociações, antes da guerra, do mesmo modo como se fez agora. Foi o que escrevi, naquela época.

Mas podem-se rastrear os culpados ainda antes, desde a primeira guerra do Líbano, de Ariel Sharon, em 1982. Então, também, toda a mídia, os partidos e os intelectuais influentes deliraram e apoiaram a guerra, desde o primeiro dia. Antes daquela guerra desastrosa a comunidade xiita era nossa boa e tranquila vizinha. Sharon é responsável pela ascensão do Hezbollah; e o Exército israelense deu oportunidade a Nasrallah para que se tornasse o que veio a ser, assassinando seu antecessor.

Nem se pode esquecer Shimon Peres, que criou a desastrosa "Zona de Segurança" no sul do Líbano, em vez de sair de lá a tempo. E David Ben-Gurion e Moshe Dayan, que, em 1955, propuseram impor um "prefeito cristão" como ditador do Líbano, que assinaria um tratado de paz com Israel.

A mistura letal de arrogância e ignorância, típica dos israelenses que lidam com o mundo árabe, também é responsável pelo que aconteceu na quarta-feira. Seria ótimo se esse episódio ensinasse a nossos líderes um pouco de modéstia e respeito pelos sentimentos dos outros, além de alguma capacidade para ler o mapa da realidade, em vez de viverem em uma bolha de autismo nacional. Mas temo que aconteça o oposto: um fortalecimento dos sentimentos de raiva e insulto, de hipocrisia e de ódio.

Todos os governos israelenses têm responsabilidade pela onda nacionalista-religiosa no mundo árabe, que é muito mais perigosa para Israel do que o nacionalismo secular de líderes como Yasser Arafat e Bashar al-Assad.

Esta semana aconteceu outra coisa importante: em um grande salto, o presidente sírio pulou do isolamento imposto pelos Estados Unidos para o estrelato global, em um grandioso show internacional em Paris. As tentativas patéticas de Olmert, Tzipi Livni e de um bando de jornalistas israelenses de apertar a mão de Assad, ou pelo menos de algum ministro ou algum funcionário, de um guarda-costas, que fosse, foram cenas de comédia do tipo pastelão.

OUTRO ISRAEL

E ainda aconteceu mais esta semana: o número 3 do Departamento de Estado dos Estados Unidos encontrou-se oficialmente com representantes do Irã. E ficou claro que as negociações com o Hamas, sobre a próxima troca de prisioneiros, ainda se encontram em congelamento profundo.

A nova situação envolve muito perigos, mas também muitas oportunidades. O novo status de Nasrallah, como ator central no jogo político no Líbano, impõe-lhe responsabilidade e cautela. Um Assad fortalecido pode ser melhor parceiro para a paz se soubermos aproveitar a ocasião. As negociações entre Irã e Estados Unidos podem evitar uma guerra de destruição, que seria um desastre para nós também. A legitimação do Hamas, pelas negociações, quando forem retomadas, pode levar à união palestina, como se viu acontecer agora, no Líbano. Qualquer acordo de paz que venhamos a assinar com eles terá bases mais sólidas.

Em dois meses, Israel pode vir a ter um novo governo. Se quiser, o novo governo poderá começar uma nova iniciativa de paz com a Palestina, o Líbano e a Síria.

19/7/2008

Por que não?

Se você quer entender a política de um país, examine o mapa — recomendava Napoleão.

Quem quiser adivinhar se Israel e/ou os Estados Unidos atacarão o Irã deve examinar o mapa do estreito de Hormuz, entre o Irã e a Península Árabe. Por aquele estreito, de apenas 34 quilômetros de largura, passam os navios petroleiros que transportam entre um quinto e um terço de todo o petróleo do mundo, inclusive o que sai do Irã, Iraque, da Arábia Saudita, do Kwait, Qatar e Bahrein. A maioria dos comentaristas, que tem falado sobre o inevitável ataque americano e israelense ao Irã, não leva esse mapa em consideração. Fala-se de um ataque aéreo "limpo", "cirúrgico". Os potentíssimos caças dos Estados Unidos decolarão de porta-aviões que já estão atracados no Golfo Pérsico e de bases americanas espalhadas por toda a região e bombardearão todas as instalações nucleares do Irã — e nessa ocasião festiva também bombardearão prédios do governo, instalações militares, centros industriais e o que mais lhes apetecer. Usarão bombas com capacidade de penetração profunda na terra.

Simples, rápido e elegante — um golpe e adeus Irã, *bye-bye* aiatolás, *bye-bye* Ahmadinejad.

Se Israel atacar sozinho, a operação será mais modesta. O máximo que os atacantes podem esperar é destruir as principais instalações nucleares e retornar sãos e salvos.

Tenho um pedido modesto: antes de começar, por favor olhem mais uma vez o mapa, no ponto onde está o estreito que leva o nome (provavelmente) do deus de Zaratustra.

A reação inevitável, se o Irã for bombardeado, será o bloqueio do estreito de Hormuz. Essa reação já deveria ser evidente, mesmo sem a explícita declaração de um dos mais importantes generais iranianos, há poucos dias.

O Irã controla toda a extensão do estreito. Pode bloqueá-lo hermeticamente, com seus mísseis e artilharia terrestre e naval.

Se isso acontecer, o preço do petróleo disparará — para bem além dos temidos 200 dólares por barril. Daí em diante será gerada uma reação em cadeia: uma crise mundial, o colapso de indústrias inteiras e um aumento catastrófico do desemprego nos Estados Unidos, na Europa e no Japão.

Para evitar esse perigo, os Estados Unidos terão de ocupar partes do Irã — talvez todo o território desse país, que é muito extenso. Os Estados Unidos não têm à disposição nem uma pequena parte das forças de que necessitariam. Praticamente todas as forças terrestres dos Estados Unidos já estão ocupadas no Iraque e no Afeganistão.

A poderosa frota naval dos Estados Unidos constitui uma ameaça para o Irã — mas, no momento em que o estreito for fechado, estará reduzida à situação daquelas miniaturas de navios dentro de garrafas. Talvez em decorrência desse perigo os comandantes da Marinha dos Estados Unidos retiraram do Golfo Pérsico, esta semana, o porta-aviões *Abraham Lincoln*, que é movido a energia nuclear, alegando que o deslocamento teria a ver com a situação no Paquistão.

Resta a possibilidade de os Estados Unidos usarem um testa de ferro. Israel atacará e a operação não envolverá oficialmente os Estados Unidos, que negarão qualquer responsabilidade.

Será? O Irã já anunciou que considerará qualquer ataque de Israel como operação americana e que responderá como se fosse atacado diretamente pelos Estados Unidos. Faz todo o sentido.

Nenhum governo israelense sequer cogitará de iniciar qualquer ataque ao Irã sem o consentimento explícito e total dos Estados Unidos e tal consentimento não será dado.

Então, o que significam todos esses treinamentos, que geram manchetes tão dramáticas na mídia internacional?

A Força Aérea israelense realizou exercícios a 1.500 quilômetros do nosso litoral. Os iranianos responderam com testes de disparos de seus mísseis Shihab, de alcance semelhante. Antigamente movimentos desse tipo eram chamados de "agitar os sabres", hoje em dia o termo preferido é "guerra psicológica". São úteis para políticos fracassados, com problemas internos, para desviar a atenção, assustar os cidadãos. E dão ótimas imagens de televisão. Mas o mais simples bom-senso nos diz que quem planeja um ataque surpresa não sobe ao telhado proclamando que vai atacar. Menachem Begin não encenou qualquer treinamento público antes de enviar os caças para destruir o reator iraquiano. Nem Ehud Olmert fez um discurso sobre sua intenção de bombardear um misterioso prédio na Síria.

Desde o rei Ciro, o Grande, fundador do Império Persa há cerca de 2.500 anos, que permitiu que os israelitas exilados na Babilônia voltassem a Jerusalém e ali construíssem um templo, as relações entre israelenses e persas têm altos e baixos.

Até a revolução de Khomeini houve uma firme aliança entre eles. Israel treinou a temida polícia secreta do xá (Savak). O xá era sócio do oleoduto Eilat-Ashkelon, projetado para contornar o Canal de Suez. (O Irã ainda está tentando receber o pagamento pelo petróleo que forneceu naquela época.)

O xá ajudou a infiltrar oficiais do Exército israelense na parte curda do Iraque, onde auxiliaram na revolta comandada por Mustafa Barzani contra Saddam Hussein. Aquela operação foi interrompida quando o xá traiu os curdos iraquianos e fez um acordo com Saddam. Mas a cooperação Israel-Irã foi praticamente restaurada depois que Saddam atacou o Irã. Ao longo daquela guerra longa e cruel (1980-

1988) Israel apoiou secretamente o Irã dos aiatolás. O Irã-Gate foi apenas uma pequena parte dessa história.

Nada disso impediu Ariel Sharon de planejar a conquista do Irã, como já revelei no passado. Quando eu estava escrevendo um artigo mais extenso sobre ele, em 1981, depois que foi nomeado ministro da Defesa, Sharon contou-me confidencialmente sobre essa audaciosa ideia: depois da morte de Khomeini, Israel pegaria de surpresa a União Soviética na corrida contra o Irã. O Exército israelense ocuparia o Irã em poucos dias e entregaria o país aos americanos, que eram muito mais lentos e já teriam fornecido antes a Israel grandes quantidades de armas sofisticadas expressamente para esse fim.

Sharon também me mostrou os mapas que planejava levar para as consultas estratégicas anuais, em Washington. Pareciam bastante impressionantes. Mas, pelo visto, os americanos não ficaram muito impressionados.

Tudo isso indica que, em si, a ideia de uma intervenção militar israelense no Irã não é tão revolucionária. Mas a condição prévia necessária é uma cooperação estreita com os Estados Unidos. Essa intervenção não acontecerá, pois os Estados Unidos seriam as primeiras vítimas das consequências.

O Irã é hoje uma potência regional. Não faz sentido negá-lo.

A ironia é que os iranianos têm muito a agradecer ao seu principal benfeitor: George W. Bush. Se tivessem um grama de gratidão, deveriam erigir uma estátua de Bush na praça central de Teerã.

Por muitas gerações o Iraque foi o porteiro do mundo árabe. Foi a muralha do mundo árabe contra os persas xiitas. Vale lembrar que durante a guerra Iraque-Irã os árabes iraquianos xiitas lutaram, com muito entusiasmo, contra os persas iranianos xiitas.

Quando o presidente Bush invadiu o Iraque e destruiu o país, abriu toda a região ao poder crescente do Irã. Historiadores do futuro ainda se espantarão muito com essa ação, que merece um capítulo especial na "Marcha da Insensatez".

Hoje já está claro que o verdadeiro objetivo americano (como já afirmei nesta coluna) foi tomar posse da região petrolífera do mar Cáspio/Golfo Pérsico e estabelecer uma base permanente no centro dessa região. Esse objetivo já foi alcançado — os americanos falam hoje em permanecer no Iraque "por cem anos" e já tratam de fazer a partilha das imensas reservas de petróleo do Iraque entre as quatro ou cinco gigantes companhias americanas petrolíferas.

Mas essa guerra começou sem um raciocínio estratégico mais amplo e sem se considerar o mapa geopolítico. Não se sabe quem é o principal inimigo dos Estados Unidos na região nem está claro onde os esforços devem ser concentrados. A vantagem de dominar o Iraque pode ser neutralizada pela ascensão do Irã como potência nuclear, militar e política, com poder que suplantará os aliados dos Estados Unidos no mundo árabe.

E onde ficamos nós, os israelenses, nesse jogo?

Por muitos anos temos sido bombardeados por uma campanha de propaganda que apresenta o esforço nuclear iraniano como uma ameaça à existência de Israel. Esqueçam os palestinos, esqueçam o Hamas e o Hezbollah, esqueçam a Síria — o único perigo que ameaça a própria existência do Estado de Israel é a bomba nuclear iraniana.

Repito o que já disse antes: não sou vítima dessa angústia existencial. É verdade, a vida é melhor sem uma bomba nuclear iraniana e Ahmadinejad também não é muito simpático. Mas, na pior das hipóteses, teremos um "equilíbrio de terror" entre as duas nações, mais ou menos como houve entre a União Soviética e os Estados Unidos — o equilíbrio que nos salvou de uma terceira guerra mundial. Ou como o equilíbrio Índia-Paquistão, que dá a esses dois países, que se odeiam visceralmente, uma base para a reaproximação.

Tudo isso posto e considerado, atrevo-me a prever que não haverá um ataque militar contra o Irã este ano — nem dos americanos nem dos israelenses.

Enquanto escrevo estas linhas, sinto acender uma luzinha vermelha na minha cabeça. É relacionada a uma lembrança: quando jovem, fui um leitor ávido dos artigos semanais de Vladimir Jabotinsky, que sempre me impressionaram pelo estilo claro e pela lógica fria. Em agosto de 1939 Jabotinsky escreveu um artigo no qual afirmava categoricamente que não haveria guerra, apesar de todos os rumores que diziam o contrário. Seu raciocínio era que as armas modernas eram tão terríveis que nenhum país se atreveria a iniciar uma guerra.

Dias depois a Alemanha invadiu a Polônia, iniciando a mais terrível guerra da história da humanidade (até hoje) e que terminou quando os Estados Unidos lançaram bombas atômicas sobre Hiroshima e Nagasaki. Desde então, durante 63 anos, ninguém mais usou armas nucleares em uma guerra.

O presidente Bush chega ao fim da carreira de maneira vergonhosa. O mesmo destino espera, impacientemente, por Ehud Olmert. Para políticos desse tipo, é fácil serem tentados por uma última aventura, uma última chance de obter, apesar de tudo, um lugar decente na História.

De qualquer maneira, mantenho a minha previsão: não atacarão o Irã.

12/7/2008

O conselho do diabo

Foi apenas uma conversa de passagem, mas ficou gravada na minha memória.

Aconteceu logo depois da Guerra dos Seis Dias. Estava saindo da sala principal do Parlamento, depois de um discurso em que eu exigira o imediato estabelecimento de um Estado palestino.

Outro deputado veio pelo corredor — um homem simpático, do Partido Trabalhista, ex-motorista de ônibus. "Uri", disse ele, puxando-me pelo braço, "o que diabos você está fazendo? Você poderia ter uma carreira brilhante! Você aborda vários temas atraentes — contra a corrupção, pela separação entre Estado e religião, pela justiça social. Poderia ter um grande sucesso nas próximas eleições. Mas está estragando tudo com esses discursos sobre os árabes. Por que não para com este absurdo?"

Respondi que ele tinha uma certa razão, mas que eu não podia fazer o que estava sugerindo. Não via sentido algum em ser membro do Parlamento se não podia dizer a verdade como a via.

Fui reeleito, nas eleições seguintes, mas para liderar outra vez um pequeno partido, que jamais cresceria a ponto de ter grande força no Parlamento. O que o homem profetizara aconteceu.

Ao longo dos anos muitas vezes me perguntei se acertei daquela vez. Não teria sido melhor abrir mão de princípios, mesmo por pouco tempo, e ganhar força política, sem a qual é impossível implementar os princípios?

Não sei se minha escolha foi correta. Mas jamais senti qualquer remorso, pois aquela era a escolha certa para mim.

Lembro-me daquela conversa quando ouço falar de Barack Obama. Ele enfrenta o mesmo dilema.

Há uma grande diferença, é claro. Eu liderava um grupo político muito pequeno, num país muito pequeno. Ele lidera um partido enorme, num país enorme. Ainda assim, a natureza dos dilemas políticos é a mesma em todos os países, sejam grandes ou pequenos.

A política, como disse Bismarck, é "a arte do possível". Exige concessões. O político é um profissional, não muito diferente do carpinteiro ou do advogado. Seu trabalho é reunir maiorias para promulgar leis e tomar decisões. Para conseguir isso, precisa fazer concessões. Alguns o fazem facilmente, pois de qualquer maneira não dão muita importância aos princípios. Mas para gente de princípios pode ser muito difícil.

Qual é, então, o lugar dos princípios na política? Um político deve sacrificar alguns princípios para implementar outros? Qual é o limite?

Em campanhas eleitorais esse dilema torna-se ainda mais agudo.

Ao longo da minha vida política fiz cinco campanhas eleitorais como candidato ao Parlamento. Venci quatro, perdi uma.

Nestes dias venho acompanhando a campanha de Barack Obama. Às vezes entendo, às vezes fico irritado, às vezes, preocupado.

Ouço o que ele diz e entendo por que diz o que diz.

Observo o que ele faz e frequentemente fico irritado.

Vejo-o andando no arame sobre um abismo e fico preocupado.

Vi-o se apresentando ao lobby judaico, quando bateu todos os recordes de bajulação, e perguntei a mim mesmo: "Mas é este o homem que deverá trazer a Grande Mudança?"

Ouvi-o falando com entusiasmo sobre o direito dos cidadãos ao porte de armas, inclusive Uzis e Kalashnikovs, e balancei a cabeça. "O que é isso, Obama?"

Ouvi-o defendendo a pena de morte, punição bárbara que coloca os Estados Unidos em algum lugar entre o Irã e a Arábia Saudita, e não acreditei nos meus ouvidos. Obama???

Parece que a cada dia Obama se afasta mais de si mesmo — e ainda estamos no começo da campanha eleitoral propriamente dita.

Imagino o que sejam as discussões na equipe da campanha. Obama, lá, sentado, cercado de estrategistas, especialistas em pesquisas de opinião e em relações públicas, todos grandes experts, no topo de suas profissões.

Veja bem, Barack — diz um deles — esses são os fatos da vida. Os liberais estão com você seja como for; você não precisa convencê-los. Os conservadores estão contra você e nada mudará a posição deles. Mas entre esses dois extremos há milhões de eleitores que determinarão o resultado. Esses é que você deve atrair. Portanto, não diga coisa alguma que seja inusitada ou radical.

Você precisa dizer o que eles querem ouvir — diz o segundo. Nada que cheire a liberalismo linha-dura, por favor. Também precisamos dos votos dos direitistas e dos evangélicos.

Qualquer frase definitiva espantará eleitores — insiste um terceiro. Qualquer tema de princípios poderá irritar alguém; portanto, por favor, não entre em detalhes. Fique só com generalidades vagas, que satisfazem a todos.

Vi muitos candidatos, tanto em Israel como nos Estados Unidos, que iniciaram a campanha com um programa claro e incisivo e terminaram como políticos sem cara, sem foco e sem graça.

No grande drama de Goethe, Fausto vende a alma ao diabo em troca de sucesso neste mundo. Todos os políticos têm seu próprio diabo, que lhes oferece o poder em troca de suas almas.

Você tem princípios — sussurra o diabo em sua orelha. Belos princípios, mas se você não ganhar as eleições não terão valor algum. Você só poderá implementar seus princípios se chegar ao poder. Portanto, vale a pena abrir mão de alguns princípios, fazer algumas concessões, com o objetivo de ganhar. Depois você estará livre para fazer o que seu coração desejar.

O candidato sabe que é verdade. Para pôr em ação os seus planos, é preciso, antes de tudo, ser eleito. Para ser eleito, é preciso também dizer coisas nas quais não acredita e ceder em pontos nos quais acredita muito.

E novamente a questão é: onde está o limite? Que concessões são admissíveis para alcançar o objetivo? Onde passam as linhas vermelhas?

O diabo sabe que pequenas concessões levarão a concessões maiores e assim ladeira abaixo, até a perda da alma. Sem que o candidato perceba ele vai escorregando e quando abre os olhos se encontra atolado no pântano sujo da política.

Este é o primeiro teste para aqueles que aspiram à liderança: saber a diferença entre o admissível e o proibido. Entre "a arte do possível" e "o fim justifica os meios". Entre a insistência teimosa em preservar seus princípios e a rendição total aos especialistas, que transformam qualquer programa novo em uma mistura de frases vazias.

Desde seus primórdios na Grécia a democracia vive acossada por uma questão: pode-se mesmo confiar no povo, no *demos*, para fazer as escolhas certas? Como pode o público escolher entre diferentes soluções para problemas que não entende realmente? Afinal, os milhões de eleitores não têm conhecimento básico algum sobre assuntos relacionados ao orçamento, nem sobre a complexidade das relações internacionais, ou da estratégia militar ou de outros milhares de temas sobre os quais um chefe de Estado tem de decidir.

A resposta é: sim, os eleitores não têm a menor ideia dessas questões. Não se pode exigir que um motorista de táxi, um dentista ou mesmo um professor de matemática conheça detalhes de tribos afegãs ou do mercado internacional de petróleo.

A democracia representativa é inescapável e o eleitor só tem um critério para julgar: a percepção de qualidades de liderança.

Como o público decide que um candidato é um "líder"? É questão de autoconfiança? Força de caráter? Carisma? Aparência física? Sucesso em cargos anteriores? O público acredita que o candidato ou a candidata realmente cumprirá suas promessas de campanha?

Nos dias de hoje não é fácil obter uma impressão verdadeira, pois o candidato vive cercado de uma legião de especialistas em comunicação, que manipulam sua imagem, põem palavras em sua boca e dirigem suas aparições públicas. A televisão não é uma edição moderna da antiga ágora de Atenas, como dizem alguns. A televisão, por sua própria natureza, é um instrumento mentiroso e enganador. Mas, apesar disso tudo, é a imagem do candidato que decide o voto do eleitor.

Barack Obama impressionou milhões de cidadãos, especialmente os mais jovens. Depois de anos de decadência moral, com Bill Clinton, e da loucura obcecada pelo poder, de George W. Bush, eles anseiam por mudança, por um líder em quem possam confiar, que traga uma mensagem nova. E Obama tem um talento maravilhoso para expressar essa esperança em discursos emocionantes.

O risco é que quando se dissiparem os discursos virtuosos, não reste por trás deles nenhum líder com o caráter, a força e o talento para cumprir a promessa.

Se Obama render-se aos seus conselheiros e ao diabo que lhe sussurra ao ouvido, pode ganhar votos do campo adversário, mas perderá sua credibilidade, e não apenas em seu proprio campo. O público pode vir a decidir, por instinto, que Obama "não é o homem". Que, afinal, não é um líder no qual se possa confiar.

Por outro lado, se ele não estiver disposto a fazer as concessões necessárias, se afastar eleitores demais, estará exposto ao perigo oposto: de ser deixado com seus princípios, mas sem a capacidade de implementá-los.

Obama tem pela frente quatro meses difíceis. As tentações são muitas, dos dois lados. Tem de decidir quem é e até que ponto está disposto a ceder sem trair a si mesmo.

Talvez deva seguir o exemplo de Charles de Gaulle, que chegou ao poder como senhor da guerra e usou o poder para fazer uma paz difícil e quase insuportavelmente dolorosa.

Não quero ser um *etzes-geber* — expressão irônica em iídiche para conselheiro — que dá conselhos sem assumir qualquer responsabilidade e sem pagar qualquer preço pelos resultados.

Mesmo se me pedissem, não me atreveria a dar conselhos a Obama, candidato ao cargo mais poderoso do mundo. Exceto o conselho de Polônio a seu filho Laerte, em *Hamlet*: "Acima de tudo, seja verdadeiro consigo mesmo."

5/7/2008

Um pedido de perdão

Esta semana o primeiro-ministro do Canadá, Stephen Harper, em um discurso dramático ao Parlamento, pediu desculpas aos povos autóctones de seu país pelas injustiças que sucessivos governos canadenses cometeram ao longo de muitas gerações.

Assim o Canadá branco tenta fazer a paz com as nações nativas, cujas terras seus antepassados conquistaram e cuja cultura seus governantes tentaram aniquilar.

Pedir perdão por erros do passado tornou-se uma parte da cultura política moderna.

Pedir perdão nunca é fácil. Os cínicos podem afirmar que tampouco é tão difícil assim. São apenas palavras. E, afinal, palavras são uma mercadoria barata. Mas, de fato, atos como esse têm um significado profundo. Para uma pessoa — e mais ainda para uma nação — é sempre difícil admitir crimes e atrocidades que cometeu. Isso significa reescrever a narrativa histórica que constitui a base da coesão nacional. Obriga uma mudança drástica nos livros escolares e na perspectiva nacional. Geralmente governos são contra essa atitude, por causa de demagogos nacionalistas e propagandistas de ódio que infestam todos os países.

O presidente da França pediu desculpas, em nome de seu povo, pelos crimes do regime de Vichy, que entregou judeus aos exterminadores nazistas. O governo tcheco pediu desculpas aos alemães pela expulsão em massa da população alemã no fim da Segunda Guerra Mundial. A Alemanha, é claro, pediu desculpas aos judeus pelos crimes indescritíveis do Holocausto. Recentemente o governo da Austrália pediu desculpas aos povos aborígines. E até em Israel houve uma pálida tentativa de curar uma grave ferida interna, quando Ehud Barak pediu desculpas aos judeus orientais pela discriminação que sofreram por muitos anos.

Mas nós enfrentamos um problema que é muito mais difícil e complexo. Tem a ver com as raízes de nossa existência nacional neste país.

Acredito que a paz entre nós e o povo palestino — uma paz verdadeira, baseada em uma reconciliação verdadeira — começa com um pedido de perdão.

Imagino o presidente do Estado de Israel ou o primeiro-ministro, em sessão extraordinária do Parlamento, pronunciando um discurso histórico, nos seguintes termos:

"Digníssimo presidente do Knesset.

"Digníssimos parlamentares.

"Em nome do Estado de Israel e de todos os seus cidadãos, dirijo-me hoje aos filhos e filhas do povo palestino, estejam onde estiverem.

"Reconhecemos o fato de que cometemos contra os senhores uma injustiça histórica e, humildemente, pedimos perdão.

"Quando o movimento sionista decidiu estabelecer um lar nacional neste país — o qual chamamos de Terra de Israel e vocês chamam de Palestina — não havia a intenção de construir nosso Estado sobre as ruínas de outro povo. De fato, praticamente ninguém do movimento sionista jamais estivera neste país antes do primeiro Congresso Sionista, em 1897, e ninguém tinha ideia da situação real aqui.

"O ardente desejo dos fundadores desse movimento era salvar os judeus da Europa, onde se formavam as nuvens sombrias do ódio contra os judeus. Na Europa Oriental havia pogroms, e por toda a Europa viam-se sinais do processo que afinal levaria ao horror do Holocausto, no qual seis milhões de judeus desapareceram.

"Esse objetivo básico se somou à devoção profunda que liga os judeus, ao longo das gerações, ao país no qual se escreveu a Bíblia, texto que define nosso povo, e à cidade de Jerusalém, para a qual se voltam os judeus, há milhares de anos, em suas orações.

"Os fundadores sionistas que aqui chegaram eram pioneiros que carregavam no coração os mais sublimes ideais. Acreditavam na libertação nacional, na liberdade, na justiça e na igualdade. Orgulhamo-nos deles. Eles certamente nunca sonharam em cometer uma injustiça de dimensões históricas.

"Tudo isso não justifica o que aconteceu depois. A criação do lar nacional judaico neste país envolveu uma terrível injustiça contra vocês, o povo que aqui vivia há muitas gerações.

"Não podemos continuar ignorando o fato de que na guerra de 1948 — que para nós é a Guerra da Independência e para vocês é a Nakba — cerca de 750 mil palestinos foram obrigados a deixar suas casas e suas terras. Em relação às circunstâncias exatas dessa tragédia, proponho que se constitua um comitê para a verdade e a reconciliação, que reunirá especialistas israelenses e palestinos e cujas conclusões serão incorporadas aos textos escolares dos dois lados.

"Não podemos continuar ignorando o fato de que, durante 60 anos de conflito e guerra, vocês foram impedidos de exercer seu direito natural à independência em seu próprio Estado nacional livre. Esse direito foi assegurado aos palestinos pela resolução da Assembleia Geral da ONU de 29 de novembro de 1947, o mesmo documento que deu o fundamento legal para o estabelecimento do Estado de Israel.

"Por tudo isso devemos a vocês um pedido de perdão, que aqui expresso de todo o coração.

"Diz a Bíblia que 'Quem oculta seus crimes não prosperará, mas quem os confessa e repele alcançará misericórdia' (Provérbios 28:13). É claro que não basta confessar. Também temos de nos afastar dos erros que cometemos no passado.

"É impossível fazer voltar a roda da história e restaurar a situação que aqui existia em 1947, assim como o Canadá e os Estados Unidos não podem retornar à situação que ali existia 200 anos atrás. Temos de construir nosso futuro comum, no desejo partilhado de seguir adiante, de curar o que possa ser curado e reparar o que possa ser reparado, sem causar novas feridas, sem cometer novas injustiças e sem provocar mais tragédias humanas.

"Peço que aceitem nosso pedido de perdão, no espírito em que o oferecemos. Trabalhemos juntos em prol de uma solução justa, viável e prática para nosso conflito que já dura um século — uma solução que talvez não satisfará todas as justas aspirações, nem corrigirá todos os erros, mas possibilitará a nossos povos uma vida de liberdade, paz e prosperidade.

"Essa solução está clara para todos. Todos sabemos qual é. Brotou de nossas dolorosas experiências, foi lapidada pelas lições que tiramos de nosso sofrimento e cristalizada pelos esforços de nossas melhores mentes — tanto vossas como nossas.

"A solução significa, simplesmente: vocês têm os mesmos direitos que nós. Nós temos o mesmo direito que vocês: de viver em nosso próprio Estado, sob nossa própria bandeira, governados por leis que nós mesmos escrevemos, por um governo livremente eleito por nós mesmos — e esperemos que seja um bom governo.

"Um dos mandamentos fundamentais de nossa religião — como da vossa e de todas as religiões — foi dito há dois mil anos, pelo rabino Hillel, o velho: Não faças aos outros o que não queres que façam a ti.

"Na prática, esse mandamento significa que vocês têm o direito de estabelecer imediatamente o Estado livre e soberano da Palestina, em todos os territórios que Israel ocupou em 1967, e que será aceito como membro pleno das Nações Unidas.

"Serão restauradas as fronteiras de 4 de junho de 1967. Espero que possamos concordar, em negociações livres, com trocas mínimas de territórios, que podem beneficiar ambos os lados.

"Jerusalém, cidade tão importante para todos nós, deve ser a capital de nossos dois Estados — Jerusalém Ocidental, incluindo o Muro das Lamentações, será capital de Israel; Jerusalém Oriental, incluindo al-Haram al-Sharif, que nós chamamos de Monte do Templo, será capital da Palestina. O que é árabe ficará do vosso lado e o que é judaico ficará do nosso. Trabalhemos juntos para manter Jerusalém como uma cidade viva, aberta e unida.

"Nós retiraremos os assentamentos israelenses, que causaram tanto sofrimento e injustiça a vocês, e traremos os colonos para casa, exceto nas pequenas áreas que serão anexadas a Israel, no contexto de uma troca de territórios livremente acordada. Também desmontaremos toda a parafernália ligada à ocupação, tanto física como institucional.

"Temos de abordar, com o coração aberto, compaixão e bom-senso, a tarefa de encontrar uma solução justa e viável para a terrível tragédia dos refugiados e seus descendentes. Cada família de refugiados terá o direito de escolher livremente entre várias possibilidades: repatriamento e reassentamento no Estado da Palestina, com uma assistência generosa; permanecer onde estiverem ou emigrar para onde escolham ir, também com uma assistência generosa; e, sim, retornar ao território de Israel, em números aceitáveis e acordados conosco. Os próprios refugiados devem ser parceiros plenos nesses esforços.

"Acredito que nossos dois Estados — Israel e Palestina, vivendo lado a lado nesta bem-amada mas pequena terra, rapidamente trabalharão juntos, nos planos humano, social, econômico, tecnológico e cultural, e construirão um relacionamento que garantirá não apenas nossa segurança, mas também desenvolvimento e prosperidade rápidos para todos.

"Juntos trabalharemos em prol da paz e da prosperidade em toda a nossa região, que serão baseadas em relações próximas com todos os países do Oriente Médio.

"Comprometidos com a paz e com o desejo de criar um futuro melhor para nossos filhos e netos, levantemo-nos agora e curvemos a cabeça, em memória das incontáveis vítimas de nosso conflito, judeus e árabes, israelenses e palestinos — um conflito que se estendeu por um tempo longo demais."

Na minha opinião, um discurso nesses termos é absolutamente essencial para abrir um novo capítulo na história deste país.

Em décadas de encontros com palestinos de todos os tipos, cheguei à conclusão de que os aspectos emocionais do conflito são tão importantes — e talvez sejam ainda mais importantes — do que os aspectos políticos. Um profundo sentimento de injustiça permeia as mentes e as ações de todos os palestinos. Sentimentos de culpa, inconscientes ou semiconscientes, atormentam as almas dos israelenses, criando uma convicção profunda de que os árabes nunca farão a paz conosco.

Não sei quando será possível um discurso como esse. Muitos fatores imprevisíveis contribuirão para que isso aconteça ou não. Mas sei que sem um discurso como esse, simples acordos de paz assinados por diplomatas não vão bastar. Como os acordos de Oslo demonstraram, construir uma ilha artificial em um mar de emoções tempestuosas não funciona.

O pedido público de desculpas, pelo primeiro-ministro do Canadá, não é a única coisa que podemos aprender daquele país da América do Norte.

Há 43 anos o governo canadense deu um passo extraordinário para fazer a paz entre a maioria falante de inglês e a minoria falante de francês. O relacionamento conflituoso entre as duas partes da população continuava sendo uma ferida aberta, desde que os britânicos conquistaram o Canadá francês, cerca de 250 anos atrás. Há 43 anos a bandeira do Canadá, até então inspirada na Union Jack britânica, foi substituída por outra, com a folha de bordo.

Naquela ocasião, o presidente do Senado disse: "Esta bandeira é símbolo da união nacional, dado que ela, sem dúvida, representa todos os cidadãos do Canadá, sem distinção de raça, de língua, de fé ou de opinião."

Também aí há algo que podemos aprender.

14/6/2008

1948

Um dia, espero, haverá aqui uma comissão para a verdade e a reconciliação semelhante à que houve na África do Sul. Deverá incluir israelenses, palestinos e historiadores internacionais, com a tarefa de estabelecer o que realmente aconteceu neste país em 1948.

Nos 60 anos que se passaram desde então os eventos da guerra foram soterrados sob camadas e mais camadas de propaganda de israelenses e de palestinos, de judeus e de árabes. Para expor a camada mais profunda, é necessária uma escavação quase arqueológica. Mesmo as testemunhas oculares que ainda vivem às vezes têm dificuldades de distinguir entre o que realmente viram e os mitos que distorceram e falsificaram os fatos, tornando-os quase irreconhecíveis.

Sou uma das testemunhas oculares. Nos últimos dias, na ocasião do aniversário de 60 anos de Israel, tenho sido procurado por dezenas de entrevistadores, de rádio e de televisão de todo o mundo, que me pedem para contar o que realmente aconteceu. Aqui vão algumas das perguntas que tenho ouvido e o que tenho respondido.

Quais são as diferenças entre a guerra de 1948 e as outras guerras?

Antes de tudo a guerra de 1948 não foi uma guerra, mas sim duas, em sequência, sem um intervalo entre elas.

A primeira guerra travou-se aqui entre judeus e árabes. Começou imediatamente depois da resolução da Assembleia Geral da ONU, de 29 de novembro de 1947, que decretou a partilha da Palestina entre um Estado judaico e um Estado árabe. Essa guerra durou até a proclamação do Estado de Israel, no dia 14 de maio de 1948. Nesse dia, começou a segunda guerra — entre o Estado de Israel e os países vizinhos, que envolveram seus exércitos no combate.

Essa não foi uma guerra entre dois países por um pedaço de terra, como as guerras entre Alemanha e França, que disputavam a Alsácia. Nem foi uma guerra fratricida, como a Guerra Civil Americana, na qual os dois lados pertenciam à mesma nação. Classifico essa guerra como uma "guerra étnica".

Esse tipo de guerra trava-se entre dois povos que vivem no mesmo país, cada um exigindo o país inteiro para si. Nesse tipo de guerra o objetivo não é apenas obter uma vitória militar, mas também a posse da maior parte possível do país, sem a população do outro lado. Foi o que aconteceu quando a Iugoslávia se fragmentou e quando, não por acaso, foi cunhada a odiosa expressão "limpeza étnica".

A guerra era inevitável?

Naquela época esperei até o último minuto que pudesse ser evitada. Em retrospectiva, é claro para mim que já era tarde demais.

Os judeus estavam determinados a estabelecer seu próprio Estado. Esse era um dos objetivos fundamentais do movimento sionista, fundado 50 anos antes, e que foi muito reforçado pelo Holocausto, que chegara ao fim apenas dois anos e meio antes.

Os árabes estavam determinados a impedir o estabelecimento de um Estado judaico no país que (com razão) consideravam um país árabe. Por isso, os árabes iniciaram a guerra.

O que você e os judeus em geral pensaram quando se alistaram?

Quando me alistei, no início da guerra, todos nós estávamos convencidos de que corríamos o risco de ser aniquilados e de que lutávamos para nos defender, defender nossas famílias e toda a comunidade hebraica. (Quando digo "nós" refiro-me à comunidade hebraica em geral e aos soldados em particular.) A frase "Não há alternativa" não era apenas um slogan, mas sim uma convicção profunda. Não creio que os árabes tivessem a mesma convicção. Foi onde erraram.

Isso explica por que a comunidade judaica mobilizou-se totalmente, desde o primeiro instante. Tínhamos uma liderança unificada (até os grupos Irgun e Stern se subordinaram a ela) e uma força militar unificada, que rapidamente assumiu o caráter de um exército regular.

Nada disso aconteceu no lado árabe. Eles não tinham uma liderança unificada, nem um exército árabe-palestino unido — o que significa que não eram capazes de concentrar suas forças nos pontos cruciais. Mas só soubemos disso depois da guerra.

Vocês acreditavam que fossem o lado mais forte?

De modo algum. Naquela época os judeus eram apenas um terço da população que vivia aqui. As centenas de aldeias árabes por todo o país controlavam as principais vias de transporte, cruciais para nossa sobrevivência. Sofremos muitas baixas na luta para desimpedir as estradas, principalmente a estrada para Jerusalém. Sentíamos realmente que éramos "poucos contra muitos".

Aos poucos o equilíbrio de forças foi se alterando. Nosso Exército tornou-se mais organizado e aprendeu pela experiência, enquanto os árabes continuavam a depender de *faz'ah* — a mobilização de moradores das aldeias locais, equipados apenas com suas velhas armas. A partir de abril de 1948 começamos a receber grandes quantidades de armas leves, da Tchecoslováquia, mandadas por ordem de Stálin. Em meados de maio, quando se aproximava a intervenção prevista dos exércitos árabes, já controlávamos um território contínuo.

Em outras palavras, vocês expulsaram os árabes?

Ainda não era uma "limpeza étnica", mas sim um efeito da guerra. Nosso lado se preparava para o ataque em massa dos exércitos árabes e não podíamos deixar uma grande população hostil na retaguarda. Essa necessidade militar evidentemente misturava-se ao desejo, mais ou menos consciente, de criar um território judaico homogêneo.

Ao longo dos anos adversários de Israel criaram um mito conspiratório sobre um Plano D, como se tivesse sido a origem da limpeza étnica. Na realidade, esse foi um plano militar para criar um território contínuo sob nosso controle, como parte da preparação para o confronto crucial com os exércitos árabes.

Está dizendo que, naquele estágio, ainda não havia a decisão básica de expulsar os árabes?

É preciso lembrar a situação política: nos termos da resolução da ONU, o "Estado judaico" deveria englobar mais da metade da Palestina (de acordo com as fronteiras de 1947, sob o Mandato Britânico). Nesse território, mais de 40 por cento da população eram árabes. Os porta-vozes árabes argumentavam que era impossível estabelecer um Estado judeu no qual quase metade da população era árabe e exigiam o cancelamento da resolução da partilha. Os judeus, que se atinham à resolução da ONU, queriam provar que a partilha era possível. Então houve alguns esforços (em Haifa, por exemplo) para convencer os árabes a não deixar suas casas. Mas a realidade da própria guerra provocou o êxodo em massa.

É preciso entender que em nenhum momento os árabes "fugiram do país". Em geral as coisas aconteciam assim: no curso dos combates uma aldeia árabe era intensamente bombardeada. Os moradores — homens, mulheres e crianças — fugiam, é claro, para a aldeia mais próxima. Então, atirávamos na outra aldeia e eles fugiam para a próxima, e assim por diante, até que o armistício entrou em vigor e de repente havia uma fronteira demarcada (a Linha Verde) entre os refugiados e suas casas. O massacre de Deir Yassin deu mais um forte empurrão para o êxodo.

Nem os habitantes de Yafo deixaram o país — afinal, Gaza, onde se refugiaram, também é parte da Palestina.

Quando começou a "limpeza étnica"?

Na segunda metade da guerra, depois de detido o avanço dos exércitos árabes, uma deliberada política para expulsar os árabes tornou-se, em si, objetivo de guerra.

A bem da verdade deve-se lembrar que não aconteceu de um só lado. Poucos árabes permaneciam nos territórios conquistados pelo nosso lado, mas tampouco permaneciam judeus nos territórios que os árabes conquistavam, por exemplo, nos kibutzim de Gush Etzion e no bairro judaico da Cidade Velha, em Jerusalém. Os judeus que ali viviam foram mortos ou expulsos. A diferença estava na quantidade: enquanto o lado judeu conquistou grandes extensões de terra, o lado árabe conseguiu conquistar apenas pequenas áreas.

A verdadeira decisão foi tomada depois da guerra: não permitir que os 750 mil refugiados árabes voltassem para suas casas.

O que aconteceu quando os exércitos árabes entraram na guerra?

No início nossa situação pareceu desesperadora. Os exércitos árabes eram tropas regulares, bem treinadas (principalmente pelos britânicos) e equipadas com armamento pesado: aviões militares, tanques e artilharia, enquanto nós tínhamos apenas armas leves — rifles, metralhadoras, morteiros leves e armas antitanques que não funcionavam. Só em junho começamos a receber armamento pesado.

Eu mesmo participei do descarregamento dos primeiros aviões de combate que chegaram, vindos da Tchecoslováquia. Haviam sido fabricados para a Wehrmacht alemã. Sobre as nossas cabeças, aviões "alemães" (Messerschmitts), do nosso lado, enfrentavam aviões "britânicos" (Spitfires) pilotados por egípcios.

Por que Stálin apoiou o lado judeu?

Na véspera da resolução da ONU, o representante soviético, Andrei Gromyko, fez um discurso sionista ardente. O objetivo imediato de Stálin era afastar os britânicos da Palestina, onde eles poderiam permitir a instalação de mísseis americanos. Aqui é preciso lembrar um fato que às vezes fica esquecido: a União Soviética foi o primeiro Estado a reconhecer Israel *de jure*, imediatamente após a declaração de independência. Naquele momento os Estados Unidos só reconheceram Israel de *facto*.

Stálin só deu as costas a Israel alguns anos mais tarde, quando Israel aderiu abertamente ao bloco americano. Naquela época a paranoia antissemita de Stálin também ficou evidente. Os estrategistas políticos de Moscou preferiram apostar na maré montante do nacionalismo árabe.

Quais foram seus sentimentos pessoais durante a guerra?

Às vésperas da guerra eu ainda acreditava em uma parceria "semita" entre todos os habitantes do país. Um mês antes de a guerra eclodir publiquei uma brochura, *War or Peace in the Semitic Region*, na qual expunha essa ideia. Em retrospectiva, percebo que já era tarde demais.

Quando a guerra eclodiu, imediatamente me alistei numa brigada de combate (Givati). Nos últimos dias antes de ser convocado, consegui — com um grupo de amigos — publicar outra brochura, *From Defense to War*, na qual propúnhamos que a guerra não perdesse de vista a paz que teria de vir depois. (Eu era muito influenciado pelo comentarista militar inglês Basil Liddell Hart, que defendera essa conduta durante a Segunda Guerra Mundial.)

Meus amigos de então tentaram insistentemente me convencer a não me alistar, para que pudesse continuar a tarefa mais importante de manifestar minhas opiniões durante a guerra. Senti que meus amigos estavam bastante equivocados — que o lugar de todos os homens jovens, aptos e decentes, em dias como aqueles, era nas unidades de combate. Como poderia ficar em casa quando milhares de pessoas da minha idade arriscavam a vida, dia e noite? Além do mais, quem daria atenção ao que eu escrevesse se naquele momento crucial para a nossa existência nacional eu não cumprisse o meu dever?

No início da guerra combati como soldado de infantaria e lutei nos arredores da estrada para Jerusalém e na segunda metade da guerra servi na unidade de comando motorizado "Raposas de Sansão", que lutou na frente egípcia. Assim, pude ver a guerra a partir de dezenas de ângulos diferentes.

Durante a guerra escrevi minhas experiências. Meus relatos foram publicados nos jornais e depois reunidos num livro intitulado *In the Fields of the Philistines, 1948* (cuja versão em inglês foi publicada pela editora One World com o título *1948 A Soldier's Tale*). A censura militar não me permitiu abordar os lados negativos, então imediatamente depois da guerra escrevi um segundo livro, *The Other Side of the Coin*, disfarçado como obra literária, e assim não precisei submetê-lo à censura. Nesse livro relatei, entre outros fatos, que recebemos ordens para matar qualquer árabe que tentasse voltar para casa.

O que a guerra ensinou-lhe?

As atrocidades que testemunhei me tornaram um ativista pacifista convicto. A guerra ensinou-me que existe um povo palestino e que jamais alcançaremos a paz enquanto não houver um Estado palestino lado a lado com nosso Estado. O fato de ainda não haver um Estado palestino é uma das razões pelas quais a guerra de 1948 continua, até o dia de hoje.

11/5/2008

"... e chamar-se-á Estado de Israel"

Cada vez que ouço a voz de David Ben-Gurion pronunciando as palavras "Portanto, nos reunimos aqui..." penso em Issar Barsky, um jovem encantador, o irmão mais novo de uma namorada que tive.

A última vez que o vi foi em frente ao refeitório do kibutz Hulda, na sexta-feira, dia 14 de maio de 1948.

Naquela noite, meu batalhão deveria atacar al-Qubab, uma aldeia árabe na estrada para Jerusalém, a leste de Ramle. Estávamos ocupados com os preparativos. Eu limpava meu rifle tcheco quando alguém chegou e disse que Ben-Gurion estava fazendo um discurso sobre a fundação do Estado.

Francamente, os discursos dos políticos em Tel Aviv não nos interessavam muito. A cidade parecia muito distante. O Estado, sabíamos, estava aqui, conosco. Se os árabes vencessem, não haveria nem Estado nem "nós". Se nós vencêssemos, haveria um Estado. Éramos jovens e autoconfiantes e nem por um momento duvidávamos de que venceríamos.

Mas havia um detalhe que me interessava muito: como se chamaria o novo Estado? Judeia? Sion? O Estado Judeu?

Portanto, corri para o refeitório. A voz inconfundível de Ben-Gurion retumbava do rádio. Quando disse "... e chamar-se-á Estado de Israel", que era o que me interessava saber, saí do refeitório.

Na saída, cruzei com Issar. Ele lutava em outro batalhão, que naquela noite atacaria outra aldeia. Disse-lhe o nome do Estado e recomendei: "Cuide-se!"

Issar foi morto alguns dias depois. Por isso lembro-me dele como era naquele dia: um menino de 19 anos, um sabra alto, sorridente, cheio de inocência e alegria de viver.

Quanto mais nos aproximamos das festividades grandiosas do aniversário de 60 anos do Estado, mais uma pergunta me incomoda: se Issar abrisse os olhos e nos visse, o que pensaria do Estado que foi oficialmente criado naquele dia?

Veria um Estado que se desenvolveu muito mais do que nos seus sonhos mais loucos. De uma pequena comunidade de 635 mil pessoas (das quais mais de 6 mil morreriam com Issar naquela guerra), crescemos para mais de 7 milhões de habitantes. Os dois grandes milagres que geramos — o renascimento da língua hebraica e a instituição da democracia israelense — continuam sendo realidade. Nossa economia é forte e em alguns campos — a alta tecnologia, por exemplo — estamos entre os primeiros do mundo. Issar ficaria entusiasmado e orgulhoso.

Mas também sentiria que algo deu errado em nossa sociedade. O kibutz onde, naquele dia, armamos nossas pequenas barracas de acampamento tornou-se um empreendimento comercial como qualquer outro. A solidariedade social, da qual nos orgulhávamos tanto, desmoronou. Massas de adultos e crianças vivem abaixo da linha de pobreza, os idosos, os doentes e os desempregados estão entregues à própria sorte. A distância que separa pobres e ricos é uma das maiores do mundo desenvolvido. E nossa sociedade, que uma vez levantou a bandeira de igualdade e justiça, estala sua língua coletiva e dedica-se a outros assuntos.

Sobretudo, Issar ficaria chocado ao descobrir que a guerra brutal que o matou e me feriu, além de matar e ferir milhares de outros, continua a todo vapor. A guerra determina toda a vida da nação. Enche as primeiras páginas dos jornais e ocupa as manchetes dos noticiários.

Descobriria que nosso Exército, aquele que era "nós", tornou-se uma coisa bastante diferente, cuja principal tarefa é oprimir um outro povo.

Naquela noite realmente atacamos al-Qubab. Quando entramos, a aldeia já estava deserta. Invadi uma das casas. A chaleira ainda estava quente, a comida estava na mesa. Em uma das prateleiras achei algumas fotos: um homem que visivelmente havia penteado cuidadosamente os cabelos, uma mulher e duas crianças pequenas. Ainda guardo comigo essas fotos.

Suponho que na aldeia atacada por Issar naquela noite o quadro era semelhante. Os moradores — homens, mulheres, crianças — fugiram no último momento, deixando sua vida inteira para trás.

Não há como escapar do fato histórico: o Dia da Independência de Israel e a Nakba ("catástrofe") Palestina são dois lados da mesma moeda. Em 60 anos não conseguimos — de fato nem tentamos — desatar este nó, criando uma outra realidade.

E, assim, a guerra continua.

Ao aproximar-se o sexagésimo Dia da Independência, um comitê se reuniu para escolher um símbolo para o evento. Aquele que escolheram parece apropriado para um evento da Coca-Cola ou do festival Eurovision da canção.

O verdadeiro símbolo do Estado de Israel é bastante diferente e nenhum comitê de burocratas precisou inventá-lo. Está fixado na terra e pode ser visto de longe: o Muro. O Muro de Separação.

Separação de quem, de quê?

Aparentemente, separa a israelense Kfar Sava e a vizinha palestina Qalqiliyah, fica entre Modi'in Illit e Bil'in. Entre o Estado de Israel (e mais algumas terras arrebatadas) e os Territórios Palestinos Ocupados. Mas, na realidade, separa dois mundos.

Na imaginação febril dos que acreditam no "choque de civilizações" — seja George W. Bush ou Osama bin Laden — o Muro é a fronteira entre dois titãs da história, a civilização ocidental e a civilização islâmica, inimigos mortais combatendo uma guerra de Gog e Magog.

Nosso Muro tornou-se a linha da frente entre esses dois mundos. O Muro não é só uma estrutura de arame e concreto. Mais do que tudo, o Muro — como todos os muros semelhantes — é uma declaração ideológica, uma declaração de intenção, uma realidade mental. Os construtores declaram que pertencem, de corpo e alma, a um campo, o campo ocidental; e declaram que do outro lado do muro começa o mundo oposto, o inimigo, as massas de árabes e outros muçulmanos.

Quando se decidiu sobre isso? Quem decidiu? Como?

Há 102 anos, Theodor Herzl escreveu, em sua obra inovadora *Der Judenstaat*, da qual nasceu o movimento sionista, uma sentença carregada de significado: "Para a Europa, constituiremos lá [na Palestina] um setor do muro contra a Ásia, serviremos como vanguarda da cultura contra a barbárie."

Assim, em 22 palavras em alemão, foi estabelecida a visão de mundo do sionismo e o lugar que aí teríamos. E agora, depois de um atraso de quatro gerações, o muro físico segue o traçado do muro mental.

O quadro é mais do que claro: fazemos essencialmente parte da Europa (como a América do Norte), parte da cultura que é inteiramente europeia. Do outro lado: a Ásia, um continente bárbaro, sem cultura, incluindo o mundo árabe e muçulmano.

Pode-se entender a visão de mundo de Herzl. Era um homem do século XIX e escreveu seu tratado quando o imperialismo branco estava no zênite. Ele o admirava com toda sua alma. Esforçou-se (em vão) para se encontrar com Cecil Rhodes, o homem que simbolizava o colonialismo britânico. Dirigiu-se a Joseph Chamberlain, secretário britânico para as colônias, que lhe ofereceu Uganda, então colônia britânica. Ao mesmo tempo, também admirava o Kaiser alemão e seu Reich, tão perfeitamente organizado que executou um genocídio horrível no sudoeste da África no ano em que Herzl morreu.

A máxima de Herzl não sobreviveu apenas como pensamento abstrato. O movimento sionista a seguiu desde o primeiro momento e o Estado de Israel a mantém viva até o dia de hoje.

Poderia ter sido diferente? Poderíamos nos tornar uma parte da região? Poderíamos nos converter em uma espécie de Suíça cultural, uma ilha independente entre Oriente e Ocidente, que servisse de ponte e mediação entre ambos?

Um mês antes de eclodir a guerra de 1948, sete meses antes de o Estado de Israel ter sido oficialmente constituído, publiquei uma brochura intitulada *War or Peace in the Semitic Region*. Começava assim:

Quando nossos pais sionistas decidiram criar um "abrigo seguro" na Palestina, podiam escolher entre dois caminhos:

Podiam mostrar-se ao oeste da Ásia como um conquistador europeu, que se vê como cabeça de ponte da raça "branca" e senhor dos "nativos", como os conquistadores espanhóis e os colonialistas anglo-saxônicos na América. Como, em seu tempo, os Cruzados na Palestina.

A outra via era verem-se eles mesmos como um povo asiático que voltava à terra de origem — vendo-se como herdeiros da tradição política e cultural da região semita.

A história deste país viu dezenas de invasões, que se podem classificar em duas categorias principais.

Houve os invasores que vieram do Oeste, como os filistinos, os gregos, os romanos, os cruzados, Napoleão e os britânicos. Invasores desse tipo visaram a implantar uma cabeça de ponte e sua perspectiva mental era a de cabeça de ponte. A região é um território hostil, seus habitantes são inimigos, que devem ser oprimidos ou destruídos. No fim, todos esses invasores foram expulsos.

E houve invasores que vieram do Leste, como os emoritas, os assírios, os babilônios, os persas e os árabes. Esses conquistaram o território e tornaram-se parte dele, influenciaram sua cultura e foram influenciados por ela e, no fim, enraizaram-se.

Os antigos israelitas classificam-se na segunda categoria. Embora haja dúvida sobre o Êxodo do Egito narrado nos Livros de Moisés, ou sobre a Conquista de Canaã narrada no Livro de Josué, é razoável pressupor que fossem tribos que vieram do deserto e infiltraram-se nas cidades fortificadas de Canaã, que não poderiam conquistar, de acordo com a descrição em Juízes 1.

Os sionistas pertenciam à primeira categoria. Trouxeram com eles a visão de mundo de cabeça de ponte, de vanguarda da Europa. Essa visão de mundo gerou o Muro como símbolo. Isso tem de mudar completamente.

Uma das nossas peculiaridades nacionais é um tipo de discussão no qual todos os participantes, sejam de esquerda ou de direita, utilizam o argumento decisivo de que "se não fizermos tal e tal coisa, o Estado de Israel deixará de existir!". Alguém imagina esse tipo de argumento na França, na Inglaterra ou nos Estados Unidos?

Esse é um sintoma da ansiedade "de Cruzado". Embora tenham permanecido neste país por quase 200 anos e produzido oito gerações de "nativos", os Cruzados jamais tiveram certeza de que continuariam existindo aqui.

Não estou preocupado com a existência do Estado de Israel. Existirá enquanto existirem Estados. A questão é: que tipo de Estado será?

Um Estado de guerra permanente, o terror de seus vizinhos, onde a violência impregna todas as esferas da vida, onde os ricos florescem e os pobres vivem em miséria; um Estado que será abandonado por seus melhores filhos?

Ou um Estado que vive em paz com seus vizinhos, para seu benefício mútuo; uma sociedade moderna com direitos iguais para todos seus cidadãos e sem miséria; um Estado que investe seus recursos em ciência e cultura, na indústria e na preservação do meio ambiente;

no qual as futuras gerações desejarão viver; fonte de orgulho para todos os cidadãos?

Esse pode ser nosso objetivo para os próximos 60 anos. Acho que esse também seria o desejo de Issar.

3/5/2008

A opção militar

Guerra contra a Síria? Paz com a Síria? Uma grande operação contra o Hamas na Faixa de Gaza? Um cessar-fogo com o Hamas?

Nossa mídia discute friamente essas opções, como se fossem equivalentes. Como alguém, num *showroom*, escolhendo entre dois carros. Este é bom, o outro também. Então, qual escolher?

E ninguém grita: a guerra é o máximo da estupidez!

Carl Von Clausewitz, o conhecido teórico militar, disse que a guerra é apenas a continuação da política, por outros meios. Quis dizer que a guerra serve à política; e que se não serve à política, não serve para nada.

A quais políticas serviram as guerras nos últimos cem anos?

Há 94 anos eclodiu a Primeira Guerra Mundial. A causa imediata foi o assassinato do herdeiro do trono da Áustria por um estudante sérvio. Em Sarajevo, mostraram-me como aconteceu: depois de uma primeira tentativa fracassada, que ocorreu na rua principal da cidade, os assassinos já haviam desistido quando um deles, por puro acaso, cruzou novamente com o herdeiro e o matou. Depois desse assassinato quase acidental, nos quatro anos seguintes muitos milhões de seres humanos perderam suas vidas.

O assassinato, é claro, só serviu de pretexto. Todas as nações beligerantes tinham interesses políticos e econômicos que as empurraram para a guerra. Mas a guerra realmente atendeu àqueles interesses? Os resultados sugerem o contrário: três poderosos impérios — o russo, o alemão e o austríaco — desmoronaram; a França perdeu sua posição como potência mundial, sem esperança de recuperá-la; o Império Britânico ficou mortalmente ferido.

Especialistas militares apontam a chocante estupidez de praticamente todos os generais, que jogaram seus pobres soldados, muitas e muitas vezes, em batalhas irremediavelmente perdidas, que nada obtiveram além de carnificina.

Os estadistas foram mais espertos? Nenhum dos políticos que iniciaram a guerra imaginou que seria tão longa e tão terrível. No início de agosto de 1914, quando os soldados de todos os países marcharam para a guerra, cheios de entusiasmo, lhes prometeram que estariam em casa "antes do Natal".

Nenhum objetivo político foi obtido naquela guerra. Os acordos de paz que foram impostos aos vencidos são monumentos da mais desenfreada imbecilidade. Pode-se afirmar que o principal resultado da Primeira Guerra Mundial foi a Segunda Guerra Mundial.

A Segunda Guerra foi, aparentemente, mais racional. O homem que a detonou, praticamente sozinho, Adolf Hitler, sabia exatamente o que queria. Os países adversários entraram na guerra pois não tinham alternativa se não quisessem ser invadidos por um ditador monstruoso. A maioria dos generais, dos dois lados, era muito mais inteligente do que seus antecessores.

E apesar disso também foi uma guerra estúpida.

Hitler era, basicamente, uma pessoa primitiva que vivia no passado e não entendia o *Zeitgeist*, o espírito de seu tempo. Queria converter a Alemanha na maior potência mundial — objetivo que estava muito além de suas capacidades. Queria conquistar grandes partes da Europa Oriental e esvaziá-las de seus habitantes, para lá instalar alemães. Tratava-se de um conceito de poder irremediavelmente obsoleto. Como todas as ideias de implantar colônias como instrumento

OUTRO ISRAEL

para fortalecer a nação, esse conceito pertencia aos séculos passados. Hitler não entendeu o significado da revolução tecnológica que estava prestes a mudar a face do mundo. Pode-se dizer que Hitler não foi apenas um tirano perverso e um monumental criminoso de guerra, mas também um completo idiota.

O único objetivo que ele quase alcançou foi a aniquilação do povo judeu. Mas, no fim, até essa tentativa louca fracassou: hoje os judeus têm uma grande influência sobre o país mais poderoso do mundo e o Holocausto foi um fator importante no estabelecimento do Estado de Israel.

Hitler queria destruir a União Soviética e chegar a um acordo com o Império Britânico. Subestimou os Estados Unidos e praticamente os ignorou. O resultado da guerra foi que a União Soviética tomou uma grande parte da Europa, os Estados Unidos tornaram-se a principal potência do mundo e o Império Britânico desintegrou-se para sempre.

De fato, o ditador nazista demonstrou, mais do que qualquer outro, a absoluta inutilidade da guerra, como instrumento político, nos nossos tempos.

Depois de destruído o Reich de Hitler, a Alemanha alcançou seu objetivo. O país é hoje uma potência econômica e política dominante em uma Europa unida — mas essa posição foi conquistada não com tanques e armamento pesado, não com guerra e força militar, mas unicamente com diplomacia e exportações. Uma geração depois de todas as cidades alemãs serem reduzidas a ruínas na aventura nazista, a Alemanha já florescia como nunca antes.

O mesmo se pode dizer sobre o Japão, que era ainda mais militarista do que a Alemanha. O Japão conseguiu, por vias pacíficas, o que generais e almirantes não conseguiram pela guerra.

De vez em quando leio relatos entusiásticos, de turistas americanos, sobre o Vietnã. Que país maravilhoso! Que povo amistoso! Quantos negócios podem-se fazer lá!

Há apenas uma geração o Vietnã foi devastado por uma guerra brutal.

Multidões de pessoas foram mortas, centenas de aldeias foram incendiadas, florestas e plantações foram destruídas por substâncias químicas, soldados caíram como moscas. Por quê? Por causa dos dominós.

A teoria dos dominós consistia no seguinte: se todo o Vietnã fosse tomado pelos comunistas, cairiam todos os países do Sudeste Asiático. Cada um que caísse arrastaria o vizinho, como em uma fileira de dominós. A realidade mostrou o completo absurdo dessa ideia: os comunistas tomaram todo o Vietnã sem afetar a estabilidade da Tailândia, da Malásia e de Cingapura. Quando se apagaram as lembranças da guerra, o Vietnã, de fato, seguiu o exemplo de seu vizinho do norte, a China. Mas, enquanto isso, a China se converteu em uma economia capitalista florescente.

Na Guerra do Vietnã a estupidez dos generais competiu com a estupidez dos políticos. O campeão foi Henry Kissinger, um criminoso de guerra cujo ego imenso disfarçou sua estupidez básica. No auge da guerra, ele invadiu o vizinho pacífico Camboja e o reduziu a cacos. O resultado foi um horrendo autogenocídio, quando os comunistas assassinaram seu próprio povo. Apesar disso, muitos ainda consideram Kissinger um gênio político.

Alguns acham que na competição feroz pelo prêmio da máxima inutilidade da guerra sai ganhando a invasão do Iraque.

Aparentemente os líderes políticos em Washington previram o aumento dramático da demanda mundial por petróleo. Portanto, decidiram fortalecer seu controle do petróleo do Golfo Pérsico e da bacia do mar Cáspio. A guerra tinha o objetivo de transformar o Iraque em um satélite americano e estabelecer lá, sob um regime amigo, uma base permanente que controlaria toda a região.

Até agora o resultado é o oposto. Em vez da consolidação do Iraque como um país unido sob um regime pró-americano estável, eclodiu uma guerra civil, o Estado iraquiano oscila à beira de desintegrar-se. A população iraquiana odeia os americanos e os considera ocupantes estrangeiros. A produção de petróleo é menor do que era antes da invasão, os imensos custos da guerra enfraquecem a economia americana, o preço do petróleo aumenta continuamente. Nunca os Estados Unidos viveram um momento de mais baixo prestígio internacional e o público americano exige que seus soldados sejam levados de volta para casa.

Não há dúvida de que os interesses americanos poderiam ser muito mais eficazmente protegidos por meios diplomáticos, utilizando o poderio econômico dos Estados Unidos. Assim, poderiam ser poupados milhares de soldados americanos e dez vezes mais civis iraquianos, além de trilhões de dólares. Mas o ego problemático de George W. Bush, que encobre seu vazio e sua insegurança sob uma arrogância barulhenta, o levou a optar pela guerra. E sobre sua capacidade cerebral já há um consenso mundial mesmo antes do fim de seu mandato.

Durante 60 anos de existência o Estado de Israel lutou em seis grandes guerras e várias guerras "menores" (a Guerra de Atrito, Vinhas da Ira, as duas Intifadas e outras).

O confronto de 1948 foi uma guerra "sem alternativa" — se a intrusão de judeus na Palestina se justifica pelo fato de que não havia outra solução para o problema de sua existência. Mas o segundo *round*, a guerra de 1956, já foi um exemplo de uma visão inacreditavelmente limitada.

Os franceses, que iniciaram a guerra de 1956, estavam em crise de negação: não podiam admitir para si mesmos que na Argélia estivesse ocorrendo uma genuína guerra de libertação. Então se convenceram de que o líder egípcio, Gamal Abd-al-Nasser, era a raiz do problema. David Ben-Gurion e seus assessores (Shimon Peres, especialmente) queriam remover o "Tirano Egípcio" (como era chamado por todos em Israel) porque Nasser levantara a bandeira da União Árabe, a qual consideravam uma ameaça existencial para Israel. A Grã-Bretanha, a terceira parceira, ansiava por reviver as passadas glórias do império.

Os resultados da guerra negaram totalmente todos esses objetivos: a França foi expulsa da Argélia juntamente com mais de um milhão de colonos; a Grã-Bretanha foi empurrada para as margens do Oriente Médio; e ficou provado que o "perigo" da União Árabe era apenas um espantalho. O preço: toda uma geração árabe convenceu-se de que Israel era o aliado dos mais sórdidos regimes colonialistas e as chances de paz foram adiadas por muitos anos.

O objetivo inicial da guerra de 1967 foi romper o bloqueio a Israel. Mas, durante os combates, a guerra de defesa converteu-se em uma guerra de conquista, que levou Israel a uma vertigem de embriaguez, da qual não se recuperou até hoje. Desde então vivemos aprisionados em um ciclo de ocupação, resistência, assentamentos e guerra permanente.

Um dos resultados diretos da guerra de 1967 foi a guerra de 1973, que por sua vez destruiu o mito da invencibilidade de nosso Exército. Porém, independentemente do nosso governo, a guerra teve um resultado positivo: três personalidades raras — Anwar Sadat, Menachem Begin e Jimmy Carter — conseguiram traduzir o orgulho egípcio, por ter conseguido cruzar o Canal de Suez, em um acordo de paz. Mas a mesma paz poderia ter sido obtida um ano antes, sem guerra e sem milhares de mortos, se Golda Meir não tivesse rejeitado arrogantemente a proposta de Sadat.

A Primeira Guerra do Líbano foi, talvez, a mais estúpida das guerras de Israel, um coquetel de arrogância, ignorância e absoluta incapacidade para entender o adversário. Ariel Sharon pretendia — como disse a mim, antes da guerra — (a) destruir a Organização de Libertação da Palestina, OLP; (b) levar os refugiados palestinos a fugir do Líbano para a Jordânia; (c) expulsar os sírios do Líbano; e (d) converter o Líbano em um protetorado israelense. O que obteve foi: (a) Arafat foi para Túnis e depois, como resultado da Primeira Intifada, voltou triunfalmente para a Palestina; (b) os refugiados palestinos permaneceram no Líbano, apesar do massacre de Sabra e Shatila, planejado para criar pânico e levá-los a fugir; (c) os sírios permaneceram no Líbano por mais 20 anos; e (d) os xiitas, que eram oprimidos, se tornaram uma força política no Líbano e os inimigos mais determinados de Israel.

Quanto menos se fale da Segunda Guerra do Líbano, melhor — o caráter real dessa guerra era óbvio desde o início. Os objetivos não foram frustrados simplesmente porque não havia objetivo claro algum. Hoje o Hezbollah está onde estava antes da guerra, porém mais forte e mais bem-armado e protegido de ataques israelenses pela presença de uma força internacional.

Depois da primeira Intifada, Israel reconheceu a Organização de Libertação da Palestina e trouxe Arafat de volta. Após a segunda Intifada, o Hamas venceu as eleições palestinas e depois tomou o controle direto de parte do país.

Albert Einstein considerava um sintoma de loucura repetir várias vezes um ato que já houvesse fracassado e, a cada repetição, esperar um resultado diferente.

A maioria dos políticos e dos generais encaixa-se nessa fórmula. Eles tentam, mais e mais vezes, alcançar seus objetivos por meios militares e, a cada tentativa, obtêm resultados opostos. Nós, os israelenses, ocupamos um lugar de destaque entre esses loucos.

A guerra é um inferno, como disse um general americano. E também raramente alcança seus objetivos.

26/4/2008

Somos predestinados?

No mês que vem, Israel celebrará seu aniversário de 60 anos. O governo está trabalhando febrilmente para converter esse dia em uma ocasião de alegria e júbilo. Enquanto problemas sérios clamam por fundos, cerca de 40 milhões de dólares estão sendo investidos nesse evento.

Mas a nação não tem ânimo para celebrações. O estado de espírito é sombrio.

Muitos atribuem a culpa por essa melancolia ao governo. O refrão é "eles não têm agenda", "só se preocupam com a própria sobrevivência". (A palavra "agenda", pronunciada como em inglês, está na moda nos círculos políticos israelenses e já desbancou um termo hebraico que é perfeitamente adequado.)

É difícil não culpar o governo. Ehud Olmert faz discursos sem parar, pelo menos um discurso por dia, hoje numa convenção de industriais, amanhã num jardim de infância, dizendo absolutamente nada. Não há agenda nacional, nem agenda econômica, nem agenda social, nem agenda cultural. Nada.

Quando chegou ao poder Olmert apresentou algo que soava como uma agenda: "Hitkansut", uma palavra intraduzível que significa, aproximadamente, "contrair", "convergir", "reunir". Supostamente seria uma operação histórica: Israel cederia uma grande parte dos territórios ocupados, desmontaria os assentamentos ao leste do Muro de Separação e anexaria os assentamentos entre a Linha Verde e o Muro.

Hoje, dois anos e uma guerra depois, nada restou do plano e até a palavra foi esquecida. Agora só se fala de "negociações" com a Autoridade Palestina, uma farsa desde o início. Como atores no palco, bebendo de copos vazios, todas as partes fingem que há negociações em andamento. Eles se reúnem, se abraçam, sorriem, posam para fotos, estabelecem equipes conjuntas, dão entrevistas coletivas, fazem declarações — e nada, absolutamente nada, realmente acontece.

Para que essa farsa? Cada um dos participantes tem suas próprias razões: Olmert precisa de uma agenda para preencher o vácuo. George W. Bush, pato manco, que nada deixará além de ruínas em todos os setores, quer mostrar pelo menos um feito, por fictício que seja. O pobre Mahmoud Abbas, cuja sobrevivência depende de sua capacidade de mostrar a seu povo algum avanço político, se agarra às próprias ilusões com toda a energia que lhe resta. E assim a farsa continua.

Mas aqueles que acreditam que o governo não tem agenda e que o Estado de Israel não tem agenda estão bastante equivocados. Existe certamente uma agenda, mas está encoberta. Mais precisamente: a agenda é inconsciente.

Alguns dizem que a ideologia morreu. Esse também é um erro. Não há sociedade sem ideologia e não há ser humano sem ideologia. Quando não há uma ideologia nova, a ideologia velha continua operante. Quando não há uma ideologia consciente, existe uma ideologia inconsciente, que pode ser muito mais potente — e muito mais perigosa.

Por quê? Uma ideologia consciente pode ser analisada, criticada, negada. É muito mais difícil lutar contra uma ideologia inconsciente, que conduz a agenda sem aparecer. Por isso é tão importante localizar, expor e analisar a ideologia inconsciente.

Se for indagado, Olmert negará energicamente não possuir uma agenda. Tem uma agenda perfeita: fazer a paz (atualmente chamada de "status permanente"). E não uma paz qualquer, mas uma paz baseada em "dois Estados para dois povos". Sem essa paz, Olmert declarou que "o Estado está acabado".

Nesse caso, por que não há negociação, mas apenas uma farsa? Por que a construção em massa continua, mesmo nos assentamentos a leste do Muro, bem nas áreas que os porta-vozes do governo propõem para o Estado palestino? Por que o governo executa dezenas de ações militares e civis, diariamente, que afastam a paz cada vez mais?

Segundo o próprio governo, e ao contrário do que dizia no início da gestão, não existe uma intenção de alcançar a paz em 2008. No máximo, talvez, um "acordo de prateleira". Trata-se de uma invenção israelense, que significa um acordo que seria colocado na prateleira "até que as condições amadureçam". Em outras palavras, negociações sem sentido, para obter um acordo sem sentido. E agora dizem que nem isso será possível, nem em 2008 nem em um futuro previsível.

Não há como fugir da conclusão inevitável: o governo de Israel não está trabalhando pela paz. Não quer a paz. Também não existe uma oposição parlamentar eficaz que pressione pela paz ou qualquer pressão por parte da mídia.

O que isso significa? Que não temos agenda? Não, isso significa que, por trás da agenda fictícia que aparece na mídia, há outra agenda oculta, que não se vê.

A agenda oculta se opõe à paz. Por quê?

Costuma-se dizer que o governo de Israel não busca a paz porque teme os colonos e seus simpatizantes. A paz de que se fala — a paz de dois Estados para dois povos — exige o desmantelamento de dezenas de assentamentos, inclusive aqueles que abrigam a liderança política e ideológica de todo o movimento de colonização. Isso significaria uma declaração de guerra a todos os 250 mil colonos, exceto aqueles que se retirariam voluntariamente, em troca de uma indenização generosa. O argumento atual é que o governo é fraco demais para uma confrontação como essa.

Segundo a formulação que está na moda, "os dois governos, tanto o israelense como o palestino, são fracos demais para fazer a paz.

Tudo tem de ser adiado até que surjam lideranças fortes em ambos os lados". Alguns incluem aí o governo Bush — pois um presidente em final de mandato não é capaz de impor a paz.

Mas os assentamentos são apenas um sintoma, não o coração do problema. Então, por que o governo, pelo menos, não congela os assentamentos, conforme prometeu repetidas vezes? E se os assentamentos são o principal obstáculo à paz, por que continuam sendo ampliados e por que novos assentamentos continuam sendo instalados, disfarçados de "bairros" de assentamentos já existentes?

Evidentemente os assentamentos também são, de fato, apenas um pretexto. Algo mais profundo leva o governo e todo o sistema político a rejeitar a paz. É essa a agenda oculta.

O que é o coração da paz? Uma fronteira.

Quando dois povos vizinhos fazem a paz, determinam, antes de tudo, a fronteira entre eles.

E aí está, precisamente, o que o establishment israelense rejeita, pois contraria o ethos básico do projeto sionista.

É verdade, o movimento sionista já traçou mapas em vários momentos da história. Depois da Primeira Guerra Mundial submeteu à conferência de paz o mapa de um Estado judaico que se estendia do rio Litani, no Líbano, a El-Arish, no deserto do Sinai. O mapa de Vladimir Ze'ev Jabotinsky, que se converteu em emblema do Irgun, copiava as fronteiras do Mandato Britânico original, nos dois lados do rio Jordão. Israel Eldad, um dos líderes do Grupo Stern, distribuiu durante muitos anos um mapa do Império Israelense que se estendia do Mediterrâneo ao rio Eufrates e incluía toda a Jordânia e o Líbano, além de grandes partes da Síria e do Egito. Seu filho, o ultradireitista Arieh Eldad, hoje membro do Parlamento, não desistiu daquele mapa. E após a Guerra dos Seis Dias o mapa apoiado pela extrema-direita passou a integrar todas as áreas ocupadas, inclusive as colinas de Golã e toda a península do Sinai.

Mas todos esses mapas eram apenas um jogo. A visão sionista real não reconhece mapa algum. Trata-se de uma visão de um Estado sem fronteiras — que continua se expandindo de acordo com sua força demográfica, militar e política. A estratégia sionista é semelhante ao curso das águas de um rio fluindo para o mar. O rio serpenteia pela paisagem, contorna obstáculos, vira à direita, vira à esquerda, às vezes corre pela superfície e às vezes por baixo dela e, no caminho, recebe mais afluentes. No fim, alcança o seu destino.

Essa é a agenda real, inalterável, oculta, consciente e inconsciente. Não necessita de decisões, formulações ou mapas, pois está inscrita nos genes do movimento. Isso explica, entre outros, o fenômeno descrito no relatório de Talia Sasson, advogada da Procuradoria Geral, em 2005, sobre os assentamentos: todos os órgãos do establishment, tanto do governo como do Exército, sem qualquer coordenação oficial, mas em cooperação miraculosamente eficaz, agiram para instalar os assentamentos "ilegais". Cada um dos milhares de funcionários públicos e oficiais militares que durante décadas estiveram envolvidos nesse projeto sabia exatamente o que fazer, mesmo sem receber qualquer instrução.

Essa é a razão pela qual David Ben-Gurion recusou-se a incluir qualquer menção a fronteiras na Declaração de Independência do novo Estado de Israel. Ben-Gurion não pretendia, nem por um minuto, se satisfazer com as fronteiras determinadas na resolução do dia 29 de novembro de 1947, da Assembleia Geral da ONU. Todos os seus sucessores demonstraram a mesma abordagem. Até os acordos de Oslo delinearam "zonas", mas não determinaram uma fronteira. O presidente Bush aceitou essa abordagem quando propôs um "Estado palestino com fronteiras provisórias" — uma novidade no direito internacional.

Também nesse aspecto Israel assemelha-se aos Estados Unidos — fundado ao longo do litoral oriental e que não descansou enquanto não alcançou o litoral ocidental, no outro lado do continente. A corrente incessante de emigração em massa da Europa fluiu para o oeste, ultrapassando todas as fronteiras, violando todos os acordos, exterminando as populações nativas americanas, iniciando uma guerra contra o México, conquistando o Texas e invadindo a América Central e Cuba. O slogan que os impulsionava e justificava todas as suas ações foi cunhado em 1845, por John O'Sullivan: "Destino Manifesto".

A versão israelense do "Destino Manifesto" é o slogan de Moshe Dayan "Somos predestinados". Dayan, um representante típico da segunda geração, fez dois discursos importantes em sua vida. O primeiro e mais conhecido foi em 1956, junto ao túmulo de Roy Rutenberg em Nahal Oz, um kibutz em frente a Gaza:

> Ante os olhos deles [dos palestinos em Gaza], retomamos a terra e as aldeias onde eles e seus antepassados viveram... Esse é o destino de nossa geração, a escolha das nossas vidas — estar preparados e armados, fortes e duros — senão a espada deslizará de nosso punho e nossa vida será extinta.

Dayan não falava apenas de sua própria geração. O segundo discurso, menos conhecido, é mais importante. Foi proferido em agosto de 1968, depois da ocupação das colinas de Golã, para um público de jovens kibutzniks. Quando perguntei a ele sobre aquele discurso, Moshe Dayan mandou registrar todo o texto nos anais do Parlamento, procedimento muito raro em Israel.

Eis o que Dayan disse aos jovens: "Somos predestinados a viver em permanente estado de luta contra os árabes... Durante os cem anos do Retorno a Sion trabalhamos por dois objetivos: construir a terra e construir o povo... É um processo de expansão, de mais judeus e mais colonização... Um processo que não chegou ao fim. Nascemos aqui e aqui nos reunimos com nossos antepassados, que vieram antes de nós... Seu dever não é alcançar o fim. Seu dever é acrescentar sua camada, expandir a colonização da melhor forma que possam durante a sua vida... (e) não dizer: este é o final, chega, terminamos."

Dayan, que conhecia bem os textos antigos, provavelmente tinha em mente uma frase do "Capítulo dos Pais" (parte do Mishnah escrita

OUTRO ISRAEL

há 1800 anos e que formou a base do Talmud): "Não depende de ti concluir o trabalho e não és livre para parar de trabalhar."

Essa é a agenda oculta. Temos de erguê-la das profundezas de nosso inconsciente para o domínio da consciência para poder enfrentá-la e expor o terrível risco inerente a esse modo de pensar — o risco de uma guerra eterna, que, no longo prazo, poderá levar este Estado ao desastre.

Ao aproximar-se o aniversário de 60 anos do Estado de Israel, é preciso pôr um fim a este capítulo da história israelense, exorcizar este *dybbuk* e dizer claramente: sim, chegamos ao fim do capítulo de expansão e colonização.

Assim poderemos alterar o curso do rio. Pôr um fim à ocupação. Desmontar os assentamentos. Fazer a paz. Realizar uma reconciliação com o povo vizinho. Transformar Israel em um Estado pacífico, democrático, secular e liberal, que poderá dedicar todos os seus recursos à criação de uma sociedade moderna e florescente.

E antes de tudo: chegar a um acordo sobre uma fronteira.

12/4/2008

"Morte aos árabes!"

Amanhã será o aniversário de 32 anos do "Dia da Terra" — um dos eventos que definem a história de Israel.

Lembro-me bem daquele dia. Eu estava no aeroporto Ben-Gurion, a caminho de um encontro secreto em Londres com Said Hamami, emissário de Yasser Arafat, quando alguém me disse: "Mataram muitos manifestantes árabes!"

Não foi completamente inesperado. Poucos dias antes, nós — membros do recém-formado Conselho Israelense para a Paz entre Israelenses e Palestinos — havíamos entregado ao primeiro-ministro, Itzhak Rabin, um memorando urgente no qual o preveníamos de que a intenção do governo, de expropriar enormes áreas das aldeias árabes, provocaria uma explosão. Acrescentamos uma proposta de solução alternativa, elaborada por Lova Eliav, especialista veterano no assunto.

Quando voltei da Europa, o poeta Yevi propôs a realização de um gesto simbólico de luto pelos mortos. Três de nós — o próprio Yevi, o pintor Dan Kedar e eu — pusemos coroas de flores nos túmulos das vítimas, o que gerou uma onda de ódio contra nós. Senti que algo de muito significativo acontecera, que a relação entre judeus e árabes neste Estado mudara profundamente.

E, de fato, o impacto do "Dia da Terra" — como o evento ficou sendo chamado — superou até o impacto do massacre em Kafr Kassem em 1956 ou da matança durante os eventos de outubro de 2000.

As razões desse forte impacto remontam aos primeiros dias do Estado de Israel.

Depois da guerra de 1948 a comunidade árabe que restou em Israel era pequena, fraca e assustada. Não apenas cerca de 750 mil árabes haviam sido desenraizados do território que se tornou o Estado de Israel, mas aqueles que ficaram aqui não tinham uma liderança. As elites políticas, intelectuais e econômicas haviam desaparecido, a maioria delas desde os primeiros momentos da guerra. O vácuo foi preenchido, de certo modo, pelo Partido Comunista, cujos líderes foram autorizados a voltar do exterior — sobretudo para agradar a Stálin, que naquela época apoiava Israel.

Após um debate interno, os líderes do novo Estado decidiram conferir direitos de cidadania e de voto aos árabes no "Estado judaico". Esses direitos não eram óbvios. Mas o governo queria mostrar ao mundo um Estado democrático. Em minha opinião, a principal motivação para a decisão foi de política partidária: David Ben-Gurion acreditava que conseguiria levar os árabes a votar em seu próprio partido.

E, de fato, a grande maioria dos cidadãos árabes votou no Partido Trabalhista (que, então, se chamava Mapai) e em seus dois partidos-satélites, criados especialmente para recolher os votos dos árabes. Não tinham escolha: viviam em estado de medo constante, sob os olhos vigilantes dos Serviços de Segurança (então chamados Shin Bet). Cada *hamulah* (família ampliada) árabe foi orientada exatamente em quem votar, ou no Partido Mapai ou em um dos partidos subsidiários. A cada lista eleitoral correspondiam duas cédulas eleitorais, uma em hebraico e outra em árabe, e, portanto, os árabes leais ao partido podiam escolher entre seis possibilidades em cada sessão eleitoral e, para o Shin Bet, era fácil garantir que cada *hamulah* votasse exatamente conforme as instruções. Ben-Gurion obteve maioria no Parlamento, mais de uma vez, só com a ajuda desses votos cativos.

Por razões "de segurança" os árabes foram submetidos a um regime de "governo militar". Todos os detalhes de suas vidas dependiam dele. Precisavam de uma autorização para sair das aldeias e para viajar até a cidade ou a aldeia vizinha. Sem autorização do governo militar, não podiam comprar um trator, nem mandar uma filha para a Escola Normal, nem obter emprego para um filho, nem receber uma licença de importação. Sob a autoridade do governo militar e de uma série de outras leis, enormes áreas foram expropriadas das aldeias árabes em favor de cidades judaicas ou de kibutzim.

Uma história que ficou gravada na minha memória: um amigo já falecido, o poeta Rashed Hussein, da aldeia de Musmus, foi convocado para uma conversa com o governador militar em Netanya, que lhe disse: "O Dia da Independência está se aproximando e quero que você escreva um belo poema para a ocasião." Rashed, um jovem orgulhoso, recusou-se. Ao chegar em casa, encontrou toda a família sentada no chão, chorando. No começo pensou que alguém tinha morrido, mas sua mãe logo gritou: "Você nos destruiu! Estamos acabados!" Assim, o poema foi escrito.

Qualquer iniciativa política árabe independente era sufocada desde o início. O primeiro desses grupos — o grupo nacionalista al-Ard ("a terra") foi rigorosamente reprimido. O grupo foi banido, seus líderes foram exilados e seu jornal foi proibido — tudo com a bênção da Suprema Corte. Só o Partido Comunista permaneceu intacto, mas seus líderes também eram perseguidos de vez em quando.

O governo militar foi desmantelado só em 1966, após Ben-Gurion deixar o poder, e pouco tempo depois que fui eleito para o Parlamento. Depois de me manifestar tantas vezes contra o governo militar, tive o prazer de votar pela sua abolição. Mas, na prática, pouca coisa mudou — em vez do governo militar oficial, um não oficial permaneceu, assim como a maioria dos atos de discriminação.

O "Dia da Terra" mudou a situação. Crescera em Israel uma segunda geração de árabes, que já não era timidamente submissa como a anterior, uma geração nova que não vivera as expulsões em massa e cuja posição econômica melhorara. A ordem dada aos soldados e policiais, de abrir fogo contra eles, causou um choque. E assim teve início um novo capítulo.

A porcentagem de cidadãos árabes residentes em Israel não mudou: desde os primeiros dias do Estado até hoje se mantém em torno de 20 por cento. A taxa bem mais alta de crescimento natural da comunidade muçulmana foi contrabalançada pela imigração judaica. Mas os números aumentaram de maneira significativa: dos 200 mil, no início do Estado, para quase 1,3 milhão de cidadãos árabes hoje em dia — o dobro do tamanho da comunidade judaica que fundou o Estado.

O "Dia da Terra" também mudou dramaticamente a atitude do mundo árabe e do povo palestino em relação aos árabes em Israel. Até então eles eram considerados traidores, colaboradores da "entidade sionista". Lembro-me de uma cena da reunião de 1965, convocada em Florença por Giorgio la Pira, o legendário prefeito daquela cidade. La Pira tentou reunir personalidades de Israel e do mundo árabe. Naquele tempo a iniciativa foi considerada muito audaciosa.

Em um dos intervalos eu estava conversando com um importante diplomata egípcio, numa praça ensolarada, fora do recinto do evento, quando dois jovens árabes de Israel, que tinham ouvido falar da conferência, se aproximaram. Depois de abraçá-los, apresentei-os ao egípcio, mas ele lhes deu as costas e exclamou: "Estou disposto a falar com você, mas não com estes traidores!"

Os acontecimentos sangrentos do "Dia da Terra" levaram os "árabes israelenses" de volta ao seio da nação árabe e do povo palestino, que hoje os chamam de "os árabes de 1948".

Em outubro de 2000, policiais novamente atiraram e mataram cidadãos árabes quando tentavam manifestar sua solidariedade com os árabes mortos em Haram al-Sharif (o Monte do Templo) em Jerusalém. Porém, nesse meio-tempo, uma terceira geração de árabes crescera em Israel, muitos dos quais, apesar de todos os obstáculos, estudaram em universidades e tornaram-se empresários, políticos, professores, advogados e médicos. É impossível ignorar essa comunidade — por mais que o Estado se esforce para ignorá-los.

De tempos em tempos ouvem-se reclamações sobre discriminação, mas todos evitam confrontar a questão fundamental: qual é o status da minoria árabe que cresce dentro de um Estado que se autodefine, oficialmente, como "judaico e democrático"?

Um dos líderes da comunidade árabe, o falecido deputado Abd-al-Aziz Zuabi, definiu esse dilema nos seguintes termos: "Meu Estado está em guerra contra o meu povo." Os cidadãos árabes pertencem ao Estado de Israel e também ao povo palestino.

Que são parte do povo palestino é evidente. Os cidadãos árabes de Israel, que ultimamente tendem a chamar-se de "palestinos em Israel", são um dos muitos ramos do povo palestino: há os habitantes dos territórios ocupados (hoje eles próprios estão divididos entre a Cisjordânia e a Faixa de Gaza); os árabes que vivem em Jerusalém Oriental (que, oficialmente, são "residentes", mas não são "cidadãos" de Israel); e os refugiados que vivem em diversos países, cada país com seu regime particular. Todos esses ramos têm um forte sentimento de identidade comum, mas a consciência de cada ramo é modelada por sua situação específica.

Que peso tem o componente palestino na consciência dos cidadãos árabes de Israel? Como ele pode ser medido? Os palestinos nos territórios ocupados muitas vezes reclamam que ele se expressa principalmente em palavras, e não em ações. O apoio dos cidadãos árabes de Israel à luta palestina pela libertação é sobretudo simbólico. Vez ou outra um cidadão é preso por ajudar um homem-bomba, mas são raras exceções.

Quando o extremista Avigdor Lieberman, que odeia os árabes, propôs que várias aldeias árabes próximas da Linha Verde (grupo de aldeias chamadas "o Triângulo") fossem entregues ao futuro Estado palestino, em troca dos blocos de assentamentos na Cisjordânia, nenhuma voz árabe apoiou a ideia. Esse fato é muito significativo.

As raízes da comunidade árabe em Israel são mais profundas do que parecem à primeira vista. Os árabes desempenham um papel importante na economia israelense, trabalham e pagam impostos para o Estado. Recebem os benefícios da Seguridade Social — por pleno direito, dado que pagam impostos. Seu padrão de vida é muito superior ao de seus irmãos palestinos nos territórios ocupados e em outras regiões. Eles participam da democracia israelense e não têm desejo algum de viver sob regimes como o egípcio ou o jordaniano. Têm reivindicações sérias e justas — mas vivem em Israel e vão continuar vivendo aqui.

Em anos recentes, intelectuais da terceira geração árabe em Israel têm publicado diversas propostas para normalizar as relações entre maioria e minoria.

A princípio, existem duas opções principais:

A primeira afirma que Israel é um Estado judaico, mas neste Estado também vive um outro povo. Se os judeus israelenses têm direitos nacionais definidos, os árabes israelenses também devem ter seus direitos nacionais definidos. Por exemplo, autonomia educacional, cultural e religiosa (como o jovem Vladimir Zeev Jabotinsky exigia, há um século, para os judeus na Rússia czarista). Devem ter a possibilidade de manter relações livres e abertas com o mundo árabe e com o povo palestino, como as relações entre cidadãos judeus e os judeus da Diáspora. Tudo isso deve constar claramente da futura constituição do Estado.

A segunda: Israel pertence a todos os seus cidadãos e só a eles. Todo cidadão em Israel é um israelense, assim como todo cidadão dos Estados Unidos é um americano. No que diga respeito ao Estado, não há diferença entre os cidadãos, seja judeu, muçulmano ou cristão, árabe ou russo, assim como do ponto de vista do Estado americano não há diferença entre cidadãos brancos, mestiços ou negros, sejam descendentes de europeus, de africanos ou de asiáticos, sejam católicos, protestantes, judeus ou muçulmanos. Na terminologia israelense, é o que se designa como "um Estado de todos os seus cidadãos".

Evidentemente prefiro a segunda possibilidade, mas também estou disposto a aceitar a primeira. Qualquer uma delas é preferível à situação atual, na qual o Estado finge que o problema não existe, exceto alguns vestígios de discriminação que devem ser superados (sem fazer coisa alguma para superá-los).

Se não houver coragem para tratá-la, a ferida irá se deteriorar. Nos jogos de futebol a torcida grita "Morte aos árabes!" e no Parlamento deputados da extrema-direita ameaçam expulsar da Casa — e também do Estado — os deputados árabes.

Nos 32 anos do "Dia da Terra", aproximando-se já os 60 anos do Dia da Independência, é hora de pegar esse touro pelos chifres.

29/3/2008

Bom dia, Hamas

Nós, israelenses, vivemos em um mundo de fantasmas e monstros. Não lutamos contra pessoas ou organizações reais, mas contra diabos e demônios que querem nos destruir. É uma guerra entre os Filhos da Luz e os Filhos das Trevas, entre o bem absoluto e o mal absoluto. Assim vemos as coisas, e o outro lado também as vê assim.

Tentemos trazer essa guerra das esferas virtuais para a terra firme da realidade. Não pode haver política racional, sequer pode haver discussão racional, se não conseguirmos escapar do reino dos pesadelos e do horror.

Depois da vitória do Hamas nas eleições palestinas, o Gush Shalom (Bloco da Paz) afirmou que devemos conversar com eles. Aí vão algumas das perguntas que choveram sobre mim, de todos os lados:

— Você gosta do Hamas?

Absolutamente não. Tenho fortes convicções seculares. Oponho-me a qualquer ideologia que misture política e religião, seja judaica, muçulmana ou cristã, em Israel, no mundo árabe ou nos Estados Unidos.

Isso não me impede de falar com o Hamas, como falei com muitas pessoas com as quais não concordo. Isso não me impede de visitar suas casas, trocar ideias com eles e tentar entendê-los. Gostei de alguns, de outros não.

— Diz-se que o Hamas foi criado por Israel. É verdade?

Israel não "criou" o Hamas, mas certamente o ajudou em seus estágios iniciais.

Durante os primeiros 20 anos da ocupação, os líderes israelenses consideravam a OLP seu principal inimigo. Por isso favoreceram as organizações palestinas que, se supunha, poderiam enfraquecer a OLP. Um exemplo disso foi a ridícula tentativa de Ariel Sharon de criar "ligas de aldeias" árabes, para que atuassem como agentes da ocupação.

A comunidade de Inteligência de Israel, que nos últimos 60 anos falhou em quase todas as previsões dos eventos no mundo árabe, também falhou desta vez. Acreditaram que o surgimento de uma organização islâmica enfraqueceria a OLP, organização secular. Enquanto a administração militar dos territórios ocupados metia na prisão qualquer palestino envolvido em atividade política — mesmo que militasse pela paz — não tocava nos ativistas religiosos. A mesquita era o único lugar onde os palestinos podiam reunir-se e planejar ações políticas.

Essa política, é claro, baseava-se em um completo equívoco sobre o Islã e a realidade palestina.

O Hamas foi fundado oficialmente logo depois da eclosão da primeira Intifada, no final de 1987. Os Serviços de Segurança israelenses (conhecidos como Shabak ou Shin Bet) o trataram com luvas de pelica. Só prenderam o fundador, Sheikh Ahmad Yassin, um ano depois.

É irônico que hoje os líderes israelenses apoiem a OLP, na esperança de enfraquecer o Hamas. Não há evidência mais clara da estupidez de nossos "especialistas" nos assuntos árabes, estupidez que é decorrente tanto de arrogância como de desprezo. O Hamas é muito mais perigoso para Israel do que a OLP jamais foi.

— A vitória eleitoral do Hamas demonstrou que o Islã está em ascensão entre os palestinos?

Não necessariamente. Os palestinos não se tornaram mais religiosos do dia para a noite.

É verdade que está em curso um lento processo de islamização em toda a região, da Turquia ao Iêmen e do Marrocos ao Iraque. É a reação da nova geração árabe ao fracasso do nacionalismo secular, que não resolveu seus problemas nacionais e sociais. Mas não foi a islamização que causou o terremoto na sociedade palestina.

— Sendo assim, por que o Hamas foi eleito?

Houve várias razões. A principal foi a convicção crescente, entre os palestinos, de que jamais obteriam qualquer coisa dos israelenses por meios não violentos. Após o assassinato de Yasser Arafat muitos palestinos acreditaram que se elegessem Mahmoud Abbas à presidência ele obteria de Israel e dos Estados Unidos o que não deram a Arafat. Descobriram que estava acontecendo o oposto: nenhuma negociação real, enquanto os assentamentos aumentavam dia a dia.

Pensaram com seus botões: se os meios pacíficos não funcionam, não existe alternativa aos meios violentos. E se houver guerra, não há guerreiro mais valente do que o Hamas.

E mais: a corrupção nos altos escalões do Fatah já alcançava tais dimensões que a maioria dos palestinos estava indignada. Enquanto Arafat estava vivo a corrupção era de certo modo tolerada, porque todos sabiam que o próprio Arafat era honesto e sua importância, decisiva para a luta nacional, era maior do que as falhas de sua administração. Após a morte de Arafat tornou-se impossível tolerar a corrupção. O Hamas, por sua vez, era considerado limpo e seus líderes eram considerados incorruptos. As instituições sociais e educacionais do Hamas, financiadas principalmente pela Arábia Saudita, eram amplamente respeitadas.

As divisões internas no Fatah também ajudaram os candidatos do Hamas.

O Hamas, é claro, não participara das eleições anteriores, mas presumia-se — inclusive membros do próprio Hamas presumiam — que o partido representava apenas 15-25 por cento dos eleitores.

— Pode-se racionalmente esperar que os próprios palestinos derrubem o Hamas?

Enquanto durar a ocupação não há qualquer possibilidade de que isso aconteça. Um general israelense disse, esta semana, que se o Exército de Israel suspendesse as operações na Cisjordânia, o Hamas substituiria Abbas lá também.

O governo de Mahmoud Abbas se sustenta sobre pés de barro — pés israelenses e americanos. Se os palestinos perderem completamente a confiança que ainda têm em Abbas, o poder dele desaba.

— Mas como é possível um acordo com uma organização que declara que jamais reconhecerá Israel e seu programa prega a destruição do Estado judaico?

Toda essa questão de "reconhecimento" é absurda, um pretexto para evitar qualquer diálogo. Não precisamos do "reconhecimento" de ninguém. Quando os Estados Unidos iniciaram negociações com o Vietnã não exigiram reconhecimento como Estado anglo-saxônico, cristão ou capitalista.

Se A assina um acordo com B, significa que A reconhece B. O resto é conversa fiada.

Ainda sobre o mesmo assunto: o barulho sobre a Carta do Hamas faz lembrar do ruído em torno da Carta da OLP, naquele tempo. Tratava-se de um documento bastante desimportante, que durante anos foi utilizado por nossos líderes políticos como pretexto para negar qualquer diálogo com a OLP. Céus e terra foram movidos para que a OLP anulasse aquele documento. Quem se lembra disso hoje? Os atos de hoje e de amanhã são importantes, papéis de ontem não.

— Sobre o que deveríamos conversar com o Hamas?

Antes de tudo, sobre um cessar-fogo. Quando uma ferida está sangrando é preciso conter a hemorragia antes que a própria ferida possa ser tratada.

O Hamas já propôs um cessar-fogo várias vezes, *Tahidiyeh* ("Calma") em árabe. Significaria suspensão de todas as hostilidades: suspender os ataques com foguetes Qassams e Grad e os morteiros do Hamas e das outras organizações; e "os assassinatos seletivos", as incursões militares e o bloqueio de fome imposto por Israel.

As negociações devem ser conduzidas pelos egípcios, principalmente, pois eles teriam de abrir a fronteira entre a Faixa de Gaza e o Sinai. Gaza deve recobrar a liberdade para comunicar-se com o mundo, por terra, mar e ar.

Se o Hamas exigir que o cessar-fogo também seja estendido à Cisjordânia, essa questão também terá de ser discutida. Nesse caso, seriam necessárias negociações entre as três partes: Hamas, Fatah e Israel.

— O Hamas não aproveitará o cessar-fogo para armar-se?

Certamente. Assim como fará Israel. Talvez finalmente consigamos encontrar um sistema de defesa contra os foguetes de curto alcance.

— Se o cessar-fogo for mantido, qual será o passo seguinte?

Uma trégua, ou *hudna*, em árabe.

O Hamas teria problemas para assinar um acordo formal com Israel, porque a Palestina é um *waqf* — um legado religioso. (Esse conceito surgiu por razões políticas. Quando o califa Omar conquistou a Palestina, temeu que seus generais dividissem o país entre eles, como já haviam feito na Síria. Então, decretou a Palestina propriedade de Alá. Lembra a atitude de nossos próprios religiosos, que afirmam que seria um pecado ceder qualquer parte do país porque Deus claramente prometeu a terra a nós.)

A *hudna* é uma alternativa para a paz. É um conceito que tem raízes profundas na tradição islâmica. O próprio profeta Maomé estabeleceu uma *hudna* com os governantes de Meca, contra os quais esteve em guerra depois de voltar de Meca a Medina. (Aliás, antes de a *hudna* expirar, os habitantes de Meca adotaram o Islã e o profeta entrou pacificamente na cidade.) Dado que a *hudna* implica uma sanção religiosa, nenhum fiel muçulmano pode violar esse tipo de trégua.

Uma *hudna* pode durar por décadas e ser prorrogada ilimitadamente. Uma longa *hudna* é, na prática, uma paz, se as relações entre as partes criarem uma realidade de paz.

— Então, é impossível uma paz formal?

Também há uma solução para isso. O Hamas declarou, no passado, que não faria objeção a que Abbas conduzisse negociações de paz, desde que o acordo fosse submetido a um plebiscito. Se o povo palestino aprovar o acordo, o Hamas declarou que respeitará a decisão.

— Por que o Hamas aceitaria o resultado do plebiscito?

Como todas as forças políticas palestinas, o Hamas aspira ao poder no Estado palestino que será estabelecido nas fronteiras de 1967. Portanto, precisa contar com a confiança da maioria. Não há dúvidas de que a vasta maioria do povo palestino deseja ter seu próprio Estado e a paz. O Hamas sabe bem disso. Não tomará qualquer medida que o afaste da maioria do povo.

— E qual é o lugar de Abbas nisso tudo?

Abbas deve ser pressionado para chegar a um acordo com o Hamas, nas linhas do acordo anterior, firmado em Meca. Acreditamos que Israel tem claro interesse em negociar com um governo palestino que inclua os dois grandes movimentos, de tal modo que o acordo seja aceito por quase todos os setores do povo palestino.

— O tempo trabalha a nosso favor?

Por muitos anos o Gush Shalom disse ao público israelense: façamos a paz com o líder secular Yasser Arafat, pois, senão, o conflito nacional se tornará um conflito religioso. Infelizmente, essa profecia também confirmou-se.

Os que não quiseram a OLP obtiveram o Hamas. Se não chegarmos a algum acordo com o Hamas, teremos de enfrentar organizações islâmicas mais extremistas, como os Talibã no Afeganistão.

1/3/2008

Sangue e champanhe

As pessoas costumam exaltar a profissão na qual se sobressaem. Se uma pessoa, na rua, for indagada sobre a área de empreendimento em que Israel se destaca, provavelmente irá responder: hi-tech. E, de fato, obtivemos alguns sucessos impressionantes nessa área. Parece que quase não passa um dia sem que alguma empresa israelense, dessas que nascem em fundo de garagem, seja vendida por centenas de milhões. O pequeno Israel é uma das maiores potências de hi-tech do mundo.

Mas a profissão na qual Israel não é apenas um dos maiores, mas o incontestável Número Um, é: "liquidações".

Esta semana isso ficou provado mais uma vez. O verbo *lekhassel* — em hebraico, liquidar —, em todas as formas gramaticais, atualmente domina nosso discurso público. Professores respeitados debatem, com solenidade acadêmica, quando e quem "liquidar". Generais da reserva discutem com zelo profissional as tecnicalidades da "liquidação", suas regras e seus métodos. Políticos espertos competem entre eles para definir o número e o status dos candidatos à "liquidação".

De fato, há muito tempo não se via tal orgia de júbilo e autocongratulação na mídia israelense como esta semana. Repórteres, colunistas, picaretas políticos e celebridades efêmeras, que foram entrevistados na televisão, no rádio e nos jornais, estavam radiantes de orgulho. Conseguimos! Deu certo! "Liquidamos" Imad Mughniyeh!

Era um "terrorista". Não qualquer terrorista, um terrorista importante! Arquiterrorista! O próprio rei dos terroristas! A estatura do homem crescia de hora em hora, até alcançar proporções gigantescas. Comparado a ele, Osama bin Laden é um mero principiante. A lista de suas proezas aumentava a cada noticiário, a cada nova manchete.

Não há e jamais houve outro como ele. Viveu anos escondido. Mas nossos bons rapazes — muito, muito bons rapazes — não o esqueceram sequer por um momento. Trabalharam dia e noite, semanas e meses, anos e décadas, para encontrá-lo. "Conheciam-no melhor do que seus melhores amigos, mais do que ele conhecia a si próprio" (palavras citadas *verbatim*, de um respeitado colunista do jornal *Haaretz*, festejando como todos os seus colegas).

Sim, um comentarista ocidental, estraga-prazeres, argumentou no canal Al Jazeera que Mughniyeh desaparecera do noticiário porque deixara de ter importância, que seus grandes dias como terrorista foram nos anos 1980 e 1990, quando sequestrou um avião e derrubou o quartel-general dos marines em Beirute e instituições israelenses no exterior. Desde que o Hezbollah converteu-se em Estado-dentro-do-Estado, com uma espécie de exército regular, ele — segundo essa versão — tornou-se desnecessário.

Mas não importa. A pessoa Mughniyeh desapareceu e a lenda Mughniyeh assumiu seu lugar, um terrorista mitológico de dimensões internacionais, há muito tempo marcado como "filho da morte" (quer dizer, alguém que merece morrer), conforme declarou, pela televisão, um outro general da reserva. Sua "liquidação" tornou-se um feito enorme, quase sobrenatural e muito mais importante do que a Segunda Guerra do Líbano, na qual não fomos tão bem-sucedidos. A "liquidação" é pelo menos equivalente à gloriosa operação Entebbe, se não mais.

Sim, a Bíblia nos ordena: "Se cair teu inimigo, não te alegres se sucumbe, não rejubile teu coração, não suceda que, ao vê-lo, o Senhor se desagrade" (Provérbios, 24:17). Mas não era um inimigo qualquer, era um supersuperinimigo e, portanto, o Senhor certamente nos perdoará por dançarmos de alegria, de um *talk-show* para outro, de uma edição para outra, de discurso em discurso, contanto que não distribuamos doces nas ruas — mesmo que o governo israelense negue em voz baixa que tenhamos sido nós que "liquidamos" o homem. Por coincidência, a "liquidação" foi executada apenas alguns dias depois de eu ter escrito um artigo sobre a incapacidade das forças de ocupação de compreender a lógica interna de organizações de resistência. A "liquidação" de Mughniyeh é um exemplo marcante dessa incapacidade. (Sim, Israel abriu mão da ocupação do sul do Líbano há alguns anos, mas a relação entre as partes permaneceu como era.)

Aos olhos dos líderes israelenses, a "liquidação" foi um sucesso formidável. Conseguimos "decapitar a serpente" (outra manchete do *Haaretz*). Infligimos um dano tão grande ao Hezbollah que é irreparável. "Não foi vingança, foi uma ação preventiva", nas palavras de outro repórter (também do *Haaretz*). Um feito tão importante que supera a inevitável vingança, por maior que seja o número de vítimas.

Do ponto de vista do Hezbollah as coisas são bastante diferentes. A organização ganhou mais um precioso patrimônio: um herói nacional, cujo nome se torna conhecido do Irã ao Marrocos. O Mughniyeh "liquidado" vale mais do que o Mughniyeh vivo, fosse qual fosse o seu status real no fim de sua vida.

Basta lembrar o que aconteceu aqui em 1942, quando os britânicos "liquidaram" Abraham Stern (codinome Ya'ir): de sua morte nasceu o grupo Lehi (conhecido como Gangue Stern) e tornou-se, talvez, a organização terrorista mais eficaz do século XX.

Portanto, o Hezbollah não tem interesse algum em diminuir o status do liquidado. Ao contrário, Hassan Nasrallah, exatamente como Ehud Olmert, tem todo o interesse em inflar sua importância para que alcance proporções gigantescas.

Se o Hezbollah recentemente andou afastado dos holofotes do mundo árabe, agora está de volta, com todo o vigor. Quase todos os canais árabes devotaram horas de programação ao "irmão, mártir, comandante Imad Mughniyeh al-Hajj Raduan".

Na luta pelo poder no Líbano — principal batalha à qual Nasrallah se dedica — o Hezbollah ganhou uma grande vantagem. Multidões acorreram aos funerais, o que turvou o brilho da homenagem póstuma ao seu adversário, Rafiq al-Hariri. Em seu discurso, Nasrallah descreveu seus adversários, desdenhosamente, como cúmplices no assassinato do herói, colaboradores desprezíveis de Israel e dos Estados Unidos, e mandou que se mudassem para Tel Aviv ou Nova York. Avançou mais um passo na luta para dominar a Terra dos Cedros.

E o mais importante: a raiva contra o assassinato e o orgulho pelo mártir servirão de inspiração para mais uma geração de jovens, que estará disposta a morrer por Alá e Nasrallah. Quanto mais a propaganda israelense engrandece a figura de Mughniyeh, mais jovens xiitas estarão motivados a seguir seu exemplo.

Nesse contexto, é interessante analisar a carreira do próprio homem. Quando Mughniyeh nasceu, numa aldeia xiita no sul do Líbano, os xiitas eram uma comunidade desprezada, oprimida e impotente. Ele aderiu ao movimento palestino Fatah, que naquela época dominava o sul do Líbano, e chegou a ser um dos guarda-costas de Yasser Arafat (é possível que eu o tenha visto, quando encontrei Arafat em Beirute). Mas quando Israel conseguiu expulsar as forças do Fatah do sul do Líbano, Mughniyeh ficou para trás e juntou-se ao Hezbollah, a nova força combatente que então brotava, como resultado direto da ocupação israelense.

Israel hoje se parece com aquela pessoa cujo vizinho de cima deixou cair uma bota no chão e fica esperando que a segunda bota caia.

Todos sabem que o assassinato de Mughniyeh será vingado. Nasrallah prometeu vingança e disse que pode acontecer em qualquer lugar do mundo. Já faz muito tempo que os israelenses acreditam muito mais em Nasrallah do que em Olmert.

Os serviços de segurança israelenses estão emitindo lúgubres mensagens de alerta para quem tenha viagem marcada para o exterior — ficar alerta o tempo todo, não se fazer notar, não se reunir com outros israelenses, não aceitar convites inusitados etc. A mídia amplificou essas advertências de maneira histérica. A segurança das embaixadas de Israel foi reforçada. Na fronteira norte também já soou um alarme — apenas alguns dias depois de Olmert se vangloriar no Parlamento de que, em consequência da guerra, a fronteira norte estaria hoje mais calma do que nunca.

Essas preocupações estão longe de ser injustificadas. Todas as "liquidações" desse tipo, no passado, trouxeram consequências terríveis:

O exemplo clássico é, evidentemente, a "liquidação" do predecessor de Nasrallah, Abbas Mussawi. Foi morto no sul do Líbano, em 1992, por atiradores em um helicóptero Apache. Israel encheu-se de alegria. Naquele momento também se brindou com champanhe. Em represália, o Hezbollah explodiu a embaixada de Israel e o centro comunitário judaico em Buenos Aires. Os ataques teriam sido planejados, como se alega agora, pelo próprio Imad Mughniyeh. Mais de 100 pessoas morreram. O principal resultado: no lugar de Mussawi, já bastante grisalho, o muito mais sofisticado Nasrallah assumiu o controle.

Anos antes, Golda Meir ordenara uma série de "liquidações" para vingar a tragédia dos atletas israelenses na Olimpíada de Munique (muitos dos quais de fato foram mortos por policiais alemães ineptos, que tentaram evitar que os atletas fossem levados para a Argélia como reféns). Nenhum dos "liquidados" tinha qualquer coisa a ver com o próprio atentado. Eram representantes diplomáticos da OLP, funcionários de escritórios. O episódio foi descrito de maneira detalhada no filme *kitsch* de Spielberg, *Munique*. Resultado: a OLP fortaleceu-se e tornou-se um Estado em processo de formação e depois Yasser Arafat retornou à Palestina.

A "liquidação" de Yahyah Ayyash em Gaza em 1996 é semelhante ao caso Mughniyeh. Naquele caso, a arma usada foi um telefone celular convertido em bomba. As dimensões de Ayyash também haviam sido infladas de tal modo que ele virou lenda, enquanto ainda estava vivo. Deram-lhe o apelido de "o engenheiro", pois preparava os explosivos usados pelo Hamas. Shimon Peres, que foi primeiro-ministro depois do assassinato de Itzhak Rabin, acreditava que a "liquidação" lhe traria popularidade e o reelegeria. Aconteceu o contrário: o Hamas reagiu com uma série de atentados suicidas impressionantes e levou Binyamin Netanyahu ao poder.

Fathi Shikaki, líder do Jihad Islâmico, foi "liquidado" em 1995 por um ciclista que o matou numa rua de Malta. A organização, que naquela época era pequena, não foi destruída; ao contrário, cresceu por intermédio de suas ações de vingança. Hoje esse é o grupo que está lançando foguetes Qassams contra a cidade de Sderot.

Khaled Mash'al, líder do Hamas, foi quase "liquidado" numa rua em Amã com uma injeção de veneno. A ação foi descoberta, os perpetradores foram identificados e um furioso rei Hussein obrigou Israel a fornecer o antídoto que lhe salvou a vida. Os "liquidadores" foram trocados pelo Sheikh Ahmad Yassin, fundador do Hamas, que estava preso em Israel. Resultado: Mash'al foi promovido e hoje é o principal líder político do Hamas.

O próprio Sheikh Yassin, paraplégico, foi "liquidado" num ataque com helicópteros, quando deixava uma mesquita, depois da oração. Uma tentativa anterior, de bombardear sua casa, havia fracassado. Yassin tornou-se um mártir aos olhos de todo o mundo árabe e, desde então, serve de inspiração para centenas de ataques do Hamas.

O denominador comum de todas essas e muitas outras ações é que não prejudicaram as organizações dos "liquidados", mas se voltaram contra Israel como bumerangues. E todas geraram terríveis ataques de vingança.

A decisão de executar uma "liquidação" lembra a decisão que levou ao início da Segunda Guerra do Líbano: nenhum dos decisores se importa com o sofrimento da população civil que inevitavelmente se torna vítima da vingança."

Por que, então, as "liquidações" são executadas?

A resposta de um general indagado sobre o tema: "Não há uma resposta clara para esta pergunta".

Essas palavras são pura *chutzpa*: como alguém pode tomar uma decisão como essa sem ter uma resposta clara se o preço vale a pena? Desconfio que a razão real das "liquidações" é tanto política como psicológica. É política porque as "liquidações" agradam à opinião pública em Israel. Depois de cada "liquidação" há alegria. Quando a vingança chega, o público (e a mídia) não vê a relação entre a "liquidação" e a resposta. Cada fato é visto separadamente. Pouca gente tem tempo e inclinação para pensar sobre isso quando todos ardem de fúria pelo último ataque sanguinário.

Na situação atual, há uma motivação política adicional: o Exército não tem resposta para os foguetes Qassam, nem tem qualquer desejo de atolar-se na reocupação da Faixa de Gaza, com todas as baixas previstas. Uma "liquidação" sensacionalista constitui uma alternativa simples.

A razão psicológica também é clara: dá uma certa satisfação. É verdade que a "liquidação" — como a palavra demonstra — é mais adequada para o submundo do que para os órgãos de segurança de um Estado. Mas é uma tarefa desafiante e complexa, como nos filmes sobre a Máfia, que dá muita satisfação aos "liquidadores". Ehud Barak, por exemplo, foi um liquidador desde o início de sua carreira militar. Quando a "liquidação" é bem-sucedida, os responsáveis podem erguer as taças de champanhe.

A mistura de sangue, champanhe e loucura é um coquetel inebriante, porém venenoso.

16/2/2008

Pior do que crime

Parecia a queda do Muro de Berlim. Não apenas parecia. Por um momento, a passagem de Rafah foi o Portão de Brandemburgo.

É impossível não se emocionar quando uma multidão de pessoas oprimidas e famintas rompe um muro que os cerca, com os olhos brilhando, abraçando a todos que encontram pelo caminho — sentir essa emoção mesmo sabendo que foi seu próprio governo que construiu aquele muro.

A Faixa de Gaza é a maior prisão da Terra. A derrubada do muro de Rafah foi um ato de libertação. Demonstrou que uma política desumana é sempre uma política estúpida: nenhum poder pode conter uma multidão que já tenha cruzado o limite do desespero.

Essa é a lição de Gaza, janeiro de 2008.

Caberia aqui a frase famosa do estadista francês Boulay de la Meurthe, com uma pequena adaptação: "É pior do que crime de guerra: é uma estupidez!"

Há alguns meses, os dois Ehuds — Barak e Olmert — impuseram um bloqueio à Faixa de Gaza e vangloriaram-se disso. Depois, foram apertando o nó mortal cada vez mais, até que praticamente nada entrava na Faixa. Na semana passada tornaram o bloqueio hermético — nem comida nem medicamentos. As coisas chegaram ao auge quando suspenderam também o fornecimento de combustíveis. Grandes áreas de Gaza ficaram sem eletricidade — inclusive para incubadoras de bebês prematuros, aparelhos de diálise, bombas de água e de esgoto. Centenas de milhares de pessoas ficaram sem aquecimento, em um clima muito frio, sem poder cozinhar e com a comida acabando.

A TV Al Jazeera transmitiu continuamente as imagens de Gaza para milhões de lares no mundo árabe. Canais de televisão no mundo inteiro também as exibiram. De Casablanca a Aman eclodiram protestos furiosos de massas nas ruas e assustaram os regimes árabes autoritários. Hosni Mubarak telefonou em pânico para Ehud Barak. Na mesma noite Barak foi obrigado a cancelar, pelo menos temporariamente, o bloqueio de combustível que tinha imposto de manhã. Exceto por isso o bloqueio permaneceu total.

É difícil imaginar um ato mais estúpido.

A razão apresentada para condenar à fome e ao frio 1,5 milhão de seres humanos apinhados em um território de apenas 365 quilômetros quadrados é o contínuo bombardeio contra a cidade de Sderot e vilarejos vizinhos.

Essa razão foi bem escolhida. Expressa o que há de mais primitivo na opinião pública em Israel. Faz calar as críticas da ONU e de governos em todo o mundo que, de outro modo, protestariam contra uma punição coletiva que, sem dúvida, configura crime de guerra segundo a lei internacional.

Apresenta-se ao mundo um quadro simplificado: o regime de terror do Hamas em Gaza lança mísseis contra civis israelenses inocentes. Nenhum governo do mundo pode tolerar um bombardeio, a partir do outro lado da fronteira, contra seus cidadãos. O Exército israelense não possui uma resposta militar para os foguetes Qassam. Portanto, não resta outra saída além de pressionar fortemente a população de Gaza para levá-la a se levantar contra o Hamas e obrigá-lo a parar o lançamento de mísseis.

No dia em que a eletricidade em Gaza parou de funcionar, os correspondentes militares israelenses festejaram: só dois foguetes foram disparados da Faixa. Então o bloqueio funciona! Ehud Barak é um gênio!

Mas no dia seguinte, quando 17 Qassams atingiram Israel, a alegria sumiu. Políticos e generais israelenses estavam fora de si: um político propôs "ações mais loucas do que as deles"; outro propôs "bombardear a área urbana de Gaza indiscriminadamente, em represália a cada Qassam disparado"; um famoso professor (que é um pouco perturbado) propôs que se adotasse "o mal absoluto".

O plano do governo era uma repetição da Segunda Guerra do Líbano (o relatório sobre aquela guerra deve ser publicado nos próximos dias). Daquela vez: o Hezbollah capturou dois soldados no lado israelense da fronteira. Hoje: o Hamas dispara contra cidades e vilarejos no lado israelense da fronteira. Daquela vez: o governo decidiu, precipitadamente, iniciar uma guerra. Hoje: o governo decidiu, precipitadamente, impor um bloqueio total. Daquela vez: o governo ordenou um bombardeio em massa contra a população civil para levá-la a pressionar o Hezbollah. Hoje: o governo decide causar um sofrimento em massa à população civil para levá-la a pressionar o Hamas.

Nos dois casos os resultados são os mesmos: a população libanesa não se levantou contra o Hezbollah. Aconteceu exatamente o contrário, todas as comunidades religiosas se uniram em apoio à organização xiita. Hassan Nasrallah tornou-se o herói de todo o mundo árabe. E agora a população se une em apoio ao Hamas e acusa Mahmoud Abbas de colaborar com o inimigo. A mãe em Gaza, que não tem comida para dar aos filhos, não amaldiçoa Ismail Haniyeh, mas sim Olmert, Abbas e Mubarak.

Então, o que fazer? Afinal de contas, não se pode tolerar o sofrimento dos habitantes de Sderot, que vivem sob fogo constante.

O que se oculta da amargurada opinião pública é que se poderia parar o lançamento de Qassams amanhã de manhã.

Há vários meses o Hamas propôs um cessar-fogo. Esta semana repetiu a proposta.

Para o Hamas, cessar-fogo significa: os palestinos deixarão de disparar Qassams e morteiros, os israelenses cessarão as incursões em Gaza, os assassinatos "seletivos" e o bloqueio.

Por que nosso governo não aceita imediatamente essa proposta? É simples: para chegar a tal acordo, precisamos falar com o Hamas, direta ou indiretamente. Mas é isso, precisamente, que o governo se nega a fazer.

Por quê? Outra vez, é simples: porque Sderot é apenas um pretexto — como os dois soldados capturados pelo Hezbollah foram um pretexto. O objetivo real de toda a operação é derrubar o regime do Hamas em Gaza e evitar que o Hamas tome o controle na Cisjordânia.

Em palavras simples e claras: o governo sacrifica o destino da população de Sderot no altar de uma posição fadada ao fracasso. Para o governo é mais importante boicotar o Hamas — pois o grupo é hoje a ponta de lança da resistência palestina — do que pôr um fim ao sofrimento de Sderot. E toda a mídia colabora com essa manipulação.

Já foi dito que é perigoso escrever sátiras sobre nosso país — com frequência demasiada a sátira torna-se realidade. Alguns leitores talvez se lembrem de um artigo satírico que escrevi há alguns meses. No artigo, descrevi a situação em Gaza como uma experiência científica para descobrir até que ponto se pode chegar em matéria de esfomear civis e tornar sua vida um inferno até que levantem as mãos e se rendam.

Esta semana a sátira virou uma política oficial. Comentaristas respeitados afirmaram que Ehud Barak e os comandantes militares estão trabalhando na linha de "tentativa e erro" e mudam seus métodos diariamente conforme os resultados. Param de fornecer combustível a Gaza, observam como funciona e voltam atrás quando a reação internacional é negativa demais. Suspendem o fornecimento de medicamentos, veem como funciona etc. O fim científico justifica os meios.

O homem encarregado desse experimento é o ministro da Defesa, Ehud Barak, homem de muitas ideias e poucos escrúpulos, homem cujo modo de raciocinar é basicamente desumano. Ele é hoje, provavelmente, a pessoa mais perigosa em Israel, mais perigoso do que Ehud

OUTRO ISRAEL

Olmert e Binyamin Netanyahu, perigoso para a própria existência de Israel no longo prazo.

O homem encarregado da execução do experimento é o chefe do Estado-Maior do Exército, general Gabi Ashkenazi. Esta semana pudemos ouvir os discursos de dois de seus predecessores, os generais Moshe Ya'alon e Shaul Mofaz, num fórum que teve as mais infladas pretensões intelectuais. Descobriu-se ali que ambos têm ideias que os colocam em algum ponto entre a extrema-direita e a ultradireita. Ambos têm uma mente assustadoramente primitiva. Desnecessário desperdiçar sequer uma palavra sobre as qualidades morais e intelectuais de seu sucessor imediato, Dan Halutz. Se essas são as vozes dos três últimos chefes do Estado-Maior, o que dizer do atual, que não pode falar abertamente como os outros? É possível que essa maçã tenha caído longe da árvore?

Até três dias atrás os generais ainda podiam defender a opinião de que o experimento estaria dando certo. A miséria na Faixa de Gaza atingira o auge. Centenas de milhares de seres humanos estavam ameaçados de fome. O chefe da agência da ONU de apoio aos refugiados palestinos (UNRWA) alertou para uma catástrofe humana iminente. Só os ricos ainda podiam dirigir seus carros, aquecer suas residências e comer decentemente. O mundo assistiu e estalou sua língua coletiva. Os líderes dos Estados árabes enunciaram frases vazias de apoio à população de Gaza, mas não moveram um dedo.

Barak, que tem talentos matemáticos, podia calcular o dia em que a população finalmente entraria em colapso.

E então aconteceu algo que nenhum deles previu, embora fosse o evento mais previsível do planeta.

Quando alguém coloca 1,5 milhão de pessoas numa panela de pressão e não para de aumentar a chama, certamente haverá uma explosão. Foi o que aconteceu na fronteira entre Gaza e o Egito.

Primeiro houve uma explosão pequena. Uma multidão invadiu a passagem na fronteira, os policiais egípcios abriram fogo e dezenas de pessoas ficaram feridas. Foi um sinal de alerta.

No dia seguinte veio a grande investida. Combatentes palestinos explodiram o muro em vários pontos. Centenas de milhares de palestinos entraram em território egípcio e respiraram fundo. O bloqueio foi rompido.

Já antes disso a situação de Mubarak era insustentável. Centenas de milhões de árabes, um bilhão de muçulmanos, viram o Exército de Israel fechando a Faixa de Gaza por três direções: pelo norte, pelo leste e pelo mar. O bloqueio pela quarta direção foi executado pelo Exército egípcio.

O presidente do Egito, que se apresenta como líder de todo o mundo árabe, foi visto como colaborador de uma operação desumana, conduzida por um inimigo cruel, para obter os favores (e o dinheiro) dos americanos. Seus inimigos internos — a Irmandade Muçulmana — exploraram essa situação para rebaixá-lo aos olhos de seu próprio povo.

Dificilmente Mubarak teria podido manter aquela posição. Mas a multidão palestina o livrou da necessidade de tomar uma decisão. Decidiu por ele. Irrompeu como um tsunami. Agora Mubarak deve decidir se cederá à exigência israelense que reimponha o bloqueio contra seus irmãos árabes.

E quanto ao experimento de Barak? Qual será o próximo passo? As opções são poucas:

(a) Reocupar Gaza. O Exército não gosta dessa ideia. Entende que a reocupação estaria expondo milhares de soldados a uma guerra de guerrilha cruel, que seria diferente das Intifadas anteriores.

(b) Apertar novamente o bloqueio e exercer extrema pressão sobre Mubarak, inclusive utilizando a influência israelense no Congresso americano, para privá-lo dos bilhões que recebe anualmente em troca de seus serviços.

(c) Transformar a maldição em uma bênção, entregar a Faixa de Gaza a Mubarak, fingindo que era esse o objetivo secreto de Barak desde o início. O Egito teria de garantir a segurança de Israel, impedir o lançamento de Qassams e expor seus próprios soldados à guerra de

OUTRO ISRAEL

guerrilha palestina — depois de pensar que tinha se livrado daquela área pobre e árida e depois de toda a infraestrutura da região ser destruída pela ocupação israelense. Provavelmente Mubarak dirá: "É muita gentileza sua, mas não, obrigado."

O bloqueio foi um crime de guerra. Pior do que isso: foi uma estupidez.

26/1/2008

A síndrome de Beilin

Mefistófeles, o demônio que comprou a alma de Fausto, no monumental drama de Goethe, descreve-se como "uma parte daquela força que sempre deseja o mal e sempre cria o bem".

Yossi Beilin, que renunciou esta semana à presidência do Partido Meretz, é o oposto de Mefistófeles: sempre quer o bem e, com frequência demasiada, cria o mal.

Os "blocos de assentamentos" são um exemplo flagrante. Beilin criou essa expressão há muitos anos. A expressão estava incluída no entendimento não oficial que se tornou conhecido como o "acordo Beilin-Abu-Mazen".

A intenção era boa. Beilin acreditava que se a maioria dos colonos fosse concentrada em áreas próximas à Linha Verde, os colonos em geral concordariam com a retirada do resto da Cisjordânia.

De fato, o resultado foi desastroso. O governo e os colonos aproveitaram a oportunidade. A aprovação pelo "movimento sionista pacifista" serviu como um certificado kosher pregado na parede de um açougue que vende carne de porco. Os blocos de assentamentos foram ampliados em um ritmo frenético e tornaram-se verdadeiras cidades, como Ma'aleh Adumim, o Bloco Etzion e Modi'in Illit.

Por dezenas de anos os Estados Unidos insistiram em que todos os assentamentos violam a lei internacional. Mas a legitimação dos "blocos de assentamentos" permitiu que o presidente George W. Bush mudasse essa atitude e aprovasse os "centros populacionais" nos territórios ocupados. Haim Ramon, que no passado foi parceiro de Beilin no grupo dos "oito pombos" do Partido Trabalhista, foi ainda mais longe: defendeu a ideia de construir o "Muro de Separação", que, na prática, anexa a Israel os "blocos de assentamentos".

Mas a brilhante ideia de Beilin em nada diminuiu a oposição dos colonos à retirada dos demais territórios da Cisjordânia. Ao contrário: eles continuaram a impedir, pela força, o desmantelamento dos postos avançados, inclusive de postos minúsculos. A ideia não gerou nada de bom. O resultado foi totalmente ruim.

Pode-se continuar enumerando as ideias brilhantes de Beilin. Como na canção do grande ex-comediante (e atual rabino ortodoxo) Uri Zohar: "A cabeça judia inventa patentes para nós." Na arena política e diplomática de Israel, não há cabeça mais fértil do que a de Beilin.

Não sei exatamente que papel Beilin desempenhou na invenção das patentes que foram apresentadas na conferência de Camp David, em 2000. Por exemplo: a ideia de que Israel deveria exigir soberania no Monte do Templo, mas só abaixo da superfície, não satisfez a direita israelense, mas aterrorizou os palestinos, que passaram a temer que Israel minasse as fundações dos santuários islâmicos até que desabassem, possibilitando assim a construção do Terceiro Templo Judaico no lugar deles. O passo seguinte foi a "visita" de Ariel Sharon a esse local sensível, que desencadeou a segunda Intifada.

Após as eleições de 2006, Beilin teve outra brilhante ideia: convidar Avigdor Lieberman para um muito divulgado e amigável café da manhã. A intenção era boa, sem dúvida (embora eu não consiga imaginar qual seria), mas o resultado foi desastroso: deu a Lieberman um atestado kosher de um "esquerdista", que permitiu que Ehud Olmert o incluísse em seu governo.

Depois, o Partido Meretz anunciou que não, em circunstância alguma, participaria de um governo que incluísse Lieberman. Mas não se pode devolver o bebê de Rosemary ao útero da mãe. Lieberman permaneceu no governo, o Meretz continua fora.

Agora Olmert explica aos americanos que não pode desmontar assentamento algum, nem pode negociar as "questões-chave" do conflito, porque isso derrubaria seu governo de coalizão.

De fato, Beilin é muito generoso ao distribuir certificados kosher a extremistas de direita. Na véspera de um dos grandes comícios da "esquerda sionista" em homenagem a Itzhak Rabin, Beilin anunciou que estava disposto a subir ao palanque ao lado do líder da mais extrema-direita, general Effi Eytam. Por sorte dele, a proposta não gerou nada de concreto.

Deve haver alguma conexão entre essas ideias e o comportamento de Beilin em momentos críticos. Por exemplo: apoiou o Plano de Separação de Ariel Sharon, sem condicionar o apoio a um acordo com os palestinos. Resultado: a Faixa de Gaza tornou-se "a maior prisão do mundo".

Pior: o apoio enérgico de Beilin à Segunda Guerra do Líbano, em seu estágio inicial e mais crítico. Durante a guerra, propôs também um ataque à Síria. Só na quarta semana, depois de várias manifestações contra a guerra, Beilin começou a manifestar alguma crítica e levou o Meretz a organizar uma própria manifestação de protesto.

No outro prato da balança estão duas contribuições importantes e positivas de Beilin: para a Declaração de Princípios de Oslo e para a Iniciativa de Genebra.

Sua contribuição para o Acordo de Oslo foi certamente significativa. Mas Beilin não soube impedir dois buracos negros no acordo: a omissão das palavras cruciais: "Estado palestino" e a ausência de uma proibição clara à continuação das atividades de colonização.

Essas duas falhas enterraram o acordo. As negociações para um acordo de paz permanente, que deveriam ter sido concluídas em 1999, sequer foram iniciadas. Os assentamentos continuaram crescendo rapidamente, enquanto todos conversavam sobre paz.

A Iniciativa de Genebra, por outro lado, foi inteiramente uma criação de Beilin. Poderia ter coroado sua carreira. O lançamento tornou-se um evento internacional. Os Grandes da Terra a apoiaram. Parecia que a nova iniciativa daria um impulso decisivo ao processo de paz.

Isso não aconteceu. Ariel Sharon retirou a Iniciativa de Genebra da mesa com uma simples gesto: anunciou o Plano de Separação e desviou a atenção nacional e internacional da iniciativa de Beilin.

A Iniciativa de Genebra não precisava acabar assim. Poderia ter havido uma campanha em Israel e em todo o mundo defendendo a iniciativa em todos os fóruns e a recolocando na agenda. Mas, naquele momento, Beilin cometeu o maior erro de sua vida: concorreu à presidência do Partido Meretz — e venceu.

O erro estava claro desde o primeiro instante: há uma contradição básica entre ser presidente de um partido e ser o Profeta de Genebra, alguém completamente identificado com a iniciativa e seu principal porta-voz, aqui e no exterior.

Quando o iniciador de Genebra tornou-se líder do Partido Meretz, ele reduziu a iniciativa, transformando-a em plataforma política de um pequeno partido. E, por outro lado, reduziu o Meretz, tornando-o um partido de uma só causa, dedicado à promoção da iniciativa. Ambos saíram perdendo, tanto a Iniciativa de Genebra como o Meretz.

Uma pessoa inteligente como Beilin deveria ter entendido o problema. Mas suspeito que ele tenha duas almas disputando o controle: a alma de um homem de ideias e a alma de um militante partidário. Ele não se satisfaz com apenas uma delas.

O erro custou muito caro. Esta semana Beilin foi obrigado a renunciar à presidência do Partido Meretz.

Há algo misterioso no caráter desse partido: o Meretz devora seus líderes, um após o outro. Primeiro foi a mãe-fundadora, Shulamit Aloni, que foi praticamente expulsa de lá. O responsável pela saída de Aloni, Yossi Sarid, também foi obrigado a renunciar, quando o partido se encolheu a seis das 12 cadeiras que tinha no Parlamento, tornando-se um partido pequeno em vez do partido médio que era sob a liderança de Shulamit Aloni. Depois das últimas eleições, já presidido por Beilin, perdeu mais uma cadeira, obtendo apenas cinco no Parlamento.

Sob a liderança de Beilin, a facção Meretz foi um pássaro estranho: nem partido de oposição nem membro da coalizão governamental. Beilin cresceu dentro do establishment e mesmo quando se encontra formalmente na oposição, ele pensa e age como integrante do establishment. Sob sua liderança, o Meretz não só apoiou o Plano de Separação de Sharon e a Guerra do Líbano de Olmert, mas também, desde o início, tem flertado abertamente com o primeiro-ministro. E justamente quando a grande maioria no país chegou à conclusão de que Olmert não é o homem adequado para o cargo, Beilin lhe outorgou um certificado kosher.

Ele diz que acredita que Olmert sinceramente deseja a paz. Cita, com aprovação, as falas do novo Olmert: "Meu pai estava errado e Ben-Gurion estava certo" (o pai de Olmert foi um resoluto membro do Irgun) e também que "Israel está perdido" se não implementar a solução de Dois Estados. São frases que soam bem — mas Olmert caminha na direção totalmente oposta, evitando negociações de paz sérias e iniciando a guerra em Gaza. Agora parece que os membros do Meretz sentiram que é preciso dar um basta a essa situação.

Quando um partido expulsa seu líder é sempre um evento triste. Mas não é a primeira vez que isso acontece com Beilin, o que gera algumas questões sérias.

Beilin cresceu, desde jovem, no Partido Trabalhista e foi um dos jovens promissores mais próximos de Shimon Peres. Como vice-ministro das Relações Exteriores, teve oportunidade de dar vazão à sua incansável criatividade. Mas então Ehud Barak chegou ao poder, com sua estranha habilidade para colocar a pessoa errada na posição errada. Beilin foi nomeado ministro da Justiça, cargo que paralisou seus talentos especiais.

Às vésperas das eleições seguintes, o Partido Trabalhista rebaixou Beilin para um lugar sem esperança em sua lista eleitoral. Furioso e frustrado, ele abandonou o partido, bateu a porta ao sair e entrou no Meretz. Agora foi praticamente expulso de lá.

Diferentemente de Shulamit Aloni e Yossi Sarid, Beilin não tem intenção alguma de "ir para casa". Seu cérebro fértil já arquiteta novos planos. Em entrevistas recentes, profetizou uma mudança radical na paisagem política e a criação de uma nova força política que reuniria membros dos partidos Kadima, Trabalhista e Meretz. Parece imaginar que esse grupo seria liderado por Olmert e que ele, Beilin, teria uma posição de destaque. Esse novo partido lutaria contra Benjamin Netanyahu e Ehud Barak.

A ideia é interessante, mas suas chances de sucesso são praticamente nulas.

Os problemas de Beilin ultrapassam sua história pessoal. Esses problemas simbolizam a tragédia do campo autodenominado "esquerda sionista". É bem provável que a própria denominação já contenha o problema.

A "esquerda sionista" nasceu há 100 anos e parece que jamais fez uma autocrítica verdadeira. Em sua última entrevista, Beilin utilizou toda a terminologia do establishment sionista. Como todos os outros, chama os combatentes palestinos em Gaza de "terroristas". Em sua escala de valores, "é importante que um menino se torne um soldado valoroso". E, é claro: "Se Israel deixar de ser Estado judeu, deixará de me interessar."

Com essas ideias o campo sionista pacifista não pode ser uma força política militante, nem se envolver em uma luta de oposição verdadeira, nem realizar uma mudança no país. E esse problema vai muito além de ser apenas um dos problemas pessoais de Yossi Beilin.

29/12/2007

Socorro! Cessar-fogo!

Esqueçam os Qassams. Esqueçam os morteiros. São nada, comparados com o que o Hamas lançou contra nós esta semana.

O chefe do governo do Hamas na Faixa de Gaza, Ismail Haniyeh, fez contato com um jornal israelense e propôs um cessar-fogo. Fim dos Qassams, fim dos morteiros, fim dos homens-bomba, fim das incursões militares de Israel na Faixa de Gaza, fim das "liquidações seletivas" de líderes palestinos. Um cessar-fogo total. E não só na Faixa de Gaza, mas também na Cisjordânia.

Os líderes militares ficaram furiosos. Quem ele pensa que é, aquele sujeito? Pensa que pode nos deter com esses truques sujos?

Esta é a segunda vez, em poucos dias, em que há uma tentativa de frustrar nossos planos de guerra.

Há duas semanas a comunidade americana de inteligência declarou, em relatório oficial, que o Irã havia suspendido, há quatro anos, seus esforços para produzir uma bomba nuclear.

Em vez de suspirar aliviados, oficiais israelenses reagiram com uma raiva não dissimulada. Desde então, todos os comentaristas em Israel, assim como nossa enorme rede de jornalistas alugados em todo o mundo, vêm tentando desqualificar esse relatório. É falso, não tem fundamento, é motivado por uma agenda secreta, sinistra.

Porém, milagrosamente, o relatório saiu incólume, sem um arranhão sequer.

Aparentemente o relatório varreu da mesa qualquer possibilidade de um ataque americano ou israelense contra o Irã. Agora surge a iniciativa de paz de Haniyeh e põe em perigo a estratégia do nosso establishment militar em relação à Faixa de Gaza.

E novamente começa o coro dos militares. Generais com e sem uniforme, correspondentes militares e políticos, comentaristas de todas as espécies, políticos de esquerda, políticos de direita — todos estão atacando a proposta de Haniyeh.

A mensagem é: não podemos aceitar essa proposta, de jeito nenhum! Não devemos sequer considerá-la! Ao contrário: a proposta mostra que o Hamas está prestes a desabar, portanto deve-se intensificar a guerra contra ele, apertar o bloqueio de Gaza, matar mais líderes — de fato, por que não matar o próprio Haniyeh? O que estamos esperando?

Opera aqui o mesmo paradoxo inerente ao conflito, como sempre operou, desde o início: se os palestinos estão fortes, é perigoso fazer a paz com eles. Se estão fracos, não é preciso fazer a paz com eles. De qualquer maneira, eles devem ser derrotados.

"Não há o que discutir!", declarou imediatamente Ehud Olmert. Então, está tudo bem e o derramamento de sangue pode continuar.

E realmente continua. Na Faixa de Gaza e nos arredores está sendo travada uma guerra pequena e cruel. Como sempre, cada lado alega que está apenas reagindo às atrocidades cometidas pelo outro lado.

O lado israelense diz que reage aos foguetes Qassams e aos morteiros. Que Estado soberano poderia tolerar ser bombardeado por mísseis mortais disparados do outro lado da fronteira?

É verdade, milhares de mísseis mataram apenas um número pequeno de pessoas. Cem vezes mais pessoas morrem ou ficam feridas em acidentes de trânsito. Mas os Qassams semeiam o terror, os habitantes de Sderot e arredores exigem vingança e a fortificação de suas casas, o que custaria uma fortuna.

Se os Qassams estivessem realmente preocupando nossos líderes políticos e militares, eles aceitariam imediatamente a proposta de

OUTRO ISRAEL

cessar-fogo. Mas os líderes não se importam com o que está acontecendo à população de Sderot, localizada na "periferia" geográfica e política, longe do centro do país. Essa população não tem qualquer peso político ou econômico. Aos olhos dos líderes, seu sofrimento é, afinal de contas, tolerável. O sofrimento de Sderot também tem um lado positivo muito importante: fornece um pretexto ideal para as ações do Exército.

O objetivo estratégico de Israel em Gaza não é pôr um fim aos Qassams. Seria tudo igual se nenhum Qassam atingisse Israel. O verdadeiro objetivo é quebrar os palestinos, que significa quebrar o Hamas.

O método é simples, chega a ser primitivo: apertar o bloqueio por terra, mar e ar até que a situação na Faixa de Gaza fique absolutamente intolerável.

O bloqueio total ao fornecimento de mercadorias, exceto um mínimo necessário para evitar a fome, reduziu a vida a um nível desumano. Não há importação nem exportação, a vida econômica está paralisada, o custo de vida subiu muito. O suprimento de combustível foi reduzido à metade e há planos de reduzi-lo ainda mais. O suprimento de água pode ser arbitrariamente suspenso.

A atividade militar está aumentando gradualmente. O Exército israelense faz incursões diárias, utilizando tanques e escavadeiras blindadas, para corroer as margens das áreas não habitadas e arrastar os combatentes palestinos para um confronto. Todos os dias são mortos de cinco a dez combatentes palestinos, além de alguns civis. Todos os dias habitantes são sequestrados para se tentar extrair informações. O objetivo declarado é manter o atrito e o desgaste e talvez também preparar a reconquista da Faixa — embora os chefes militares tentem evitar essa possibilidade a quase todo custo.

Um a um, os líderes e comandantes palestinos estão sendo mortos em ataques aéreos. Cada ponto na Faixa está exposto aos aviões, helicópteros e mísseis israelenses. Uma tecnologia de última geração possibilita localizar os "filhos da morte", os marcados para morrer e uma ampla rede de informantes e agentes — alguns manobrados por coação — construída há muito tempo completa o quadro.

Apertando todos esses parafusos os chefes militares esperam conseguir que a população local levante-se contra o Hamas e outras organizações combatentes. Toda a oposição palestina contra a ocupação entrará em colapso. Todo o povo palestino irá se render e se submeter à mercê da ocupação, que poderá fazer o que bem entender — expropriar terras, ampliar os assentamentos, construir muros e barreiras e fatiar a Cisjordânia em uma série de enclaves semiautônomos.

Nesse plano israelense o papel reservado à Autoridade Palestina é o de agir como uma força subcontratada para preservar a segurança de Israel, em troca de dinheiro que garantirá seu controle nos enclaves.

Ao final dessa fase do conflito israelense-palestino o povo palestino supostamente estará fragmentado e impotente diante da expansão israelense. A colisão histórica entre a força contínua (o projeto sionista) e o objeto inamovível (a população palestina) terminará com o esmagamento da oposição palestina.

Para alcançar esse objetivo é necessário um sofisticado jogo diplomático. Em nenhuma circunstância se pode perder o apoio da comunidade internacional. Ao contrário, o mundo todo, liderado pelos Estados Unidos e pela União Europeia, deve apoiar Israel e considerar suas ações uma luta justa contra o terrorismo palestino, que, por sua vez, deve ser visto como parte integral do "terrorismo internacional".

A conferência de Annapolis e, depois, o encontro de Paris foram passos importantes nessa direção. Quase todo o mundo, inclusive a maioria do mundo árabe, entrou em sintonia com o plano israelense — talvez ingenuamente, talvez cinicamente.

Depois de Annapolis as coisas decorreram conforme o esperado: nenhuma negociação foi iniciada, os dois lados continuam apenas jogando para a plateia. Um dia depois de Annapolis o governo israelense anunciou grandes projetos de construção além da Linha

OUTRO ISRAEL

Verde. Quando Condoleezza Rice balbuciou algumas palavras de protesto anunciou-se que os planos haviam sido suspensos. De fato, continuam a pleno vapor.

Como Olmert e seus colegas conseguem enganar o mundo inteiro? Benjamin Disraeli disse uma vez, sobre um político britânico: "O honorável e respeitabilíssimo *gentleman* surpreendeu seus adversários quando tomavam banho de mar e levou suas roupas." Nós, os pioneiros da solução de Dois Estados, podemos dizer algo semelhante sobre nosso governo. Ele roubou nossa bandeira e enrolou-se nela para esconder suas intenções.

No longo prazo, existe hoje um consenso mundial de que a paz em nossa região tem de basear-se na coexistência do Estado de Israel e do Estado da Palestina. Nosso governo escorregou para dentro desse consenso e o explora para alcançar um objetivo completamente diferente: o domínio de Israel no país inteiro e a transformação dos centros populacionais palestinos em uma série de Bantustões. Essa é, de fato, uma solução de Um Estado (o Grande Israel), disfarçada na solução de Dois Estados.

Esse plano pode ter sucesso?

A batalha de Gaza está em pleno curso. Apesar da enorme superioridade militar do Exército israelense a batalha não é unilateral. Até os comandantes israelenses notam que as forças do Hamas estão se tornando mais resistentes. Fazem treinamento intensivo, têm armas cada vez mais eficazes e demonstram muita coragem e determinação. Aparentemente a queda de seus comandantes e combatentes, em um derramamento de sangue contínuo, não está afetando seu moral. Essa é uma das razões pelas quais o Exército de Israel está resistindo à tendência de reconquistar a Faixa de Gaza.

Na Faixa as duas principais organizações contam com um amplo apoio da opinião pública — tanto a manifestação em homenagem a Yasser Arafat organizada pelo Fatah como a contramanifestação organizada pelo Hamas envolveram centenas de milhares de participantes. Mas, aparentemente, a grande maioria dos palestinos deseja a união nacional para possibilitar uma luta conjunta contra a ocupação. Não querem coerção religiosa, mas tampouco tolerarão uma liderança que colabore com a ocupação.

O governo pode estar muito equivocado contando com a obediência do Fatah. Concorrendo com o Hamas, o Fatah pode surpreender-nos e voltar a ser uma organização combatente. O fluxo de dinheiro para a Autoridade Palestina não necessariamente evitará que isso aconteça. Ze'ev Jabotinsky foi mais sábio do que Tony Blair quando disse, há 85 anos, que é impossível comprar um povo inteiro.

Se o Exército israelense invadir Gaza para reconquistá-la, a população apoiará os combatentes. Ninguém pode saber como a população reagirá se a miséria piorar. Os resultados podem ser inesperados. A experiência de outros movimentos de libertação nacional indica que a miséria pode quebrar uma população, mas também pode fortalecê-la.

Essa, em poucas palavras, é uma prova existencial para o povo palestino — talvez a mais difícil desde 1948. É também um teste para a política astuta de Ehud Olmert, Ehud Barak, Tzipi Livni e dos comandantes militares.

Então, provavelmente não haverá um cessar-fogo. No início, Olmert rejeitou a proposta imediatamente. Depois negou a rejeição. Depois negou a negativa.

Os habitantes de Sderot provavelmente ficariam contentes com um cessar-fogo. Porém, quem se dá o trabalho de consultá-los?

22/12/2007

Morrer com os filisteus?

As palavras mais famosas jamais pronunciadas em Gaza foram as últimas palavras de Sansão (Juízes, 16, 30): "Que eu morra com os filisteus!"

Conforme a história que a Bíblia narra, Sansão empurrou os pilares centrais do templo dos filisteus e pôs abaixo todo o prédio, sobre os senhores dos filisteus, o povo de Gaza e sobre ele mesmo. O narrador resume a história: "Assim Sansão fez mais mortos ao morrer do que fez em vida."

É uma história de sofrimento, destruição e morte. Pode estar a ponto de repetir-se agora, só que com os papéis trocados: o templo pode ser derrubado pelos palestinos (cujo nome é herdado dos filisteus, filistinos) e entre os mortos podem estar os senhores de Israel.

Será que Gaza irá se tornar uma Massada palestina (o lugar no qual, mil anos depois de Sansão, os combatentes judeus optaram pelo suicídio em massa, em vez de se render aos romanos)?

O povo de Gaza está preocupado. Os combatentes do Hamas preparam-se para entrar em ação. Os chefes do Exército israelense estão preocupados e ao mesmo tempo também se preparam para entrar em ação.

Há meses os líderes políticos e militares israelenses vêm discutindo a "grande operação": uma invasão em massa à Faixa de Gaza para pôr fim ao lançamento de foguetes contra Israel.

Os chefes militares, que geralmente anseiam por batalhas, não parecem muito entusiasmados desta vez. Nem um pouco. Eles desejam evitar o combate a quase qualquer custo. Mas são fatalistas. Agora tudo depende da sorte, e a sorte é cega. Por exemplo, se amanhã um foguete Qassam cair sobre uma casa em Sderot e matar uma família inteira, haverá tal comoção em Israel que o governo poderá se sentir obrigado a dar a ordem, por mais que o ataque não seja sua escolha preferencial.

A Faixa de Gaza é um pesadelo para qualquer estrategista israelense, político ou militar. A Faixa mede cerca de 40 quilômetros de comprimento, por 10 quilômetros de largura. Nesses 360 quilômetros quadrados desérticos e áridos, equivalentes a menos do que o dobro da área de Washington DC, vivem 1,5 milhão de seres humanos, quase todos destituídos, que nada têm a perder, comandados por um movimento religioso militante. (Vale lembrar que na guerra de 1948 a comunidade judaica na Palestina mal chegava a 650 mil pessoas.)

Já há meses os líderes do Hamas em Gaza vêm estocando armas, contrabandeadas para a região por intermédio dos muitos túneis que atravessam a fronteira com o Egito (como nós contrabandeamos armas para o país às vésperas da guerra de 1948). É verdade: os combatentes do Hamas não têm artilharia nem tanques, mas já possuem armas antitanques muito eficazes.

Segundo estimativas de nossos militares, a invasão da Faixa de Gaza pode custar a vida de uma centena de soldados israelenses e de milhares de combatentes e civis palestinos. O Exército de Israel utilizará tanques e escavadeiras blindadas e o mundo verá imagens terríveis — o mesmo tipo de imagens que nosso Exército tentou esconder e que geraram protestos internacionais contra "o massacre de Jenin", em 2002, durante a operação "Barreira de Proteção".

Ninguém pode prever o desenrolar dessa operação. Talvez a resistência palestina desabe e as previsões de muitas baixas israelenses não se confirmem. Mas também é possível que Gaza se torne uma

Massada palestina, um tipo de "mini" Stalingrado. Esta semana, em uma das incursões "de rotina" do Exército israelense, um foguete RPG (granada lançada por foguete) perfurou um dos renomados tanques Merkava Mark-3, produzidos em Israel, e só por milagre não matou os quatro membros da equipe. Em uma batalha grande e sangrenta não se pode confiar nesse tipo de milagres.

O pesadelo não acaba aí. Não há dúvida de que o Exército vencerá a resistência, seja qual for o preço para os dois lados, talvez demolindo bairros inteiros e realizando uma matança em massa. Mas, e depois?

Se o Exército se retirar da Faixa rapidamente, a situação voltará à que havia antes e o lançamento de foguetes Qassam será retomado (se chegar a ser suspenso). O significado: toda a operação terá sido inútil. Se o Exército permanecer na Faixa — que alternativa teria? — será forçado a assumir a total responsabilidade por um regime de ocupação: terá de alimentar a população, administrar serviços sociais, estabelecer mecanismos de segurança. E tudo isso em uma situação de guerra de guerrilha vigorosa e contínua, que tornará a vida tanto dos ocupantes como dos ocupados um inferno.

Para uma força de ocupação, a Faixa de Gaza sempre foi problemática. O Exército de Israel já desocupou essa região três vezes — e a cada vez a retirada foi motivo de alegria. "Gaza, adeus e até nunca mais!" sempre foi um slogan popular. Quando Israel fez a paz com os egípcios, eles energicamente se recusaram a aceitar a Faixa de Gaza de volta.

Não por acaso as duas Intifadas começaram em Gaza. (A primeira, que faz nesta semana exatamente 20 anos, começou quando um caminhão israelense colidiu com dois carros cheios de trabalhadores palestinos, colisão que os palestinos interpretaram como uma represália deliberada por parte dos israelenses. A segunda eclodiu depois da visita provocadora de Ariel Sharon ao Monte do Templo, quando policiais israelenses mataram manifestantes muçulmanos indignados.)

O próprio movimento Hamas, que hoje festeja seu vigésimo aniversário, também nasceu — não por acaso — em Gaza.

Não surpreende que nossos chefes militares tentem evitar a reocupação da Faixa de Gaza. Eles não apreciam a ideia de fazer o papel dos senhores dos filisteus na história do Sansão palestino.

O problema é que ninguém sabe como desatar o nó górdio que Ariel Sharon, o mestre nesse tipo de nós, deixou atado.

Sharon deu início ao "Plano de Separação" — uma das maiores tolices nos anais deste Estado, que são tão ricos em tolices.

Como sabemos, Sharon desmontou os assentamentos e conduziu a retirada da Faixa de Gaza sem qualquer diálogo com os palestinos e sem entregar o território desocupado à Autoridade Palestina. Não deu à população da Faixa qualquer chance de ter uma vida normal. Em vez disso, converteu o território numa gigantesca prisão. Todas as conexões com o mundo exterior foram cortadas — a Marinha israelense cortou o acesso por mar, a fronteira com o Egito foi completamente fechada, o aeroporto foi deixado em ruínas, a construção de um porto foi impedida pela força. A prometida "passagem segura" entre a Faixa e a Cisjordânia jamais foi aberta, todas as passagens para entrar e sair da Faixa permaneceram sob controle israelense, sendo abertas e fechadas arbitrariamente. O emprego de dezenas de milhares de trabalhadores de Gaza em Israel, do qual dependia a sobrevivência de quase todos os habitantes da região, acabou.

O capítulo seguinte foi inevitável: o Hamas tomou o controle militar da Faixa de Gaza sem que nenhum dos políticos desamparados em Ramallah pudesse intervir. Da Faixa, foguetes Qassam e morteiros foram lançados contra cidades e vilarejos israelenses vizinhos sem que o Exército israelense pudesse contê-los. Um dos mais poderosos exércitos do mundo, com o armamento mais sofisticado, é incapaz de neutralizar uma das armas mais primitivas do planeta.

Assim se instalou um círculo vicioso: os israelenses asfixiam a população na Faixa, os combatentes de Gaza bombardeiam a cidade israelense de Sderot, o Exército israelense reage matando combatentes e civis palestinos, habitantes de Gaza lançam morteiros contra os kibutzim, o Exército israelense executa incursões e mata combatentes palestinos, dia e noite, o Hamas introduz armas antitanques mais eficazes — e não há solução à vista.

Um israelense comum não tem ideia do que está acontecendo na Faixa de Gaza. A desconexão é absoluta. Nenhum israelense pode entrar na Faixa, praticamente nenhum palestino pode sair.

A maioria dos israelenses vê as coisas do seguinte modo: saímos de Gaza, desmontamos todos os assentamentos que havia lá, mesmo que isso nos tenha causado uma profunda crise nacional. E o que acontece? Os palestinos continuam atirando em nós, a partir da Faixa de Gaza, e tornam a vida em Sderot um inferno. Não nos resta outra saída exceto tornar a vida deles um inferno, para levá-los a deixar de atirar em nós.

Esta semana ouvi um relato de um dos indivíduos mais confiáveis em Gaza — o Dr. Eyad Sarraj — um psiquiatra muito conhecido e ativista pelos direitos humanos. Eis parte do que ele contou a um pequeno grupo de ativistas israelenses pela paz:

Israel bloqueia todas as importações para a Faixa, exceto uma meia dúzia de itens básicos. Eram utilizados 900 caminhões, diariamente, para as importações e exportações da Faixa de Gaza. Agora o número foi reduzido a 15. Por exemplo, sabão não pode entrar.

A água local não é potável. Israel não permite a entrada de água engarrafada e nem a importação de bombas de água. O preço dos filtros de água subiu de 40 para 250 dólares, não há quaisquer peças de reposição para os filtros. Só os ricos ainda podem se permitir comprar filtros. No entanto, a entrada de cloro é permitida.

Não há importação de cimento. Se surge um buraco no teto, não é possível consertá-lo. O canteiro de obras do hospital para crianças permanece em silêncio. Não há peças de reposição de tipo algum. Um instrumento médico quebrado não pode ser consertado. Não existem sequer incubadoras para bebês ou equipamentos de diálise.

Os doentes em estado grave não conseguem chegar a um hospital — nem em Israel, nem no Egito ou na Jordânia. As poucas permissões são frequentemente emitidas depois de um atraso mortal. Em muitos casos pacientes são condenados à morte.

Os estudantes não podem chegar às suas universidades no exterior. Cidadãos estrangeiros que estejam visitando a Faixa de Gaza não podem sair se tiverem identidade palestina. Palestinos contratados para trabalhar no exterior não obtêm permissão de saída. Alguns palestinos foram autorizados a passar por Israel a caminho do Egito, mas as autoridades egípcias não os deixaram entrar e tiveram de voltar a Gaza.

Praticamente todas as empresas foram fechadas e os trabalhadores foram jogados na rua, por falta de matéria-prima. Por exemplo, a fábrica da Coca-Cola fechou. Depois de 60 anos de ocupação — antes pelos egípcios e depois pelos israelenses — praticamente nada é produzido na Faixa, exceto tomates, laranjas, morangos e outras frutas.

Os preços aumentaram muito, cinco ou até dez vezes mais. A vida hoje é mais cara em Gaza do que em Tel Aviv. O mercado negro está florescendo.

Como as pessoas conseguem sobreviver? Os membros das famílias ampliadas ajudam uns aos outros. Pessoas mais ricas sustentam seus parentes. A UNRWA (agência de atendimento humanitário das Nações Unidas) importa os alimentos mais básicos e os distribui para os refugiados, que são a maioria da população.

Existe outra solução exceto uma invasão em massa? Claro que existe. Mas exige imaginação, coragem, capacidade e uma disposição para agir contra os padrões estabelecidos.

Um cessar-fogo imediato pode ser obtido. Tudo indica que o Hamas também esteja disposto a um cessar-fogo, desde que seja geral: os dois lados devem suspender todas as ações militares, inclusive as "liquidações seletivas" e o lançamento de Qassams e morteiros. As passagens terrestres devem ser abertas à livre circulação de mercadorias, nas duas direções. A passagem entre a Faixa e a Cisjordânia deve ser aberta, assim como a fronteira entre a Faixa de Gaza e o Egito.

OUTRO ISRAEL

Uma trégua pode encorajar os dois governos palestinos rivais — o Fatah na Cisjordânia e o Hamas em Gaza — a iniciar um novo diálogo, sob os auspícios do Egito ou da Arábia Saudita, para curar a cisão e construir uma liderança nacional unificada, que terá a autoridade para assinar acordos de paz.

Em vez do grito de Sansão — "Que eu morra com os filisteus!" — adotemos as palavras de Dylan Thomas: "E que a morte não nos domine!"

15/12/2007

Como nos roubaram a bomba

Foi como uma bomba atômica caindo sobre Israel.

A terra tremeu. Nossos líderes políticos e militares entraram em estado de choque. As manchetes gritavam com raiva.

O que houve?

Uma verdadeira catástrofe: a comunidade de inteligência dos Estados Unidos, incluindo 16 agências diferentes, chegou a um veredicto unânime: já em 2003 os iranianos suspenderam completamente os esforços para produzir uma bomba nuclear e desde então não os retomaram. Mesmo se, no futuro, mudarem de ideia, precisarão de no mínimo cinco anos para alcançar seu objetivo.

Não deveríamos estar extremamente contentes? As massas, em Israel, não deveriam estar dançando nas ruas, como fizeram em 29 de novembro de 1947, há 60 anos? Afinal de contas, fomos salvos!

Até esta semana ouvimos regularmente que — a qualquer momento — os iranianos irão produzir uma bomba que ameaçará nossa própria existência. Nada menos. Mahmoud Ahmadinejad, o novo Hitler do Oriente Médio, que anuncia quase todo dia que Israel deve desaparecer do mapa, estaria prestes a cumprir sua própria profecia.

Uma pequena bomba nuclear, mesmo uma bombinha minúscula como as lançadas sobre o Japão, bastaria para apagar todo o projeto sionista. Se caísse na Praça Rabin, em Tel Aviv, o centro econômico, cultural e militar de Israel viraria cinza, juntamente com centenas de milhares de judeus. Um segundo Holocausto.

E eis que não há bomba. O malvado Ahmadinejad pode nos ameaçar quanto quiser — simplesmente não tem os meios para nos ferir. Não é uma razão para festejar?

Então, por que parece um desastre nacional?

Qualquer psicólogo de dois neurônios (como eu) poderá dizer que os judeus habituaram-se à ansiedade. Depois de centenas de anos de perseguição, expulsões, inquisição, pogroms e então o Holocausto, temos luzinhas vermelhas de alarme na cabeça, que se acendem ao menor sinal de perigo. Nesse tipo de situação nos sentimos em casa. Sabemos o que fazer.

Mas quando as luzes permanecem apagadas e não se vê sinal de perigo no horizonte, sentimos que algo de suspeito está acontecendo. Algo está errado. Talvez as lâmpadas estejam queimadas. Talvez seja mesmo uma armadilha!

Há um pequeno consolo na nova situação. Enquanto aparentemente o perigo imediato de aniquilação desaparece, surge o sentimento de que ficamos sós e novamente dependemos apenas de nós mesmos.

Esse é outro traço específico dos judeus: enfrentamos o mundo inteiro sozinhos. Como nos dias do Holocausto: todos os *goyim* nos abandonaram. Cara a cara com o monstro iraniano que ameaça nos devorar, cá estamos nós sozinhos.

Toda a nossa mídia repete isso, em uníssono, como uma orquestra que não precisa de maestro, porque sabe a música de cor.

É verdade, outros povos também podem extrair prazer da solidão. Não esqueço um cartaz britânico colado em nossos muros na Palestina, nos dias sombrios após a queda da França nas mãos dos nazistas, quando a Grã-Bretanha ficou só, na guerra. Sob o rosto sério de Winston Churchill o slogan orgulhosamente proclamava: "Alright then, Alone!"

Mas conosco isso converteu-se quase em ritual nacional. Como costumávamos cantar, nos bons velhos tempos de Golda Meir: "O mundo inteiro está contra nós/ Esta é uma velha história/... E quem estiver contra nós/ Que vá para o inferno..." Naquele tempo uma das bandas militares chegou a converter essa canção em uma dança folclórica.

Nos últimos anos se criou uma ampla coalizão contra o Irã. A bomba iraniana tornou-se o centro de um consenso internacional, liderado pelos Estados Unidos, reis do mundo. Com a aprovação dos cinco membros permanentes, o Conselho de Segurança da ONU decretou sanções contra Teerã.

Agora, diante dos nossos olhos, essa coalizão está se despedaçando. O presidente Bush está gaguejando. Foi-se o pretexto para um ataque militar ao Irã, sonho do governo israelense e dos neoconservadores. Foi-se também o pretexto para sanções mais duras. Não se sabe, até as fracas sanções existentes podem vir a ser abolidas em breve.

A primeira reação da liderança israelense foi enérgica e decidida: negação total.

O relatório americano está simplesmente errado, proclamou toda a mídia. É baseado em informações falsas. Nossa Inteligência dispõe de dados muito melhores, que demonstram que a bomba está a caminho.

Será? Toda as informações do Mossad são automaticamente transferidas à CIA e fazem parte dos dados em que se baseou o relatório americano. Vale lembrar que a parte divulgada do relatório constitui apenas 3 por cento do documento completo.

Então, as agências americanas de inteligência devem estar mentindo deliberadamente. Não há como escapar da conclusão de que deve haver motivos sombrios por trás de suas conclusões claras. Talvez queiram compensar os relatórios falsos que o presidente Bush utilizou para justificar sua invasão ao Iraque. Naquele caso superestimaram e agora subestimam. Talvez queiram vingar-se de Bush e acreditem que esta seja uma ocasião adequada para isso, desde que ele se tornou um pato manco. Ou estariam se adaptando à opinião pública americana, que não pode suportar mais uma guerra. E, além disso, todos os seus chefes são obviamente antissemitas.

Mesmo que os agentes de inteligência americanos acreditem, inocentemente, que o Irã parou a produção da bomba, isso só mostra o quanto são tolos. Não são capazes de imaginar que o Irã os esteja enganando. Quem sabe melhor do que nós como é fácil esconder uma bomba atômica e enganar o mundo inteiro? Afinal, fizemos isso por muitos anos.

Mas tudo isso não altera o fato: o relatório empurra a política americana para uma nova direção e muda toda a constelação internacional.

A guerra contra o Irã, que deveria ser o evento definitivo de 2008, tornou-se, por enquanto, um não evento.

Quais são os resultados disso, no que tenha a ver com Israel? Por que nossos líderes se encontram em estado de choque desde a publicação do relatório?

A possibilidade de um ataque militar independente, de Israel contra o Irã, desapareceu. Israel não pode ir à guerra sem o apoio total dos Estados Unidos. Tentamos uma vez — na Guerra do Sinai, em 1956 — e levamos um chute do presidente Dwight D. Eisenhower. Desde então temos tomado muito cuidado e procuramos obter a bênção dos Estados Unidos antes de qualquer guerra.

Para os serviços militares e de inteligência o relatório também é um desastre absoluto, por mais uma razão. A bomba iraniana é um componente indispensável em sua luta anual para obter uma fatia substancial do bolo do orçamento nacional.

Para os demagogos de direita o efeito é ainda mais desanimador. Binyamin Netanyahu construiu toda a sua estratégia sobre a ameaça iraniana, na esperança de entrar, montado na bomba, diretamente no gabinete de primeiro-ministro.

Além do mais, quando a questão iraniana esfria, a questão palestina esquenta. Isso ocorre especialmente em Washington DC. O presidente Bush está em apuros, seus fiascos no Afeganistão e no Iraque continuam. Qualquer esforço americano para instalar um governo

OUTRO ISRAEL

estável no Iraque, com a maioria xiita, depende do apoio do governo xiita do Irã. O sonho de Bush de desferir um golpe definitivo contra o Irã, para assim deixar sua marca na história, está virando fumaça.

O que pode Bush fazer para deixar algum legado positivo? A alternativa padrão é a paz entre israelenses e palestinos. Talvez agora ele passe a apoiar mais fortemente a pobre Condoleezza. Talvez ele próprio passe a envolver-se mais na questão. Fato: em breve ele visitará Israel, pela primeira vez desde que entrou na Casa Branca.

Sim, esse esforço não tem muitas chances de sucesso, mas apesar disso as autoridades em Jerusalém estão preocupadas. Só isso que faltava — Bush comportando-se como Jimmy Carter, o antissemita, que dobrou o braço de Begin e o forçou a fazer a paz com o Egito!

Então, o que fazer? Pode-se instruir os diplomatas israelenses no exterior a redobrarem os esforços no sentido de convencer os governos de que a situação não mudou, que se deve combater a bomba iraniana, existindo ou não. Mas digam isso aos russos e aos chineses! Os governos do mundo estão contentes de verem o fim da pressão de Bush — todos, menos o casal Nicolas Sarkozy e Angela Merkel, os novos poodles da Casa Branca, agora que Tony Blair se foi.

A nova situação impõe um dilema espinhoso a Ehud Olmert.

Na volta de Annapolis, Olmert fez algumas declarações surpreendentes. Se a "solução de dois Estados fracassar", disse ele, "o Estado de Israel estará perdido". Ninguém, no campo da paz, jamais se atreveu a ir tão longe.

Olmert acredita no que disse ou está apenas lançando "balões de ensaio" para a mídia? Essa é a pergunta que agora domina o discurso em Israel. Em outras palavras: Olmert está apenas tentando ganhar tempo ou vai realmente trabalhar por um acordo de paz?

Tudo indica que Olmert não pode dar um passo sequer, seja para que lado for. Se tentar levar avante a primeira fase do Mapa do Caminho e desmontar alguns postos avançados dos assentamentos, enfrentará não apenas a oposição determinada dos colonos e seus simpatizantes, e a oposição silenciosa (mas altamente eficaz) dos militares, mas também os obstáculos por parte de seus parceiros no governo. Antes que seja demolido o primeiro posto avançado sua coalizão governamental terá ruído.

Olmert não conta hoje com qualquer outra possibilidade de coalizão. Ehud Barak tem tentado contorná-lo pela direita e, em situação de crise, não é confiável. O Partido Trabalhista é um corpo caótico, sem espinha dorsal e sem princípios. O encolhido Meretz tem apenas cinco representantes no Parlamento, quatro dos quais disputam entre eles a liderança do partido. Os dez membros das facções árabes (assim chamados, geralmente, apesar de um dos membros do Hadash ser judeu) são vistos como párias e nenhum governo "sionista" poderia ser visto dependendo abertamente do apoio deles. E na própria facção de Olmert há vários membros de extrema-direita que colocariam obstáculos a qualquer esforço de paz.

Nessa situação a tendência natural de um político como Olmert é de não fazer coisa alguma, lançar pronunciamentos à direita e à esquerda (em ambos os sentidos) e tentar ganhar tempo.

Esta semana o governo anunciou planos de construir mais 300 casas no detestável assentamento de Har Homa, próximo de Jerusalém. Para alguém, como eu, que passou muitos dias e noites em manifestações contra a construção desse assentamento específico, essa é uma notícia realmente amarga. Certamente não indica uma mudança para melhor.

Por outro lado, ouvi uma tese interessante de alguém que pertence ao círculo mais próximo de Olmert. De acordo com essa tese, sabendo que vai perder o poder, Olmert pode dizer a si mesmo: se tenho de cair, por que não entrar para a história como alguém que se sacrificou no altar de um princípio elevado, em vez de simplesmente desaparecer como um inútil mercenário político?

Sem outra saída, poderia escolher essa solução — especialmente com sua família imediata o empurrando nessa direção.

Eu avaliaria essa possibilidade como "improvável" — porém, coisas mais estranhas do que essa têm acontecido.

OUTRO ISRAEL

Seja como for, talvez as forças da paz devam superar suas compreensíveis reservas e tentar influenciar a opinião pública de maneira a ajudar Olmert a voltar-se para essa direção.

De qualquer jeito, uma coisa é certa: aquele desgraçado, Ahmadinejad, nos ferrou outra vez. Roubou nosso bem mais precioso: a Ameaça Atômica Iraniana.

8/12/2007

O último refúgio

Israel é uma ilha no mar global. Vivemos numa bolha. Esta semana pude perceber isso nitidamente.

Estava voltando da Alemanha. Na véspera do voo, todas as redes de televisão, da CNN e da BBC aos canais alemães, noticiavam os eventos no Paquistão. No avião, abri o tabloide de maior circulação em Israel, o *Yedioth Aharonoth*, para ler sobre a confusão dos paquistaneses. Não havia sinal dela na primeira página. Nem na segunda. Encontrei uma pequena nota na página 27. As primeiras páginas eram dedicadas a um assunto muito mais importante: os gritos de protesto de torcedores de futebol direitistas quando lhes pediram que ficassem de pé em homenagem à memória de Itzhak Rabin.

No dia seguinte, *Yedioth* descobriu um ângulo israelense que afinal lhe possibilitou colocar o Paquistão na primeira página: o medo de que a bomba nuclear paquistanesa caísse nas mãos de Osama bin Laden, que a usaria contra Israel. Aleluia, novamente temos algo a temer.

Mas o golpe de Pervez Musharaf é um assunto sério. Pode ter efeitos de longo alcance para o mundo e para Israel em particular.

A vítima principal — além, é claro, de centenas de ativistas políticos que foram jogados nas prisões — é George W. Bush.

Maquiavel disse que para o príncipe é preferível ser temido a ser amado. Na mesma linha, pode-se dizer que para os presidentes é preferível ser odiado a ser ridicularizado.

George W. Bush tem-se exposto ao ridículo. Afirmou no passado que sua principal tarefa é levar a democracia ao mundo muçulmano e nos garantiu que a concretização de seu objetivo avança de vento em popa. Trata-se de uma pretensão ridícula.

O que, de fato, está acontecendo?

No Iraque, um tirano foi derrubado e dúzias de pequenos tiranos locais tomaram seu lugar. O país está sangrando e caindo aos pedaços. As "eleições democráticas" levaram ao poder um governo que mal consegue governar a Zona Verde de Bagdá, cuja segurança depende dos soldados americanos.

No Afeganistão, um presidente "eleito" mal dá conta de governar a capital, Cabul. Fora da capital mandam os caciques locais. E aos poucos, mas consistentemente, os Talibã estão reconquistando o país.

No Irã, eleições democráticas levaram ao poder um político destemperado, com uma grande boca e pequenos feitos, cuja atividade predileta é amaldiçoar os Cruzados americanos e a "entidade sionista".

Na Síria, há uma ditadura estável, que pode se manter principalmente porque os sírios acreditam que qualquer alternativa seria pior.

Na Turquia, manda um governo islâmico religioso e a esposa do presidente cobre os cabelos com um véu. Mais de 10 milhões de cidadãos curdos são discriminados e oprimidos. Muitos deles travam uma guerra de guerrilha. Na luta contra os curdos o Exército turco pode invadir o vizinho Iraque, feliz com a oportunidade de destruir o praticamente independente regime curdo.

O Líbano continua, como sempre, longe de ser democrático. Não se cogita de eleições democráticas, nas quais todos os cidadãos possam votar diretamente para o Parlamento, sem divisões sectárias. É preciso eleger um novo presidente, mas isso é quase impossível, dado o abismo que separa as várias seitas religiosas. Esta semana o Hezbollah realizou grandes manobras perto da fronteira com Israel. Até o Exército israelense ficou impressionado.

OUTRO ISRAEL

No Egito, na Jordânia e na Arábia Saudita, os três países "moderados" (quer dizer, ditaduras pró-Estados Unidos), há um tipo muito original de democracia: toda a oposição política definha nas prisões. Na Palestina, houve eleições impecavelmente democráticas, realizadas sob estrita supervisão internacional, as únicas eleições democráticas em todo o mundo árabe. Eleições que teriam enchido de orgulho George W. Bush, não fosse o fato de que lamentavelmente o lado "errado", o Hamas, ganhou. Agora, o Serviço de Inteligência do Exército israelense profetiza que o presidente Mahmoud Abbas, favorito de Bush, pode cair imediatamente depois da conferência de Annapolis se, conforme o esperado, a conferência fracassar.

E, agora, é o Paquistão. Parecia que pelo menos naquele país Bush estava colhendo alguns sucessos. Levou de volta Benazir Bhutto, também sua favorita, e tudo parecia andar bem: um regime democrático estava prestes a instalar-se, o presidente parecia pronto para pendurar a farda e formar uma coalizão com Bhutto. Mas, então, uma bomba explodiu perto de seu carro blindado, dezenas de pessoas foram mortas. O presidente-general, que só esperava uma oportunidade como essa, deu um golpe de Estado contra si mesmo e, em vez de sua ditadura moderada, instalou um regime muito mais rígido, uma espécie de versão paquistanesa do governo do falecido Saddam Hussein.

Como nas comédias de Hollywood, George W. Bush lá está, com uma torta de creme escorrendo-lhe pela cara, ridículo.

Nenhum presidente gosta de fazer papel ridículo. Assustador, Ok. Perverso, Ok. Pateta, Ok. Mas ridículo — nunca!

Isso pode ter um impacto direto sobre uma questão que preocupa o mundo todo, inclusive a mim: Bush atacará o Irã?

A tentação já é quase irresistível. Mais um ano e seu mandato estará acabado. Depois de oito anos Bush não tem o que mostrar — exceto uma série de fracassos. Um homem que (como ele diz) mantém conversas diárias com Deus não pode deixar o palco da história dessa maneira.

Bush sonha com algum tipo de sucesso em Annapolis. No máximo haverá uma declaração oca, assinada pelos líderes de Israel e da Autoridade Palestina. Haverá boas fotos, mas nada que satisfaça os leões. Falta algo muito maior, que deixe uma marca nos anais da história.

O que poderia ser melhor do que salvar a humanidade da bomba nuclear iraniana?

Há uma expressão em alemão para isso: *Flucht nach vorne* — fugir para a frente. Se não souber mais o que fazer, ataque o inimigo mais próximo. Assim Napoleão invadiu a Rússia, movimento que Hitler repetiu anos depois. Bush pode atacar o Irã por razões semelhantes.

Suspeito que a decisão já esteja tomada e que os preparativos estejam em andamento. Não há provas, mas Bush tem se comportado como quem já decidiu a favor da guerra.

A enorme máquina de propaganda de Washington trabalha sem descanso para preparar o terreno. Qualquer opositor é atropelado. De acordo com as pesquisas, o apoio do público americano à guerra cresce dia a dia. A maioria já é favorável à guerra. O novo presidente da França, que se comporta como um adolescente hiperativo, já saltou sobre a diligência e já suplantou Tony Blair como poodle de Bush.

Israel tem supostamente um papel central a desempenhar nessa cena.

Aqui também já está em operação uma enorme máquina de lavagem cerebral. O Ministério das Relações Exteriores associou-se ao mesmo esforço e começou uma campanha mundial para desmoralizar Mohammed al-Baradei — homem muito respeitado e chefe da Agência Internacional de Energia Atômica. Todos os dias a imprensa obediente publica textos de correspondentes e colunistas que são apenas porta-vozes camuflados do Exército e do governo. Eles nos dizem que dentro de 18 meses o Irã já terá uma bomba nuclear e que esse será o fim de Israel e do mundo. Como diz uma expressão hebraica, o remédio deve vir antes da doença. Portanto: bombardeie, bombardeie, bombardeie!

Um dos cenários possíveis: Israel bombardeia antes. Os iranianos respondem com mísseis contra Israel. Os Estados Unidos entram em ação "para salvar Israel". Que político americano atrever-se-á a protestar? Quem? Hillary Clinton??

Bush está novamente sonhando com uma guerra sem baixas americanas. Um ataque aéreo "cirúrgico". Uma chuva de bombas "inteligentes" caindo sobre milhares de alvos iranianos — nucleares, governamentais, militares e civis. Que sonho mais doce: o Irã logo se rende. O regime dos aiatolás desaba. O filho do último xá assume o trono de seu pai, o qual já foi um dia reposto no poder por baionetas dos Estados Unidos.

Como já disse, esse cenário não me convence. O que realmente acontecerá é que o Irã fechará o estreito de Hormuz. Por esse estreito, que leva o nome de uma antiga divindade persa, fluem 20 por cento do suprimento mundial de petróleo. Mede 270 quilômetros de comprimento e, no ponto mais estreito, apenas 35 quilômetros de largura. Bastam alguns mísseis e minas para fechá-lo. Seria tolerável se a guerra durasse poucos dias. Mas se durar semanas ou meses, provocará uma profunda crise em todo o mundo.

E a guerra vai durar. Não haverá escapatória para os Estados Unidos senão mobilizar grandes forças terrestres para conquistar primeiro a região próxima ao estreito e depois todo aquele grande país. Os Estados Unidos não têm forças terrestres disponíveis e além disso as forças americanas no Iraque estarão expostas a ataques de mísseis iranianos e da guerrilha dos xiitas, que são a maioria no Iraque.

Essa guerra não será rápida nem fácil. O Irã é diferente do Iraque. Comparado ao Iraque, com seus vários povos e seitas, o Irã é relativamente homogêneo. Essa guerra do Irã será uma guerra do Iraque multiplicada por 10, talvez por 100.

E nós? Como atravessaremos essa guerra?

Dado que o governo de Israel e seus aliados americanos pressionam a favor do ataque com toda sua força política, Israel não poderá deixar de contribuir para o combate, se os americanos o exigirem.

Primeiro nossa Força Aérea entrará em ação e depois forças terrestres poderão ser requisitadas.

Mas o próprio território de Israel também se tornará um campo de batalha. Os mísseis patéticos de Saddam Hussein, naquela época, causaram pânico em Tel Aviv. O que farão os mísseis iranianos?

Os governos árabes serão obrigados a apoiar os Estados Unidos, pelo menos verbalmente. Mas os corações e as almas dos povos árabes, do Marrocos ao Iraque, torcerão pelos iranianos, que estarão se defendendo dos americanos e israelenses. Sobretudo se o encontro de Annapolis terminar, como esperado, sem uma solução para o povo palestino.

Só há um modo de sair inteiro desse confronto: não entrar nele. Mas depois de todos os fracassos sinistros no Iraque, no Afeganistão e, agora, no Paquistão, o que pode convencer Bush a resistir à tentação? E como persuadir Ehud Olmert, que anseia por uma saída do pântano em que está atolado?

Diz-se que "o patriotismo é o último refúgio dos canalhas". Para um político fracassado, o último refúgio é a guerra.

10/11/2007

Doze anos depois

O presidente do Parlamento convidou-me a participar da sessão especial que lembrou os 12 anos do assassinato de Itzhak Rabin.

Discuti comigo mesmo, se aceitaria o convite ou não.

Por um lado, gostaria de homenagear o homem e o que ele fez em seus últimos anos. Eu gostava dele.

Por outro lado, não sentia nenhuma vontade de ouvi-lo elogiado por Shimon Peres, que alegou ser seguidor do caminho de Rabin, mas enterrou o Acordo de Oslo por pura covardia. Menos ainda me interessava ouvir elogios vindos de Ehud Olmert, um dos líderes da campanha de incitamento contra o Acordo de Oslo e seus autores. Muito menos queria ouvir Binyamin Netanyahu, que discursou na sacada daquele prédio em Jerusalém enquanto participantes do mesmo comício erguiam a imagem de Rabin com uniforme de SS nazista.

Afinal, decidi manter-me afastado daquela orgia de hipocrisia cerimonial. Não fui ao Knesset. Em vez disso, fiquei em casa olhando o mar e pensando sobre aquele homem.

Sobre o jovem Itzhak Rabin, que se alistou no Palmach ("forças regulares", de antes da independência). O comandante que expulsou os árabes de suas casas, na guerra de 1948. O chefe do Estado-Maior que, depois da Guerra dos Seis Dias, nos convocou a honrar o inimigo morto. O primeiro-ministro que fez mais pela educação do que qualquer de seus antecessores ou sucessores. O primeiro-ministro que me autorizou a prosseguir com meus contatos secretos com líderes da OLP quando esses contatos constituíam um crime grave. O ministro da Defesa que instruiu os soldados a "quebrar braços e pernas", ordem que foi meticulosamente executada. O homem que reconheceu a OLP e apertou a mão de Yasser Arafat.

Ele era tudo isso e a lista continua.

Sobretudo, Rabin foi o representante típico da minha geração, a "geração de 1948", que não por acaso ainda é definida por uma guerra. Era o tempo da inocência. A inocência dos combatentes e do Yeshuv (a sociedade hebraica na Palestina do pré-Estado). Em retrospecto, os eventos daquele tempo — as ações das organizações clandestinas, as operações da guerra — assumem um aspecto diferente, um quadro com muitas sombras. Mas é preciso lembrar: não víamos as coisas assim quando elas aconteceram. De forma alguma.

Rabin personificou a inocência da geração que acreditava, de todo o coração, estar sacrificando a vida pela mais justa das causas — a existência do Yeshuv, a salvação dos judeus da Europa, nossa luta por independência nacional. Sem essa convicção absoluta, somada à total ignorância em relação ao outro lado, não poderíamos enfrentar a prova de 1948 — prova na qual uma parte significativa de nossa faixa etária foi morta ou ferida.

Essa geração idealizava um certo tipo de personalidade — o Sabra (literalmente: planta frutífera e espinhosa), uma figura mítica que teve uma influência imensa na formação daquela geração. (Eu mesmo ajudei a alimentar esse mito.) O Sabra devia ter a cabeça erguida, física e mentalmente, e ser livre dos complexos dos judeus do "exílio" ("exilado" era o mais grave insulto em nosso vocabulário). O Sabra era honesto, confiável, prático, natural, uma pessoa que sempre ia direto ao ponto, detestava os maneirismos ocos, a conversa fiada e as frases teatrais que, na linguagem coloquial, chamávamos de "sionismo". Antes de sabermos sobre o Holocausto, judeus "exilados" e tudo que dissesse respeito a eles eram tratados com desprezo e até com escárnio.

Aos poucos, surgiu uma clara distinção terminológica: o Yeshuv "hebreu" e a religião "judaica"; o kibutz "hebreu" e o shtetl "judeu" (na Diáspora); o trabalho "hebreu" (como no nome da união sindical então dominante, "Organização Geral dos Trabalhadores Hebreus em Eretz-Yisrael") e o *luft-gesheften* (em ídiche, "transações nebulosas") "judeu"; trabalhadores "hebreus" e especuladores "judeus".

Itzhak Rabin foi o Sabra definitivo: um jovem bonito que sacrificou sua ambição pessoal (estudar engenharia hidráulica) para servir à nação, tornar-se um combatente e comandar combatentes, para agir e deixar as discussões sobre ideologia para os velhos.

Tinha a reputação de possuir uma "mente analítica", por sua capacidade de examinar uma situação determinada e encontrar soluções práticas. A outra face da moeda era sua falta de imaginação. Lidava com a realidade e não era capaz de imaginar uma realidade diferente. (Abba Eban, que o odiava, disse-me com seu estilo malicioso: "Analisar significa separar em partes. Rabin pode separar as partes, mas não é capaz de juntá-las outra vez.")

Rabin era arredio, talvez tímido, evitava contato físico, tapas nas costas e abraços em público. Alguns o chamavam de "autista". Mas não era autoritário, certamente não era arrogante. Depois de alguns copos (sempre *scotch*), abria-se um pouco e, em festas, às vezes sorria seu sorriso um pouco torto e tornava-se bastante amigável.

Se tivesse morrido em 1970, o lembraríamos apenas como soldado, um bem-sucedido comandante de brigada na guerra de 1948, o melhor chefe do Estado-Maior que o Exército israelense já teve, arquiteto da incrível vitória na Guerra dos Seis Dias. Mas esse foi apenas um capítulo de sua vida agitada. Aos 70 anos fez algo que raramente se consegue fazer sequer aos 30: mudou completamente de visão de mundo e abandonou as certezas que, até ali, haviam governado sua vida.

Fui testemunha dessa mudança extraordinária. Em 1969, quando Rabin servia como embaixador de Israel em Washington, conversamos pela primeira vez sobre a questão palestina. Ele rejeitou completamente a ideia de paz com os palestinos. Ainda lembro uma frase dele, naquela conversa: "Não me interessam fronteiras seguras, quero fronteiras abertas." (Um jogo de palavras, em hebraico, entre *batuach*, "segura", e *patuach*, "aberta".) "Fronteiras seguras" era, naquele tempo, o slogan dos favoráveis à anexação dos territórios ocupados. Rabin queria uma fronteira aberta com a Jordânia e certa vez disse: "Não me incomodo se precisar de visto para ir a Hebron."

Depois disso nos encontramos de tempos em tempos — em seu escritório, na residência de primeiro-ministro, em sua casa particular e em eventos sociais — e a conversa sempre voltava à questão palestina. A atitude dele permaneceu negativa.

Sei, portanto, como sua mudança foi radical. Não creio que eu o tenha influenciado — no máximo, talvez, plantei algumas sementes. Ele mesmo me explicou a mudança, anos depois, como uma série de deduções lógicas: como ministro da Defesa tivera encontros com personalidades palestinas locais. Em conversas privadas, só a dois, eram cordatos; mas, em grupo, tornavam-se negociadores duros e lhe diziam que recebiam instruções da OLP. Depois veio a conferência de Madri. Israel cedeu à pressão e aceitou negociar com uma delegação jordaniana que incluía membros palestinos. Uma vez lá os jordanianos recusaram-se a discutir questões palestinas e, assim, os palestinos tornaram-se, na prática, uma delegação independente. Feisal Husseini, seu verdadeiro líder, não podia entrar na sala da conferência, porque era habitante de Jerusalém. Os membros da delegação, de tempos em tempos, iam à sala onde ele estava para consultá-lo e, ao fim de cada dia, diziam aos israelenses que tinham de telefonar a Túnis, para receber instruções de Yasser Arafat.

"Tornou-se ridículo demais para mim", disse-me Rabin, em sua maneira direta, "se tudo, de qualquer modo, depende de Arafat, por que não falar diretamente com ele?"

Esse era o contexto de Oslo.

Por que o barco de Oslo, de Rabin, encalhou? Creio que boa parte dos erros foi do próprio Rabin. Ele realmente desejava obter a paz com os palestinos. Mas não tinha uma visão clara do caminho para alcançar esse objetivo e também não possuía uma ideia clara do próprio objetivo. A mudança fora rápida demais. Como a sociedade israelense em geral, Rabin era incapaz de livrar-se, do dia para a noite, dos medos, desconfianças, superstições e preconceitos acumulados ao longo de 120 anos de conflito.

Por isso Rabin não fez a única coisa que poderia conduzir o barco de Oslo a um porto seguro: aproveitar o *momentum* e firmar a paz com um movimento corajoso e rápido. Não conhecia o famoso dito de David Lloyd-George sobre a paz com a Irlanda: "Não se pode cruzar um abismo com dois saltos."

A personalidade de Rabin teve um impacto negativo sobre o processo. Era um homem cauteloso por natureza, lento, avesso aos gestos dramáticos (diferente de Menachem Begin, por exemplo). Isso resultou na fragilidade fatal do Acordo de Oslo: o objetivo final não foi claramente mencionado. As duas palavras decisivas — "Estado palestino" — não aparecem. Essa omissão levou ao colapso do acordo.

Enquanto os dois lados consumiram meses e anos às voltas com cada mínimo detalhe das infindáveis medidas "interinas", as forças em Israel que se opunham à paz tiveram tempo para recuperar-se e unir-se. Liderados pelos colonos e pela extrema-direita, foram sustentadas pelos ódios e pelas ansiedades gerados durante a longa guerra.

Em termos militares: Rabin foi como o general que consegue furar o *front* mas, em vez de despejar seus soldados pela brecha e forçar uma decisão rápida, hesita e fica parado, permitindo que os adversários se reagrupem e organizem um novo *front*. Em outras palavras, Rabin venceu as forças pró-guerra, mas lhes deu tempo para se reorganizar e preparar um contra-ataque.

Esse erro custou-lhe a vida.

O assassinato de Rabin mudou a história de Israel, como o assassinato do príncipe austríaco em Sarajevo, em 1914, mudou a história do mundo.

Diz-se que ninguém é insubstituível, mas ainda não se encontrou outro Rabin — com sua honestidade, com sua coragem, com seu raciocínio lógico.

Esta semana Ehud Olmert declarou que segue o caminho de Rabin, mas representa justamente o contrário: o contrário da honestidade, o contrário da coragem, o contrário da lógica (sem mencionar sua tendência de abraçar todo mundo e distribuir tapinhas nas costas).

Rabin realmente desejou avançar em direção à paz. Aos poucos, negociando com pouca flexibilidade, mas com coerência e persistência. Os objetivos de Olmert são bem diferentes. Ele quer um "processo de paz" sem fim — conversas, reuniões, conferências, sem qualquer movimento — e nesse meio-tempo a ocupação continua, a anexação avança, os assentamentos crescem e as chances para os dois povos vão se evaporando.

A conferência de Annapolis encaixa-se perfeitamente nesse esquema: declarações vazias, outra conferência sem resultados, um show sem sentido.

Alguns dizem que o mais importante é conversar, porque "quando se conversa não se atira". É uma ilusão perigosa. No nosso caso, acontece exatamente o oposto: enquanto se conversa só por conversar, a ocupação se aprofunda, o desespero ganha espaço e o tiroteio, de fato, nunca parou. O fracasso de Annapolis pode muito bem servir de gatilho para a Terceira Intifada.

27/10/2007

A mãe de todos os pretextos

Quando ouço falar do "Choque de Civilizações", não sei se devo rir ou chorar.

Rir, porque é um conceito tão tolo. Ou chorar, porque pode levar a desastres incalculáveis.

Sobretudo chorar, pois nossos líderes têm explorado esse slogan como pretexto para sabotar qualquer chance de reconciliação entre israelenses e palestinos. Trata-se de mais um pretexto numa longa lista de pretextos.

Por que o movimento sionista precisou de pretextos para justificar a maneira como tratou o povo palestino?

No início, foi um movimento idealista. Deu grande peso à sua base moral. Não só para convencer o mundo, mas, sobretudo, para acalmar sua própria consciência.

Desde a mais tenra infância estudamos sobre os pioneiros, muitos dos quais filhos e filhas de famílias de alto nível econômico e cultural, que deixaram para trás uma vida confortável na Europa para começar vida nova em um país distante e, segundo os padrões daquele tempo, primitivo. Aqui, em um clima difícil, ao qual não estavam habituados, muitas vezes famintos e doentes, realizaram um trabalho físico extremamente duro, sob um sol brutal.

Para isso tinham de estar absolutamente convencidos da justiça de sua causa. Eles acreditavam não só na necessidade de salvar os judeus europeus das perseguições e dos pogroms, mas também no ideal de construir uma sociedade que seria a mais justa que a humanidade já vira, uma sociedade igualitária que serviria de modelo para o mundo inteiro. Leon Tolstoi não era menos importante para eles do que Theodor Herzl. O kibutz e o *moshav* eram os símbolos do projeto.

Mas esse movimento idealista desejava colonizar um país habitado por um outro povo. Como superar a contradição entre os ideais sublimes e o fato de que, para realizá-los, seria necessário expulsar o povo dessa terra?

A maneira mais simples foi reprimir o problema, ignorando sua própria existência: a terra, dissemos a nós mesmos, estava vazia, não havia gente aqui. Essa foi a desculpa que serviu como ponte sobre o abismo moral.

Só um dos fundadores do movimento sionista teve coragem suficiente para dar nome aos fatos. Ze'ev Jabotinsky escreveu, há 80 anos, que seria impossível enganar o povo palestino (cuja existência reconhecia) e obter seu consentimento às aspirações sionistas. Somos colonos brancos e estamos colonizando a terra do povo nativo, disse ele, e não há chance alguma de que os nativos aceitem isso voluntariamente. Eles resistirão violentamente, como todos os povos nativos nas colônias europeias. Portanto, precisamos de um "Muro de Ferro" para proteger o projeto sionista.

Quando disseram a Jabotinsky que sua abordagem era imoral ele respondeu que os judeus estavam tentando se salvar do desastre que os ameaçava na Europa e que, portanto, a moralidade dos judeus se sobrepunha à moralidade dos árabes na Palestina.

A maioria dos sionistas não estava disposta a aceitar essa abordagem baseada na força. Muitos buscavam ardentemente alguma justificativa moral com a qual pudessem viver.

Assim começou a longa busca por justificativas e cada pretexto suplantava o anterior, de acordo com as mudanças das modas de visões de mundo.

A primeira justificativa foi precisamente aquela da qual Jabotinsky zombara: viemos para beneficiar os árabes. Vamos redimi-los das condições de vida primitivas, da ignorância e das doenças. Vamos ensinar-lhes métodos modernos de agricultura e trazer para eles uma medicina avançada. Dar-lhes tudo, exceto empregos, porque precisávamos de todos os empregos para os judeus que trazíamos para cá e os quais estávamos transformando de judeus de guetos em um povo de operários e lavradores.

Quando os árabes mal-agradecidos resistiram ao nosso grandioso projeto, apesar de todos os benefícios que supostamente lhes trazíamos, encontramos uma justificativa marxista: não são os árabes que se opõem a nós, mas apenas os *effendis*. Os árabes ricos, os grandes proprietários de terras, temem que o luminoso exemplo da comunidade hebraica igualitária influencie o proletariado árabe explorado e o leve a levantar-se contra seus opressores.

Isso tampouco funcionou por muito tempo, talvez porque os árabes perceberam que os sionistas compravam as terras daqueles mesmos *effendis* e expulsavam os rendeiros, que as cultivavam há gerações.

A ascensão dos nazistas na Europa trouxe massas de judeus ao país. O público árabe percebeu como lhe estavam tirando o chão e iniciou uma rebelião contra os britânicos e os judeus, em 1936. Por que, perguntaram os árabes, deveriam pagar pela perseguição dos judeus pelos europeus?

Mas a Revolta Árabe ofereceu-nos uma nova justificativa: os árabes apoiam os nazistas. De fato, o Grande Mufti de Jerusalém, Hajj Amin al-Husseini, foi fotografado sentado ao lado de Hitler. Alguém "descobriu" que o Mufti tinha sido o verdadeiro instigador do Holocausto. (Anos depois, soube-se que Hitler detestava o Mufti e que ele não tinha influência alguma sobre os nazistas.)

Terminou a Segunda Guerra Mundial, veio a guerra de 1948. Metade dos palestinos derrotados tornou-se refugiada. Isso não incomodou a consciência sionista porque todos sabiam: os refugiados fugiram por livre e espontânea vontade. Seus líderes os chamaram a deixar suas casas, para retornar depois, com os vitoriosos exércitos árabes. De fato, nunca se encontrou qualquer evidência que comprovasse essa afirmação absurda, mas ela foi suficiente para aliviar nossa consciência até hoje.

Pode-se perguntar: por que os refugiados não foram autorizados a voltar para suas casas após o fim da guerra? Ora, eles mesmos, em 1947, rejeitaram a partilha proposta pelas Nações Unidas e começaram a guerra. Portanto, se perderam 78 por cento do próprio país, só podem culpar a si mesmos.

Então veio a Guerra Fria. Estávamos, é claro, do lado do "Mundo Livre", enquanto o grande líder árabe, Gamal Abd-al-Nasser, recebia armas do bloco soviético. (É verdade, na guerra de 1948 recebemos armas dos soviéticos, mas isso não importa.) Estava tudo bem claro: não vale a pena falar com os árabes, porque eles apoiam a tirania comunista.

Mas o bloco soviético entrou em colapso. "A organização terrorista chamada OLP", como Menachem Begin costumava dizer, reconheceu Israel e assinou o Acordo de Oslo. Era necessário encontrar outro pretexto para explicar nossa indisposição a devolver ao povo palestino os territórios ocupados.

A salvação veio dos Estados Unidos: um professor, de nome Samuel Huntington, escreveu um livro sobre o "choque de civilizações". E, assim, encontramos a mãe de todos os pretextos.

Segundo essa teoria, o arqui-inimigo é o Islã. A civilização ocidental, judeu-cristã, liberal, democrática, tolerante, está sendo atacada pelo monstro islâmico, fanático, terrorista, sanguinário.

O Islã é sanguinário por natureza. De fato, "muçulmano" e "terrorista" são sinônimos. Todo muçulmano é terrorista e todo terrorista é muçulmano.

Uma pessoa cética pode perguntar: como pôde acontecer que a maravilhosa civilização ocidental tenha gerado a Inquisição, os pogroms, a queima de bruxas, a aniquilação dos povos nativos da América, o Holocausto, as limpezas étnicas e outras inumeráveis atrocidades? Mas isso faz parte do passado. Hoje a civilização ocidental é a encarnação da liberdade e do progresso.

O professor Huntington não pensou especificamente em nós. Sua tarefa era atender a uma urgência peculiar dos Estados Unidos: o império americano sempre necessita de um inimigo virtual de dimensões globais, um único inimigo que inclua todos os oponentes dos Estados Unidos ao redor do mundo. Os comunistas fizeram esse papel — o mundo era dividido entre os mocinhos (os americanos e seus aliados) e os bandidos (os comunistas). Quem se opusesse aos interesses americanos virava automaticamente comunista — Nelson Mandela na África do Sul, Salvador Allende no Chile, Fidel Castro em Cuba, enquanto os chefes do apartheid, os esquadrões da morte de Augusto Pinochet e a polícia secreta do xá do Irã pertenciam, como nós, ao Mundo Livre.

Quando o império comunista ruiu, os Estados Unidos, de repente, ficaram sem um inimigo global. Agora esse vazio foi preenchido pelos muçulmanos terroristas. Não só Osama bin Laden, mas também os combatentes pela liberdade na Chechênia, os jovens e irados norte-africanos dos bairros pobres de Paris, a Guarda Revolucionária Iraniana, os rebeldes nas Filipinas.

Assim a visão de mundo americana se reformulou: um mundo do bem (a civilização ocidental) e um mundo do mal (a civilização islâmica). Diplomatas ainda tomam o cuidado de fazer a distinção entre "islamistas radicais" e "muçulmanos moderados", mas só para salvar as aparências. Cá entre nós, é claro que sabemos que são todos como Osama bin Laden. São todos iguais.

Desse modo, uma grande parte do mundo, uma multiplicidade de países muito diferentes e uma grande religião, com muitas tendências e mesmo correntes opostas, que deram ao mundo tesouros científicos e culturais inigualáveis são jogadas num mesmo saco, como se tudo fosse uma coisa só.

Esse tipo de visão do mundo foi feito sob medida para nós. De fato, para nós, o mundo do choque de civilizações é o melhor dos mundos. A luta entre Israel e os palestinos deixou de ser um conflito entre o movimento sionista, que veio para colonizar este país, e o povo palestino que o habitava. Não, foi, desde o início, parte de uma luta global que não depende de nossas aspirações ou ações. O ataque do Islã terrorista contra o mundo ocidental não começou por nossa causa. Nossa consciência pode estar completamente limpa — fazemos parte dos mocinhos deste mundo.

Esta é hoje a linha de argumentação oficial de Israel: os palestinos elegeram o Hamas, que é um movimento islamista sanguinário. (Se o Hamas não existisse, teria de ser inventado — e há quem diga que foi criado, desde o início, pelo nosso Serviço Secreto.) O Hamas é terrorista, assim como o Hezbollah. Talvez Mahmoud Abbas não seja, ele próprio, um terrorista, mas é fraco e o Hamas está prestes a tomar o controle exclusivo de todos os territórios palestinos. Portanto, não podemos conversar com eles. Não temos parceiro. De fato, nem podemos ter um parceiro, porque pertencemos à Civilização Ocidental, a qual o Islã deseja erradicar.

Em seu livro *O Estado judeu*, Theodor Herzl, considerado oficialmente "profeta do Estado", também previu esse desdobramento.

Em 1896 Herzl escreveu: "Para a Europa, constituiremos (na Palestina) uma parte da muralha contra a Ásia, serviremos como uma vanguarda da cultura contra a barbárie."

Herzl pensava em um muro metafórico. Mas, nesse meio-tempo, construímos um muro bem real.

Para muitos, não é apenas um muro de separação entre Israel e Palestina. É parte da muralha mundial entre o Ocidente e o Islã, da linha de frente no choque de civilizações. Além do Muro não há homens, mulheres e crianças, não há uma população palestina ocupada e oprimida, não há cidades e aldeias cercadas, como Abu-Dis, a-Ram, Bil'in e Qalqilia. Não, além do Muro há um bilhão de terroristas, multidões de muçulmanos sedentos de sangue, com um só desejo na vida: lançar-nos ao mar, simplesmente porque somos judeus, parte da civilização judaico-cristã.

Com uma posição oficial como essa, com quem dialogar? Dialogar sobre o quê? Qual é o sentido da reunião em Annapolis ou em qualquer outro lugar?

E o que nos resta fazer — rir ou chorar?

13/10/2007

Espuma sobre a água

Hoje é Yom Kippur e quase automaticamente os meus pensamentos, como os de todos que estavam aqui naquela época, voltam àquele momento, ao Yom Kippur de 34 anos atrás.

Estava em casa, conversando com um amigo, quando as sirenes de repente começaram a soar.

O som das sirenes sempre é assustador, mas sirene no Yom Kippur é coisa do outro mundo. Afinal, esse é um dia de silêncio absoluto, dia em que nenhum carro se move nas ruas de Israel.

Lá fora havia uma agitação inusitada. Veículos militares passavam em alta velocidade, homens fardados saíam apressados carregando mochilas, aviões rugiam sobre nossas cabeças.

Reunimo-nos ao redor do rádio, que normalmente permanece silencioso no Yom Kippur. O rádio anunciou que começara uma guerra.

Não fui convocado, mas nos dias seguintes vi a guerra de diversos ângulos. Naquela época, eu era membro do Knesset e editor-chefe da revista de notícias *Haolam Hazeh*, mas o Knesset estava em recesso (tudo isso aconteceu em meio a uma campanha eleitoral) e a redação ficou praticamente paralisada, pois muitos dos jornalistas foram convocados para o Exército. Rami Halperin, um jovem fotógrafo que tinha recém-terminado o serviço militar e começara a trabalhar na revista, nem esperou a convocação, correu para reunir-se à sua unidade e chegou a tempo para participar da batalha pela "Fazenda Chinesa", na qual foi morto.

Um conhecido diretor da televisão alemã veio para Israel e consultou-me sobre o melhor modo de filmar a guerra. Durante nossa conversa ele teve a ideia de me filmar cobrindo a guerra.

Assim tive a oportunidade de ver todas as frentes do combate. Estávamos à procura de Ariel Sharon, no sul, e o seguimos até o Canal de Suez. Alguns quilômetros antes do Canal nos encontramos sob um forte bombardeio egípcio. Ficamos retidos num enorme engarrafamento de trânsito — uma divisão inteira, com veículos de transporte de soldados, canhões, tanques, ambulâncias e outros equipamentos, que seguia rumo ao Canal. No caminho, visitamos um hospital de campanha, onde um médico militar, Ephraim Sneh — hoje um importante membro do Knesset — fazia uma cirurgia.

Em seguida, corremos para a Frente Norte. Passamos por muitos tanques queimados, deles e nossos, e chegamos a um vilarejo a cerca de 10 quilômetros de Damasco. Não sei como, mas me lembro de ter conversado com um menino sobre gatos.

No caminho, visitamos um campo de refugiados perto de Nablus e também passamos pela Cidade Velha, em Jerusalém. Em todos os cafés ouvia-se a voz do presidente do Egito, Anwar Sadat, explicando os objetivos da guerra. Os alemães da equipe de televisão ficaram pasmos. Lembravam histórias da Segunda Guerra Mundial e acharam inacreditável que uma população sob ocupação pudesse ouvir livremente a rádio inimiga.

Mas o evento que ficou gravado na minha memória — e na memória de quase todos os israelenses daquele tempo — não aconteceu no *front*.

Estávamos reunidos no apartamento de um vizinho quando a televisão mostrou a imagem de dezenas de soldados israelenses agachados, com as mãos por trás de cabeças baixas, cercados por soldados sírios assustadores.

Nunca tínhamos visto soldados israelenses naquele estado: sujos, barbudos, visivelmente assustados, em uma situação miserável, a qual só prisioneiros de guerra conhecem.

Fez-se silêncio na sala. Naquele momento morreu o mito do super-homem israelense, do soldado israelense invencível, que dominara as nossas vidas por uma geração. Esse mito foi a vítima definitiva da Guerra do Yom Kippur.

É verdade, o Exército de Israel demonstrou sua capacidade. Em três semanas de guerra arrebatou uma vitória que parecia impossível. No começo da guerra, o ministro da Defesa, Moshe Dayan, balbuciava algo sobre a "destruição do Terceiro Templo" (se referindo ao Estado de Israel) e no final o Exército ameaçava tanto o Cairo como Damasco.

Mas a lenda do Exército israelense invencível foi destruída. A imagem dos prisioneiros israelenses desamparados e humilhados não sai de nossa memória. Logo depois da guerra eclodiu a Batalha dos Generais. A disputa entre eles destruiu o prestígio dos líderes militares, que até então eram os ídolos da população. Esse prestígio jamais voltou a ser o que fora. (Mas, ao contrário do que muitos esperavam, não diminuiu o controle do Exército sobre a política israelense.)

A essa ruptura psicológica seguiu-se uma mudança política. A geração de Golda Meir saiu de cena, substituída pela geração de Itzhak Rabin. Só três anos e meio depois aconteceu o que então era impensável: Menachem Begin, o eterno líder da oposição, assumiu o poder.

O maior feito de Begin, a paz com o Egito, foi resultado direto da Guerra do Yom Kippur, que os árabes chamam de Guerra do Ramadã. O orgulho egípcio se recuperou depois de atravessarem o Canal de Suez e romperem a Linha Bar-Lev — e assim a paz tornou-se possível. Fui um dos primeiros cinco israelenses que chegaram ao Cairo depois de Sadat ter visitado Jerusalém e me lembro claramente dos cartazes nas ruas: "Sadat — Herói da Guerra, Herói da Paz!"

Em Israel também muitos lembram de Begin como herói da paz. Afinal, ele foi o primeiro estadista israelense que fez a paz com um país árabe — e não com qualquer país árabe, mas sim com o mais central e mais importante. Apesar de tudo o que aconteceu desde então, essa paz foi mantida.

Alguns censuram Bashar al-Assad e o rei Abdallah da Arábia Saudita por não seguirem o exemplo de Sadat. Por que não ousam vir a Jerusalém?

Esse raciocínio é resultado de uma interpretação errada dos fatos. Sadat não decidiu vir à toa. Isso não aconteceu da maneira que ele descreveu diversas vezes (até em conversas comigo): estava voltando da Europa e, enquanto sobrevoava o Monte Ararat, teve de repente uma inspiração que o levou a fazer algo sem precedentes — visitar a capital do inimigo ainda na vigência do estado de guerra.

A verdade é que, antes da visita, emissários de Sadat e Begin já haviam se encontrado secretamente no Marrocos. Só depois que o ministro de Relações Exteriores, Moshe Dayan, prometeu, em nome de Begin, devolver todos os territórios egípcios ocupados é que Sadat tomou a decisão da visita.

Onde está hoje o líder israelense que esteja disposto a prometer a Assad a devolução de todo o Golã e a Mahmoud Abbas a retirada até a Linha Verde?

Como Begin decidiu entregar ao Egito "partes da nossa pátria"?

Muito simples: para ele, esse território não era "parte da nossa pátria".

Begin tinha à sua frente um mapa bem claro da Terra de Israel. Herdara-o de seu mestre, Zeev Jabotinsky: o mapa do país no início do Mandato Britânico, nas duas margens do rio Jordão.

Ao longo da história, as fronteiras desse país mudaram centenas de vezes. Houve as fronteiras da Terra Prometida, do Nilo ao Eufrates. Houve as fronteiras do "Reino de Davi" (que jamais existiu), até Hamat, no norte da Síria. Houve as fronteiras do pequeno enclave ao redor de Jerusalém, no tempo de Ezra e Nehemia. Houve as fronteiras da Palestina Romana, que mudaram várias vezes. Houve as fronteiras da "Jund (zona militar) Filastin" dos conquistadores muçulmanos. E muitas outras.

Como todas as anteriores, as fronteiras do Mandato Britânico foram fixadas por acaso. No sul, as fronteiras foram acordadas, antes da Primeira Guerra Mundial, entre os britânicos (que dominavam o Egito) e os turcos (que dominavam a Palestina). No norte, as fronteiras foram determinadas — depois daquela guerra — por um acordo entre o governo colonial francês na Síria e o governo colonial britânico na Palestina. Na Transjordânia estendeu-se um longo braço até o Iraque, para facilitar o fluxo de petróleo de Mosul (então sob controle dos britânicos) até Haifa, no Mediterrâneo.

Esse mapa acidental foi santificado por Jabotinsky, que escreveu a famosa canção: "O Jordão tem duas margens/ A de cá é nossa/ E a de lá também." Esses versos foram incorporados ao emblema do grupo clandestino Irgun e apareciam no cabeçalho do jornal do Partido Revisionista de Jabotinsky, do qual nasceu o atual Likud. A conclusão de Begin: a península do Sinai não é parte da Terra de Israel e, portanto, pode ser cedida sem qualquer escrúpulo moral. O objetivo era tirar da guerra o Egito, que, para Begin, tinha apenas uma meta: tomar posse de toda a Terra de Israel, que outros chamam de Palestina.

Begin também não teria qualquer problema em entregar o Golã, o qual, segundo o mesmo mapa, tampouco pertence à Terra de Israel. Mas foi seduzido por Ariel Sharon, que o convenceu a invadir o Líbano para aniquilar a OLP, escondendo seu segundo objetivo: nocautear a Síria. (Como se sabe muito bem, nenhum desses dois objetivos foi alcançado.)

Enquanto isso, cresceu uma nova geração, que não conhece Jabotinsky nem seu mapa. Na consciência da direita israelense formou-se um novo mapa: a margem leste do Jordão foi retirada e o Golã foi inserido. Mas no centro desse mapa, como sempre, está a Cisjordânia.

Antes da Guerra dos Seis Dias, Steven Runciman, historiador britânico que estudou as Cruzadas, disse-me que vivemos em um paradoxo: "Israel foi fundado em terras que antigamente pertenciam aos filistinos, enquanto os palestinos, que receberam seu nome dos filistinos, vivem em terras que pertenciam ao antigo Reino de Israel."

As fronteiras entre o Estado de Israel, a Cisjordânia e a Faixa de Gaza foram demarcadas pela guerra de 1948. Desde então o Estado de Israel tem trabalhado muito para eliminar esse paradoxo.

Tudo que está acontecendo de significativo atualmente é parte do esforço israelense para tomar a Cisjordânia e convertê-la em parte do Estado de Israel. O resto é espuma sobre a água.

A patética Condoleezza Rice continua indo e vindo. Ehud Olmert está redigindo um documento sem conteúdo para criar a ilusão de progresso na direção da criação de um Estado palestino ao lado de Israel. Aviões israelenses bombardeiam regiões sírias para eliminar a ameaça de "armas de destruição em massa". Israel prepara-se para bombardear, ou não, instalações nucleares no Irã. O presidente Bush convoca um "encontro internacional", em data não revelada, sem que se saiba quem será convidado, para finalidades desconhecidas.

Tudo isso é realidade imaginária. A realidade real se revela nos territórios ocupados, todos os dias, todas as horas: incursões noturnas em cidades da Cisjordânia, construção frenética nos assentamentos, ampliação da rede de estradas "só para israelenses", mais barreiras erguidas na Cisjordânia, além das 600 já existentes, que dificultam ainda mais as condições de vida nos guetos palestinos na Cisjordânia e a transformação da vida na Faixa de Gaza em um inferno.

Essa é a guerra real: a guerra por "toda a Terra de Israel" — uma guerra que desapareceu do discurso público, mas que está sendo energicamente travada, longe dos olhos dos israelenses, que vivem a apenas 20 minutos de distância de lá. Os palestinos lutam com seus recursos escassos, mas com obstinação.

Se não se alcançar algum acordo entre os povos, essa guerra prosseguirá por muitas gerações. Um menino que nascer hoje entrará nessa guerra quando completar 18 anos, como os meninos que nasceram há 18 anos, e o pai desse menino, como os pais dos outros, o enterrará.

A Guerra do Yom Kippur foi apenas um pequeno episódio nessa campanha. Foi lutada no norte e no sul, contra os sírios e os egípcios. Os palestinos não estiveram envolvidos. Mas ninguém duvidou, por um momento sequer, de que fosse parte do conflito israelense-palestino.

22/9/2007

O Mandela palestino

É um desastre a divisão dos territórios palestinos em um "Hamastão" na Faixa de Gaza e uma "Fatahlândia" na Cisjordânia.

Desastre para os palestinos, desastre para a paz e, portanto, desastre para os israelenses.

A liderança política e militar de Israel está feliz com a cisão, seguindo a doutrina de "se é ruim para a Palestina, é bom para Israel". Essa doutrina guiou a política sionista desde o primeiro momento. Haim Arlosoroff, o líder sionista assassinado, não se sabe por quem, na praia de Tel Aviv em 1933, já condenara essa doutrina em seu último discurso: "Nem tudo o que é ruim para os árabes é bom para os judeus e nem tudo que é bom para os árabes é ruim para os judeus."

Os palestinos superarão a divisão?

As chances de que a superem parecem diminuir dia a dia. O abismo entre os dois partidos está se tornando cada vez mais largo.

O Fatah, na Cisjordânia, liderado pelo presidente Mahmoud Abbas, condena o Hamas como uma gangue de fanáticos que imitam o Irã e são guiados pelo Irã e que, como os aiatolás, estão levando seu povo na direção de uma catástrofe.

O Hamas acusa Abbas de ser um marechal Pétain palestino, que fez acordo com os ocupantes e despenca pela ladeira escorregadia do colaboracionismo.

A propaganda dos dois lados é cheia de veneno e a violência dos dois lados alcança novos auges.

Parece um beco sem saída. Muitos palestinos já não acreditam que haja uma saída. Outros procuram soluções criativas. Afif Safieh, chefe da missão em Washington da Organização de Libertação da Palestina, por exemplo, propõe que se crie um governo palestino formado de especialistas inteiramente neutros, que não sejam membros do Fatah nem do Hamas. As chances de que isso aconteça são mínimas.

Mas um nome começa a aparecer cada vez mais frequentemente nas conversas privadas em Ramallah: Marwan Barghouti.

"Ele tem a chave na mão", dizem lá, "tanto para o conflito Fatah-Hamas como para o conflito Israel-Palestina."

Alguns veem em Marwan o Nelson Mandela palestino.

São homens muito diferentes, na aparência física e no temperamento. Mas têm muito em comum.

Ambos converteram-se em heróis nacionais atrás das grades. Ambos foram condenados por terrorismo. Ambos defenderam a luta armada. Mandela apoiou, em 1961, a decisão do Congresso Nacional Africano de iniciar uma luta armada contra o governo racista (mas não contra os civis brancos). Passou 28 anos na prisão e recusou-se a comprar sua liberdade em troca da assinatura de uma declaração denunciando o "terrorismo". Marwan apoiou a luta armada da organização Tanzim, do Fatah, e foi condenado a várias penas de prisão perpétua.

Ambos eram favoráveis à paz e à reconciliação, mesmo antes de serem presos. Encontrei Barghouti pela primeira vez em 1997, quando participou de uma manifestação do Gush Shalom em Harbata, aldeia vizinha de Bil'in, contra a construção do assentamento de Modiin-Illit, que estava começando. Cinco anos depois, durante seu julgamento, organizamos um protesto no tribunal, com o slogan "Barghouti na mesa de negociações, não na prisão!"

Na semana passada visitamos a família de Marwan em Ramallah.

Conheci Fadwa Barghouti no funeral de Yasser Arafat. Seu rosto estava molhado com lágrimas. Estávamos em meio a uma multidão de pessoas em luto, o barulho era ensurdecedor e só pudemos trocar algumas palavras.

Dessa vez estava calma e composta. Só riu quando soube que Teddy Katz, ativista do Gush Shalom que participava da visita, sacrificara uma unha do pé por Marwan: durante nosso protesto na corte, fomos violentamente atacados pelos policiais e um deles pisou com a bota no pé de Teddy, que usava sandálias.

Fadwa Barghouti é advogada e mãe de quatro filhos (três filhos e uma filha). O mais velho, Kassem, já esteve seis meses preso sem julgamento. Tem cabelos louros escuros ("Todos os membros da família, exceto Marwan, são louros", explicou, com um raro sorriso: "Talvez por causa dos Cruzados.")

Os Barghoutis são uma grande *hamula* (família ampliada), que habita em seis aldeias, perto de Bir Zeit. O Dr. Mustapha Barghouti, médico conhecido por sua luta em defesa dos direitos humanos, é um parente distante. Marwan e Fadwa — que também é Barghouti por nascimento — nasceram na aldeia de Kobar.

A família de Marwan Barghouti vive num apartamento confortável, num condomínio. No caminho para lá observei uma intensa atividade da construção civil em Ramallah — parece que prédios novos brotam em cada esquina, inclusive edifícios comerciais.

Na porta do apartamento um quadro bordado diz, em inglês: "Bem-vindo à minha casa". No apartamento há muitas fotografias de Marwan Barghouti e há um grande desenho inspirado na foto que ficou famosa e que o mostra no tribunal, erguendo as mãos algemadas, como um boxeador vitorioso. Quando as forças de segurança o estavam procurando, ocuparam o apartamento por três dias e penduraram na sacada uma grande bandeira de Israel.

Fadwa Barghouti é das poucas pessoas autorizadas a visitá-lo. Não como advogada, mas como "parente próximo" — definição que inclui pais, esposas, irmãos e filhos menores de 16 anos.

No momento, há cerca de 11 mil prisioneiros palestinos em cadeias israelenses. Calculando-se uma média de cinco "parentes próximos", tem-se cerca de 55 mil visitantes possíveis. Todos têm de solicitar permissão para cada visita e muitas vezes não a obtêm, por "razões de segurança". Fadwa também tem de pedir autorização a cada visita e só pode ir diretamente até a prisão e voltar, sem parar em qualquer outro local em Israel. Os três filhos já não podem visitar o pai, pois já ultrapassaram a idade limite de 16 anos. Só a filha ainda pode visitá-lo.

Marwan Barghouti é provavelmente o nome mais popular entre os palestinos. Nisso também se parece com Mandela, na época em que o líder sul-africano estava preso.

É difícil explicar a origem de seu prestígio. Não decorre de sua alta posição no Fatah, pois o movimento é desorganizado e quase não tem uma hierarquia clara. Desde os tempos em que era um simples ativista, em sua aldeia natal, Marwan cresceu dentro da organização pela força de sua personalidade. Trata-se daquela coisa misteriosa chamada carisma. Marwan irradia uma autoridade serena, sem maneirismos.

A guerra de calúnias entre Fatah e Hamas não o atinge. O Hamas toma cuidado para não o atacar. Ao contrário: quando apresentaram a lista de prisioneiros a serem trocados pelo soldado Gilad Shalit, Marwan Barghouti era o primeiro nome da lista, apesar de ser líder do Fatah.

Foi ele quem, com líderes presos das outras organizações, redigiu o famoso "documento dos prisioneiros", que pregava a união nacional. Todas as facções palestinas aceitaram o documento. Assim nasceu o "Acordo de Meca", que gerou o governo de União Nacional (que durou pouco tempo). Antes de o acordo ser assinado pelas partes, foram enviados mensageiros para consultar Marwan e o acordo só foi assinado depois de sua aprovação.

Aproveitei minha visita a Ramallah para ouvir a opinião dos seguidores de Marwan. Todos se esforçam para não se envolver no clima de ódio mútuo que vigora nas lideranças dos dois lados.

Alguns opõem-se veementemente às ações do Hamas em Gaza, mas tentam entender os motivos. Para esses, os líderes do Hamas, diferentemente de vários líderes do Fatah, nunca estiveram no Ocidente e não frequentaram universidades estrangeiras. Seu mundo mental é produto do sistema religioso de educação. Seu horizonte é estreito. A complexa situação internacional, na qual o movimento nacional palestino é obrigado a operar, é quase desconhecida para eles.

Nas últimas eleições, explicaram meus interlocutores, o Hamas esperava obter 35-40 por cento dos votos, o que legitimaria o movimento. Ficaram totalmente surpresos quando obtiveram a vitória e não souberam o que fazer com ela. Não tinham planos claros. Cometeram um erro quando formaram um governo composto inteiramente por membros do Hamas, em vez de insistir em um governo de união. Não souberam prever a reação internacional e a reação de Israel.

Os partidários de Marwan não se esquivam da autocrítica. Para eles o Fatah também tem culpa pelo que aconteceu em Gaza. O movimento errou quando prendeu e humilhou os líderes do Hamas. Por exemplo, prenderam Mahmoud al-Zahar, ministro das Relações Exteriores no governo do Hamas, humilharam-no, cortaram-lhe a barba e o chamaram pelo nome de uma famosa dançarina egípcia. Esse é um dos motivos do ódio ardente que al-Zahar e seus colegas sentem pelo Fatah.

Ninguém negou a acusação do Hamas de que Muhammad Dahlan, que era próximo a Mahmoud Abbas e seu conselheiro de segurança, tenha conspirado com os americanos para executar um golpe militar na Faixa de Gaza. Dahlan, "o querido" dos americanos (e dos israelenses), acreditava, segundo eles, que se recebesse armas e dinheiro, poderia tomar Gaza. Esse plano levou o Hamas à decisão de agir primeiro e eles próprios executarem um golpe militar. Como a maioria da população apoiava o Hamas e detestava Dahlan, acusado de colaborar com a ocupação, o Hamas venceu facilmente. Agora Dahlan foi enviado para o exílio por Abbas.

O centro de gravidade do Hamas está na Faixa de Gaza. Esse é o problema de Khaled Mashal, líder do Hamas que mora em Damasco. Diferentemente de seus dois vices, Mashal não tem raízes em Gaza. Por isso, precisa de dinheiro para fortalecer sua posição na região. Recebe o dinheiro do Irã.

(Gostaria de poder trazer mais impressões sobre os pontos de vista do Hamas, mas é impossível entrar na Faixa de Gaza e nossos interlocutores do grupo, em Jerusalém Oriental, foram presos.)

Como os palestinos desatarão esse nó? Como conseguirão restabelecer uma liderança nacional que seja aceita tanto pela população da Cisjordânia como da Faixa de Gaza e que possa liderar a luta nacional e fazer a paz com Israel, quando a paz for possível?

Os seguidores de Marwan acreditam que, no momento certo, quando Israel chegar à conclusão de que precisa da paz, ele será libertado e terá um papel central na reconciliação — como Mandela foi libertado na África do Sul quando o governo da minoria branca chegou à conclusão de que já não era possível manter o regime do *apartheid*. Estou convencido de que para apressar esse desdobramento as forças israelenses pró-paz devem iniciar uma grande campanha pela libertação de Marwan.

O que acontecerá até lá?

Não há praticamente ninguém, no lado palestino, que acredite que Ehud Olmert fará ou implementará um acordo de paz. Poucos creem que sairá alguma novidade do "encontro internacional" previsto para novembro. Os palestinos dizem que o encontro não passa de um osso que o presidente Bush jogou para Condoleezza Rice, cuja posição vem se enfraquecendo dramaticamente.

E se isso der em nada?

"Não existe vácuo", disse-me um dos líderes do Fatah. "Se os esforços do presidente Abbas não derem frutos, haverá uma nova explosão, como a Intifada depois do fracasso de Camp David."

Como isso é possível depois que os ativistas do Fatah depuseram as armas e renunciaram à violência? "Crescerá uma nova geração", disse meu interlocutor. "Como aconteceu antes — os mais velhos se cansam e seu lugar é tomado pelos mais jovens. Se a ocupação não acabar e se não houver paz, uma paz que permita que os jovens se dediquem à universidade, à família, ao trabalho e aos negócios, uma nova Intifada certamente eclodirá."

Para alcançar a paz os palestinos precisam de união nacional, tanto quanto os israelenses precisam de um consenso para realizar a retirada.

O homem que simboliza a esperança de união entre os palestinos se encontra agora na prisão Hasharon.

15/9/2007

Bil'in! Bil'in!

Quando meus amigos são tomados pelo desânimo, mostro-lhes um pedaço de concreto pintado que comprei em Berlim.

É um dos restos do Muro de Berlim, que estão à venda na cidade.

Digo-lhes que pretendo, quando chegar a hora, me candidatar a uma franquia para vender pedaços do Muro de Separação.

Às vezes, em palestras para públicos alemães, pergunto: "Uma semana antes da queda do Muro, quantos de vocês acreditavam que isso pudesse acontecer durante sua vida?" Até hoje ninguém levantou a mão.

Mas o Muro de Berlim veio abaixo. Esta semana isso também aconteceu aqui — é verdade, apenas em um lugar, em um pequeno trecho da cerca, depois que a Suprema Corte de Israel decidiu que o governo deve desmontar a barreira (que nesse local consiste de uma cerca, com valas, estradas de patrulha e arame farpado) e deslocá-la em direção à Linha Verde.

A Bíblia nos ordena: "Se cair teu inimigo, não te alegres; se sucumbe, não rejubile teu coração" (Provérbios 24:17). É um mandamento muito difícil de obedecer.

O inimigo, nesse caso, é a "Barreira de Separação". Para nós, é difícil não nos alegrarmos, embora a alegria seja limitada, condicional, pois afinal vencemos apenas uma batalha, não a guerra.

Primeiro, uma parte da terra de Bil'in foi recuperada, mas não toda a terra. A nova cerca ainda estará distante da Linha Verde. A extensão do trecho da cerca que deverá ser desmontado é de menos de 2 quilômetros.

Segundo, Bil'in é apenas uma das muitas aldeias cujas terras foram roubadas por intermédio do Muro.

Terceiro, o Muro é apenas um dos instrumentos da ocupação e a ocupação torna-se pior a cada dia.

Quarto, em muitos outros lugares a Suprema Corte confirmou o traçado da cerca, embora nesses lugares a barreira não tome menos terra palestina do que em Bil'in.

Quinto, também há um lado negativo na decisão da Corte sobre Bil'in: a sentença dá um álibi à Corte, aos olhos do mundo. A decisão confere uma aparente legitimidade a muitos assentamentos em outros lugares. Não se deve esquecer, nem por um instante, que a Suprema Corte é essencialmente um instrumento da ocupação, embora às vezes tente mitigar essa função.

Como que para confirmar isso, a própria Corte se apressou a emitir outra decisão, esta semana, concedendo permissão retroativa a outro assentamento, que também foi construído em terras de Bil'in.

Apesar de tudo isso: nesta luta desesperada, mesmo uma pequena vitória significa uma grande vitória. Especialmente se aconteceu em Bil'in.

Pois Bil'in é um símbolo.

Nos últimos dois anos e meio Bil'in tornou-se parte de nossa vida.

Em Bil'in, todas as sextas-feiras, por 135 semanas, sem exceção, têm havido manifestações contra a cerca.

O que há de tão especial em Bil'in, uma aldeia pequena e remota, de nome desconhecido para muitos?

A luta em Bil'in tornou-se um símbolo por uma rara combinação de fatores:

(a) Persistência. A coragem dos moradores de Bil'in. Em outras aldeias os manifestantes também têm demonstrado coragem, mas

OUTRO ISRAEL

a perseverança incansável dos moradores de Bil'in desperta admiração. Semana após semana, eles retomam o protesto contra a cerca. Ativistas foram presos e feridos muitas vezes. A aldeia inteira sofreu com o terrorismo praticado pelas forças de ocupação.

Várias vezes fiquei emocionado ao ver a resistência daquela pequena aldeia. Vi jipes blindados invadindo Bil'in, sirenes guinchando histericamente, policiais fortemente armados saltando dos veículos e jogando granadas de gás e de efeito moral em todas as direções, jovens tentando deter os jipes com os próprios corpos.

(b) Solidariedade. A parceria que se criou entre os três lados que conduzem a luta em Bil'in: os moradores palestinos da aldeia, ativistas israelenses pela paz e representantes do movimento de solidariedade internacional.

Trata-se de um tipo de parceria que não se restringe a discursos grandiosos, ou a encontros estéreis, em hotéis luxuosos no exterior. Foi moldada sob nuvens de gás lacrimogêneo, sob os jatos de canhões de água, sob ataques de granadas de efeito moral e disparos de balas de aço revestidas com borracha. Essa solidariedade se consolidou em ambulâncias do Crescente Vermelho, assim como em prisões militares israelenses. Assim se criaram laços de confiança mútua justamente quando pareciam estar perdidos para sempre.

Desde a morte de Yasser Arafat houve um declínio na cooperação entre os movimento pró-paz israelense e o palestino. Muitos palestinos deixaram de acreditar nos israelenses, que não conseguiram fazer as mudanças esperadas. E muitos ativistas pacifistas israelenses se desanimaram ao ver a realidade palestina. Mas em Bil'in a cooperação volta a florescer.

Os ativistas israelenses, liderados pelos corajosos jovens homens e mulheres, do movimento "Anarquistas Contra a Cerca", provaram aos palestinos que podem confiar em seus parceiros israelenses; e os moradores de Bil'in mostraram aos seus companheiros israelenses que são parceiros confiáveis e determinados. Sinto orgulho pelo papel que Gush Shalom teve nessa luta.

Agora a Suprema Corte provou que essas manifestações, que muitos consideravam inúteis, podem, sim, dar frutos.

(c) Não violência. Mahatma Gandhi e Martin Luther King sentiriam orgulho de discípulos como os manifestantes de Bil'in.

A não violência esteve sempre do lado dos manifestantes. Posso confirmar como testemunha ocular: em todas as manifestações das quais participei nunca vi um manifestante levantar a mão contra um soldado ou policial. Quando pedras foram lançadas contra os policiais, os vídeos provaram que os agressores eram policiais disfarçados de manifestantes.

Sim, houve violência nas manifestações. Muita violência. Mas partiu dos soldados e dos policiais de fronteira, os quais, suponho, não podiam suportar ver palestinos e israelenses protestando juntos.

Em geral acontecia o seguinte: os manifestantes marchavam juntos, do centro da aldeia até a cerca. À frente, jovens homens e mulheres vestindo ou portando símbolos de não violência. Em uma ocasião estavam algemados uns aos outros. Em outra, portavam retratos de Gandhi e Martin Luther King. Outra vez foram carregados dentro de jaulas — havia ampla liberdade para a imaginação e a criatividade. Em várias ocasiões, personalidades conhecidas, israelenses e palestinas, lideravam a marcha, de braços dados.

Junto à cerca um grande contingente de soldados e policiais os esperava, vestidos com capacetes e coletes à prova de balas, armados com rifles e lança-granadas, com algemas e cassetetes pendurados nos cinturões. Os manifestantes avançavam até a cerca, sacudiam-na, agitavam suas bandeiras e gritavam palavras de ordem. Os soldados abriam fogo — granadas de gás, balas de aço revestidas com borracha. Alguns manifestantes sentavam no chão, outros afastavam-se e depois voltavam. Alguns eram arrastados, com as costas expostas raspando a estrada e as pedras, tossindo por causa do gás. Vários eram presos. Os feridos eram tratados.

Ao final do protesto, quando os manifestantes retornavam à aldeia, os meninos da região começavam a jogar pedras nos soldados, que respondiam com balas de borracha e os perseguiam pelos olivais; quase sempre os meninos, mais ágeis e mais rápidos, conseguiam escapar.

Às vezes as pedradas começavam antes, quando os meninos viam, de longe, os soldados espreitando nos arvoredos da aldeia e os manifestantes sendo arrastados brutalmente para os veículos militares. Mas, segundo o acordo entre os manifestantes, nenhum deles se envolvia em atos de violência, nem quando eram arrastados pelo chão pedregoso ou chutados e espancados, depois de caídos.

Essa combinação de perseverança, solidariedade e não violência é que converteu Bil'in em farol da luta contra a ocupação.

O caso de Bil'in tem outra face, que foi revelada em toda a sua feiura nas últimas semanas.

A Suprema Corte decidiu que o traçado da cerca, no trecho de Bil'in, não se baseou em critérios de segurança, mas visou a ampliar o assentamento vizinho. Para nós, é claro, não foi surpresa. Todos que estiveram lá, inclusive diplomatas estrangeiros, puderam ver com os próprios olhos: o traçado foi determinado de maneira que a terra de Bil'in seja de fato anexada a Israel, para acolher um novo projeto habitacional chamado "Matityahu Leste", além do assentamento de Matityahu, e também Modi'in Illit e Kiryat Sefer, que já existem ali.

Em outra decisão, também desta semana, a Suprema Corte, em nome de um "equilíbrio" falso, decretou que o projeto já existente em Matityahu — também em terras de Bil'in — pode permanecer onde está e pode ser habitado, apesar de a mesma corte, no passado, tê-lo vetado.

E quem construiu Matityahu?

Há algumas semanas veio à luz um grande escândalo, com a acusação da empreiteira Heftsiba. A empresa faliu e arrastou, no processo, apartamentos já vendidos e já pagos. Muitos dos compradores perderam tudo o que tinham.

O dono da empresa fugiu e foi localizado na Itália. A polícia suspeita de que roubou somas imensas de dinheiro. As dívidas da Heftsiba chegam a um bilhão de dólares.

E, muita atenção: essa é a empreiteira que construiu Matityahu, a mesma que pretendia construir o novo projeto em terra roubada por intermédio da "Cerca de Segurança". A mesma empreiteira também construiu o monstruoso assentamento de Har Homa, além de outros nos territórios ocupados.

Quem pode negar o que estamos dizendo há anos, que os assentamentos são um negócio gigantesco, de bilhões e bilhões de dólares, baseado inteiramente no roubo de propriedades?

Todos conhecem o núcleo de colonos fanáticos, nacionalistas-messiânicos, dispostos a expulsar, matar e roubar pois "Deus mandou". Mas em torno desse núcleo reuniu-se um grande grupo de bandidos, operadores do mercado imobiliário, que se escondem por trás do patriotismo, para conduzir seus negócios sujos e altamente lucrativos. Nesse caso, o patriotismo é de fato o refúgio dos canalhas.

Talia Sasson, uma advogada indicada pelo governo para investigar a construção de assentamentos "ilegais", concluiu que a maioria dos ministros e comandantes do Exército havia violado a lei e cooperado secretamente com os colonos. Pode parecer que agiram por motivos patrióticos. Tenho minhas dúvidas. Atrevo-me a desconfiar que centenas de políticos, funcionários e militares receberam gordas propinas de empresários, que ganharam bilhões nessas transações "patrióticas".

PS: O homem que inventou o muro é Haim Ramon, que naquela época era um dos líderes do Partido Trabalhista. Ramon começou como um dos "pombos" do partido (quando isso era popular). Mais tarde saltou para o barco do Partido Kadima (quando era lucrativo).

Esta semana Ramon propôs cortar a eletricidade que Israel fornece à Faixa de Gaza, como punição pelos foguetes Qassam lançados contra Sderot. Não se deve esquecer que desde o início da ocupação os governos israelenses vêm impedindo a instalação de fornecedoras independentes de água e eletricidade naquela região, de modo a manter a Faixa de Gaza completamente dependente de Israel nessas questões de vida ou morte.

OUTRO ISRAEL

Agora Ramon propõe o corte desse fornecimento vital para deixar Gaza às escuras, sem eletricidade para hospitais e geladeiras, como punição coletiva — a qual constitui um crime de guerra. A princípio, o governo aceitou a proposta.

Se Bil'in simboliza a luta dos Filhos da Luz, Ramon certamente representa — de maneira bastante literal — os Filhos da Trevas.

8/9/2007

Caniço lascado

Em 701 a.C. o rei assírio Sennacheribe sitiou Jerusalém. A Bíblia registra as palavras que Rabchakeh, general assírio, dirigiu a Ezequiel, rei de Judá: "Eis que confias na ajuda desse caniço lascado, cujas lascas penetram e trespassam a mão de quem nele se apoia. Assim é o Faraó, rei do Egito, para todos que nele confiam."

Os autores da Bíblia ficaram tão impressionados com essa frase que a citam duas vezes (no Segundo Livro dos Reis 18:21 e em Isaías 36:6).

É preciso entender o contexto histórico: o Egito era então uma grande potência. Por séculos dominara seus vizinhos, inclusive os que viviam na região onde hoje estão Síria, Líbano e Israel. Os assírios, por sua vez, eram uma força emergente. Depois de conquistar o Reino de Israel em Samaria, o mais importante dos dois reinos hebreus, tentaram ocupar o pequeno Reino de Judá, que confiou na proteção do poderoso Egito.

Judá resistiu. Por motivos ignorados, os assírios levantaram o sítio e retiraram-se de Jerusalém. O reino de Judá permaneceu intacto por mais cem anos — até que os babilônios, que tomaram o lugar dos assírios, também o conquistaram. O Egito não pôde salvá-lo. Naquele tempo já se tornara, realmente, um caniço lascado.

Os Estados Unidos são herdeiros modernos do antigo Egito — gigantes, ricos e fortes, uma potência cultural, econômica e militar.

O Faraó, rei dos Estados Unidos, domina o mundo como o Faraó, rei do Egito, antigamente dominou a região semita. E, como império dominante, os Estados Unidos têm interesse em manter a ordem mundial existente e defendem o status quo contra todas as forças emergentes no mundo.

Israel considera sua relação especial com os Estados Unidos como principal garantia de sua segurança nacional. Nenhum território ocupado ou armamento pode substituir o cordão umbilical que liga Jerusalém a Washington — uma ligação sem paralelo no mundo contemporâneo e nem, provavelmente, em toda a história.

Muitos tentaram — e continuam tentando — explicar esse relacionamento especial, mas ninguém, até agora, conseguiu avaliá-lo em toda a sua extensão.

Esse relacionamento tem uma dimensão ideológica: os dois Estados foram criados por imigrantes vindos de longe, que tomaram um país e desapossaram a população nativa. Ambos acreditavam ter sido escolhidos por Deus, que lhes dera a Terra Prometida. Ambos começaram a colonização na costa e de lá iniciaram uma marcha histórica que parecia irresistível — os americanos, *from sea to shining sea* e os israelenses, da planície costeira ao Jordão.

Esse relacionamento tem uma dimensão estratégica: Israel serve à necessidade americana primordial de dominar o petróleo do Oriente Médio; os Estados Unidos são úteis para os esforços do governo israelense de dominar o país até a margem do rio Jordão e de superar a resistência da população local.

Esse relacionamento tem uma dimensão política: os Estados Unidos têm imensa influência em Jerusalém e Israel tem imensa influência em Washington. Essa influência se baseia nos milhões de judeus que emigraram para os Estados Unidos há um século. Hoje, constituem uma comunidade poderosa, organizada de maneira admirável, com impacto político-econômico em todos os centros do poder. A força combinada do lobby judaico-sionista e do lobby cristão-evangélico, que também apoia a direita israelense, é imensurável.

OUTRO ISRAEL

(Há uma história sobre um político israelense que propôs que Israel fosse anexado aos Estados Unidos, como 51º Estado. "Você enlouqueceu?", perguntaram-lhe seus colegas. "Se formos outro estado, teremos dois senadores e uns poucos deputados. Hoje, temos pelo menos 80 senadores e centenas de deputados!")

Dezenas de pequenos países em todo o mundo consideram que o caminho para Washington passa por Jerusalém. Quando querem obter favores dos Estados Unidos, primeiro estabelecem relações com Israel, como se fosse um porteiro que não pode ser ultrapassado sem uma gorjeta.

Diferentemente do que alguns pensam, essa influência não é ilimitada. O caso Jonathan Pollard demonstrou que toda a força do lobby pró-Israel não é suficiente para obter o perdão para um espião israelense desimportante. E Israel também não conseguiu impedir a venda de grandes quantidades de armas à Arábia Saudita (embora, é claro, esteja conseguindo ainda mais ajuda sem precisar pagar).

Essa influência também não é uma via de mão única. Quando os Estados Unidos dão uma ordem direta a Israel, Jerusalém obedece. Por exemplo: quando Jerusalém decidiu vender à China um caro modelo de avião inteligente, orgulho da indústria israelense, Washington obrigou Israel a cancelar o negócio, o que causou um grave dano às relações Israel-China.

Mas tanto Washington como Jerusalém acreditam profundamente que os interesses dos dois países são tão intimamente ligados que não podem ser desassociados. O que é bom para um é bom para o outro. Esses gêmeos siameses não podem ser separados.

Contudo, de vez em quando vale a pena voltar às palavras do general assírio, há 2708 anos. Grandes potências surgem e caem, nada permanece para sempre.

O século XX foi chamado de "o século americano". No início do século, os Estados Unidos eram apenas mais um país à margem do sistema mundial. No final do século XX, depois de duas guerras mundiais, decididas pelo poder ascendente do gigante americano, os

Estados Unidos haviam se tornado o único poder mundial, árbitro decisivo de tudo. Tão decisivo que um erudito professor chegou a imaginar "o fim da história" sob tutela americana.

O século XXI não será um segundo "século americano". Pode-se prever um declínio lento, mas constante, da posição dos Estados Unidos. A Europa está se unindo, lenta mas firmemente, e seu poder cresce continuamente. A Rússia está voltando gradualmente a ser uma grande potência, graças às suas enormes reservas de petróleo e gás. E, mais importante: dois gigantes populacionais, China e Índia, estão escalando rapidamente os degraus do crescimento econômico.

Provavelmente, nada de dramático acontecerá. Os Estados Unidos não sofrerão um colapso súbito, como a União Soviética, gigante com pés de barro. Não sofrerão derrota militar, como a Alemanha nazista, cujas ambições militares megalomaníacas se apoiavam em uma base econômica bastante inadequada. Mas o poder relativo dos Estados Unidos está em processo inevitável de declínio gradual.

Os eventos no Iraque são um pequeno exemplo. Os Estados Unidos não embarcaram nessa aventura apenas para proteger Israel, como afirmam em novo livro os professores Walt e Mearsheimer. Tampouco para livrar o pobre Iraque de um tirano sanguinário. Como escrevemos naquele momento, os Estados Unidos invadiram o Iraque para tomar o controle das reservas de petróleo essenciais do Oriente Médio e para instalar uma base americana permanente na região petrolífera. Agora os americanos estão afundando, como se esperava, num pântano. Mas um país como os Estados Unidos, que foi capaz de absorver a derrota vergonhosa no Vietnã, também absorverá o fiasco iminente no Iraque. O poderio militar dos Estados Unidos, sem igual no mundo, baseia-se em seu poder econômico sem precedentes.

No entanto, muitas pequenas derrotas somadas fazem uma grande derrota. A guerra feriu o prestígio americano, a autoconfiança e sua imagem moral (Guantánamo, Abu Ghraib). Houve épocas em que os Estados Unidos inspiravam admiração em todo o mundo. Hoje em dia pesquisas de opinião demonstram que em quase todos os países

OUTRO ISRAEL

importantes a maioria odeia os Estados Unidos. E a colossal dívida interna também não augura nada de bom.

Será que realmente vale a pena ter o destino atado aos Estados Unidos, na vida e na morte? Além de considerações morais, será que é prudente pormos todos os nossos ovos — todos eles — numa única cesta?

Um cínico talvez perguntasse: por que não? Os Estados Unidos ainda dominam o mundo. E ainda dominarão por um bom tempo. Se e quando perderem o controle, diremos adeus e procuraremos novos aliados. Foi o que fizemos com os britânicos. Depois da Primeira Guerra Mundial, ajudamos os britânicos a obter o Mandato sobre a Palestina e, em retribuição, eles nos ajudaram a estabelecer aqui a comunidade hebraica. No fim, foram embora e nós ficamos. Depois, ajudamos a França e, em troca, nos deram o reator nuclear de Dimona. No fim, foram embora e o reator ficou.

Isso se chama *Realpolitik*, a política da realidade. Obteremos dos americanos o que pudermos e depois, em uma ou duas gerações, veremos. Talvez os Estados Unidos percam muitas de suas posses. Talvez parem de apoiar Israel quando uma nova realidade gerar uma mudança em seus interesses.

Não creio que nossa política atual seja inteligente. Nossa política "realista" só vê a realidade de hoje, mas não a realidade de amanhã. Afinal, não fundamos um Estado por um tempo limitado, o fundamos para as futuras gerações. Devemos pensar na realidade de amanhã.

Não há dúvidas de que o mundo de amanhã não será unipolar, totalmente americano; será multipolar, um mundo no qual a influência estará dividida entre vários centros, como Washington e Pequim, Moscou e Nova Delhi, Bruxelas e Brasília.

Seria inteligente começar a nos preparar hoje para esse mundo de amanhã.

De que modo?

Uma vez comparei a nossa situação à de um jogador numa mesa de roleta, em meio a uma inacreditável maré de sorte. À frente dele as pilhas de fichas só crescem. Ele poderia parar de jogar no momento certo, trocar as fichas por milhões de dólares e viver feliz para sempre. Mas o jogador não consegue parar. Está tomado pela febre do jogo. Então continua a jogar mesmo quando sua sorte muda, com resultados previsíveis.

Neste momento estamos no auge de nossa força. Nossa ligação com os Estados Unidos, que ainda são todo-poderosos, nos concede uma posição muito superior às nossas capacidades naturais.

É o momento de trocar as fichas por dinheiro, converter nossos ganhos temporários em bens permanentes. Abrir mão dos territórios ocupados e fazer a paz, estabelecer boas relações com nossos vizinhos, criar raízes profundas na região, de modo que possamos nos manter quando a vontade e a capacidade de os Estados Unidos nos protegerem a qualquer custo já tiverem evaporado.

Isso fica ainda mais claro se levamos em consideração a ascensão do radicalismo islâmico, que é uma reação natural às ações do eixo americano-israelense. O conflito israelense-palestino é a causa principal desse terremoto que, um dia, poderá desencadear um tsunami. Tanto nós como os americanos faríamos bem se começássemos logo a remover as causas desse fenômeno natural.

Os Estados Unidos estão longe de ser um caniço lascado — hoje. Os que quiserem ainda podem apoiar-se nesse bastão, por algum tempo. Mas seria inteligente que déssemos bom uso ao tempo que ainda temos para garantir nossa existência, em paz, no mundo que está por vir.

1/9/2007

A linguagem da força

Pouco depois de chegar ao poder, Ariel Sharon começou a enco-
mendar pesquisas de opinião. E não divulgava os resultados, guar-
dava-os para si. Esta semana um repórter do canal 10 da televisão
israelense teve acesso a algumas daquelas pesquisas.

Entre outras coisas, Sharon queria saber o que o público pensava
sobre a paz. Nem sonhava em trilhar esse caminho, mas sentiu que era
importante estar informado sobre as tendências da opinião pública.

Naquelas pesquisas, uma das perguntas chegava bem próxima da
última proposta de Clinton e da Iniciativa de Genebra: "Você apoia
uma paz que inclua um Estado palestino, a retirada de quase todos
os territórios ocupados, abrir mão dos bairros árabes de Jerusalém
Oriental e desmantelar a maioria dos assentamentos?"

Os resultados foram muito instrutivos. Em 2002, setenta e três
por cento! eram favoráveis a essa solução. Nos dois anos seguintes,
o apoio diminuiu, mas a solução ainda era aceita pela maioria. Em
2005, o apoio caiu para menos de 50 por cento

O que levou a essa mudança de opinião?   ·

O repórter descreveu o contexto: em 2002 a segunda Intifada
chegou ao auge. Havia ataques frequentes em cidades israelenses,
pessoas estavam sendo mortas. A maioria em Israel preferia pagar o
preço da paz a continuar sofrendo com o derramamento de sangue

313

Depois a Intifada declinou e também diminuiu a disposição do público israelense para fazer concessões. Em 2005 Sharon conduziu a "separação unilateral". Muitos israelenses pensaram que seria possível administrar a situação sem um acordo com os palestinos. A disposição para fazer a paz caiu ainda mais.

Uma expressão popular em Israel diz que "Os árabes só entendem a linguagem da força". Essa pesquisa pode confirmar o que muitos palestinos pensam: que são os próprios israelenses que não entendem outra linguagem.

Evidentemente, ambas as versões são corretas.

Já disse várias vezes que o conflito israelense-palestino é um choque entre uma força irresistível e um objeto inamovível.

A situação lamentável dos palestinos atualmente, com metade deles vivendo sob ocupação e metade como refugiados, é resultado direto da derrota palestina na guerra de 1948. A primeira parte daquela guerra, de dezembro de 1947 a maio de 1948, foi um choque entre o povo palestino e a comunidade hebraica (o *yeshuv*). Resultou em uma derrota retumbante para os palestinos. (Quando os exércitos dos Estados árabes vizinhos entraram no combate, os palestinos tornaram-se irrelevantes.)

Aquela foi evidentemente uma derrota militar, mas suas raízes se estendiam bem além do campo militar. Decorreu da falta de coesão da sociedade palestina naquele tempo, de seu fracasso em formar uma liderança operante e um comando militar unificado, que pudesse mobilizar e concentrar suas forças. Cada região lutou separadamente, sem coordenação com a outra. Abd-al-Kader Husseini, na área de Jerusalém, lutou separadamente de Fawzy al-Kaukji, no norte. O *yeshuv*, por sua vez, estava unificado e rigorosamente organizado e portanto venceu — apesar de ser equivalente, em números, a menos da metade da população palestina.

Os líderes do Hamas zombam de Mahmoud Abbas e dos que o apoiam em Ramallah, por esperar que Israel se retire sem que haja uma luta armada.

Destacam que até o Acordo de Oslo (ao qual se opõem) só foi obtido depois da primeira Intifada, que durou seis anos e convenceu Itzhak Rabin de que nenhuma solução militar seria possível. Argumentam que Ehud Barak só deixou o sul do Líbano, em 2000, depois do sucesso estrondoso dos guerrilheiros xiitas. E concluem: mesmo um Estado palestino limitado às fronteiras de 1967 não será criado a menos que a "resistência palestina" provoque baixas e danos suficientes para convencer os israelenses de que vale a pena se retirarem dos territórios ocupados.

Os israelenses, dizem eles, não cederão um centímetro quadrado sequer se não forem obrigados a isso. A pesquisa de Sharon bem pode reforçar essa opinião deles.

Os que cercam Abbas respondem com zombarias contra o Hamas, por crer que podem derrotar Israel pela força das armas.

Aponta ￰ a imensa superioridade das forças israelenses. Segundo eles, as a ￰ es violentas dos palestinos só forneceram a Israel um pretexto para reforçar a ocupação, roubar mais terras e aumentar o sofrimento da população nos territórios ocupados.

De fato, a situação individual dos palestinos na Cisjordânia e na Faixa de Gaza é agora incomparavelmente pior do que era antes da primeira Intifada, quando podiam ir a qualquer lugar no país, trabalhar em todas as cidades israelenses, tomar banho de mar nas praias de Tel Aviv e embarcar no aeroporto Ben-Gurion.

Há muita verdade nas duas visões. Yasser Arafat entendeu isso. Portanto, fez todos os esforços para manter os palestinos unidos a qualquer custo e, ao mesmo tempo, estimular as forças israelenses pró-paz e obter apoio internacional sem abrir mão da dissuasão da "luta armada". Foi bastante bem-sucedido e por isso foi removido.

Muitos palestinos, preocupados com o destino de seu povo, se perguntam para onde tudo isso está levando.

A situação dos palestinos atingiu o ponto mais baixo em mais de 20 anos. Do ponto de vista político, estão quase completamente isolados no mundo. A opinião pública israelense tornou-se indiferente, unida em torno do mantra mentiroso: "Não temos parceiro." No campo pacifista, muitos estão desanimados. E, mais importante, o movimento nacional palestino dividiu-se em duas facções e parece que o ódio entre elas aumenta a cada dia.

Cisões não são coisa rara em movimentos de libertação nacional. De fato, praticamente não há movimento de libertação nacional que não tenha passado por esse tipo de crise.

Mas uma situação na qual duas facções rivais controlam dois territórios diferentes, ambos sob ocupação estrangeira, é bastante inusitada.

Pode ser interessante comparar essa situação à das nossas organizações clandestinas antes da fundação do Estado de Israel.

Há semelhanças (não ideológicas, é claro): Fatah é parecido com a grande organização Haganah, que era controlada pela liderança sionista oficial; Hamas e o Jihad Islâmico, que rejeitam a liderança da OLP, são semelhantes aos grupos Irgun e Stern. As Brigadas al-Aqsa do Fatah podem ser comparadas ao Palmach, braço armado regular da Haganah.

Entre essas organizações hebraicas se desenvolveu um ódio feroz. Os membros da Haganah consideravam os integrantes do Irgun fascistas, os combatentes do Irgun viam os homens da Haganah como colaboradores das autoridades britânicas de ocupação. A liderança nacional chamava o Irgun e o grupo Stern de "separatistas", a designação oficial do Irgun para os membros da Haganah era "os merdas".

A hostilidade alcançou o auge durante a *saison* (temporada da caça), quando a Haganah capturou membros do Irgun e os entregou à polícia britânica, que os interrogou sob tortura e os deportou para campos de prisioneiros na África. Mas também houve um curto período durante o qual as três organizações coordenaram ações sob o guarda-chuva do "Movimento da Rebelião Hebraica".

Políticos israelenses gostam de lembrar o incidente de Altalena, quando Ben-Gurion deu a ordem de bombardear um navio do Irgun carregado de armas, perto da praia de Tel Aviv. (Menachem Begin, que

OUTRO ISRAEL

apareceu no convés, foi salvo por pouco, quando seus homens o jogaram na água.) Por que Abbas não ousa fazer o mesmo com o Hamas? Essa pergunta ignora um ponto importante: Ben-Gurion só usou o "canhão sagrado" (como o chamava) depois de o Estado de Israel já estar instituído. Isso faz toda a diferença.

O ódio amargo entre a Haganah e o Irgun, e também, em certa medida, o Irgun e o grupo Stern, só cedeu gradualmente durante os primeiros anos do Estado de Israel. Hoje em dia ruas em Tel Aviv têm os nomes dos comandantes das três organizações.

Mais importante: hoje os historiadores tendem a ver a luta dos três grupos como uma única campanha, como se houvesse uma coordenação entre eles. As ações "terroristas" dos grupos Irgun e Stern complementaram a campanha de imigração ilegal do Haganah. A popularidade crescente dos grupos Irgun e Stern convenceu os britânicos de que tinham de estabelecer um modus vivendi com a liderança oficial sionista antes que os "extremistas" tomassem o controle da comunidade hebraica inteira.

Essa analogia evidentemente tem suas limitações. Ben-Gurion era um líder forte e autoritário, como Arafat; já a posição de Abbas é muito mais fraca. Menachem Begin estava determinado a impedir, a qualquer custo, uma guerra fratricida, mesmo quando seus homens foram capturados e entregues aos britânicos. Não creio que os líderes do Hamas reagiriam desse modo em uma situação semelhante. Diferentemente do Irgun e do partido que lhe dava apoio político, o Hamas obteve a maioria em eleições democráticas.

Mas é possível que, no futuro, depois de constituído o Estado palestino, historiadores digam que Fatah, Hamas e o Jihad Islâmico foram forças complementares. O presidente Bush está pressionando Ehud Olmert para que faça concessões a Mahmoud Abbas, para impedir que o Hamas tome o total controle da Cisjordânia. Talvez, justamente graças à transformação de Gaza em um Hamastão, Abbas consiga utilizar sua fraqueza para obter coisas que não conseguiria obter por outras vias.

De qualquer maneira, para satisfazer o presidente Bush, Olmert agora está disposto a cooperar com Abbas e escrever algo como um "esboço" que ponha no papel os princípios de um acordo que poderá ser alcançado mais tarde — mas sem detalhes ou cronograma.

Segundo informações que têm vazado, o acordo repetirá mais ou menos as propostas de Ehud Barak em Camp David, inclusive algumas propostas bizarras, como a soberania de Israel "abaixo" do Monte do Templo. O Estado palestino terá fronteiras "temporárias" e as fronteiras "permanentes" deverão ser fixadas em algum momento futuro.

Olmert exige que o Muro de Separação sirva como fronteira "temporária". Isso, aliás, confirma o que dissemos desde o primeiro momento e que foi violentamente negado, mesmo diante da Suprema Corte: que o traçado do Muro não reflete critérios de segurança, mas foi planejado para anexar a Israel 8 por cento da Cisjordânia. Nessa área se encontram os "blocos de assentamentos", aqueles que o presidente Bush generosamente prometeu anexar a Israel.

Tudo isso é muito perigoso para os palestinos. De fato, se esse documento for concluído, determinará oficialmente o mínimo que o governo de Israel está disposto a ceder, mas poderá ser interpretado como se definisse o máximo que os palestinos poderão pedir. Na política não há nada mais permanente do que o "temporário".

Tudo isso também é perigoso para os israelenses. O documento pode criar a ilusão de que uma "solução" como essa poria fim ao conflito. De fato, nenhum palestino a considerará uma solução verdadeira e o conflito prosseguirá.

Como a opinião pública verá esse plano? Olmert já deve ter encomendado pesquisas para descobrir. Não sabemos os resultados. Como Sharon, Olmert também mantém os resultados em segredo.

25/8/2007

Revisitando Oslo

Nestes dias quentes e úmidos do verão israelense, é agradável sentir o frescor de Oslo, mesmo que apenas em visita virtual.

Quatorze anos depois de ter sido assinado, o Acordo de Oslo volta a ser debatido: será que foi um erro histórico?

No passado, só a direita dizia isso. Falavam sobre "os criminosos de Oslo", como os nazistas referiam-se aos "criminosos de novembro" (os que assinaram o armistício de novembro de 1918, entre a Alemanha derrotada e os Aliados vitoriosos).

Agora o debate também ocorre na esquerda. Em retrospectiva, alguns esquerdistas atribuem ao Acordo de Oslo a responsabilidade pela situação política sombria dos palestinos, pela fraqueza da Autoridade Palestina e pela cisão entre Gaza e Cisjordânia. O slogan de que "Oslo está morto" pode ser ouvido de todos os lados.

Quanto de verdade há nisso?

Um dia depois do acordo, o Gush Shalom organizou um debate público em uma grande sala em Tel Aviv. As opiniões estavam divididas. Alguns disseram que o acordo era ruim e que não deveria ser apoiado. Outros o consideravam um avanço de dimensões históricas.

Eu apoiei o acordo. Disse à plateia: "É verdade, o acordo é ruim. Olhando apenas para os parágrafos escritos, seria impossível apoiá-lo. Mas, para mim, o que importa não são os parágrafos escritos. Depois de décadas de negação mútua, Israel e o povo palestino reconhecem um ao outro. Esse é um passo histórico, do qual não há volta. Esse passo está ocorrendo agora, nas mentes de milhões, de ambos os lados. Gera uma dinâmica em direção à paz que, ao final, superará todos os obstáculos embutidos no acordo."

Essa opinião foi aceita pela maioria dos participantes do debate e, desde então, tem determinado a orientação do campo pacifista. Agora me pergunto: será que eu estava certo?

Yasser Arafat disse, sobre Oslo: "É o melhor acordo que poderia ser obtido, na pior situação possível." Se referia ao equilíbrio de poder e à enorme vantagem de Israel sobre os palestinos.

Para manter a transparência: pode ser que tenha dado uma pequena contribuição para moldar a atitude de Arafat. Em nossos encontros em Túnis, defendi várias vezes uma abordagem pragmática. Aprenda com os sionistas, disse a ele. Eles nunca dizem não. Em cada uma das etapas eles concordaram em aceitar o que lhes foi oferecido e imediatamente partiram para tentar obter mais. Os palestinos, ao contrário deles, sempre disseram não e perderam.

Algum tempo antes da assinatura do Acordo de Oslo tive um encontro especialmente interessante em Túnis. Ainda não se sabia o que estava acontecendo em Oslo, mas já se falava de ideias relacionadas a um possível acordo. Encontrei-me, no escritório de Arafat, com o próprio Arafat, Mahmoud Abbas, Yasser Abed-Rabbo e mais duas ou três pessoas.

Foi uma espécie de sessão de *brain storming*. Cobrimos todos os assuntos polêmicos — o Estado palestino, fronteiras, Jerusalém, os assentamentos, segurança etc. Trocamos ideias e analisamos diferentes tipos de soluções. Perguntaram-me: "O que Rabin pode oferecer?" Respondi com outra pergunta: "O que vocês podem aceitar?" Ao final, chegamos a uma espécie de consenso, bem próximo ao Acordo de Oslo, que foi assinado poucas semanas depois.

Recordo-me, por exemplo, do que foi dito sobre Jerusalém. Alguns dos presentes insistiram que não deveriam aceitar qualquer adiamen-

OUTRO ISRAEL

to dessa questão. Perguntei: "Se adiarmos a solução do problema de Jerusalém, até o fim das negociações vocês estarão em situação melhor ou pior do que estão hoje? Vocês têm certeza de que estarão em posição melhor para conseguir o que querem?"

O Acordo de Oslo (oficialmente, "A Declaração de Princípios") baseou-se, do ponto de vista palestino, nesse pressuposto. O acordo supostamente daria aos palestinos uma base mínima semelhante a um Estado, que evoluiria gradualmente, até que se estabelecesse o soberano Estado da Palestina.

O problema é que essa meta final não foi claramente escrita. Essa foi a falha fatal do acordo.

A meta de longo prazo dos palestinos estava perfeitamente clara. Havia sido fixada muito antes, por Arafat: o Estado da Palestina em todos os territórios ocupados, a volta às fronteiras existentes antes da guerra de 1967 (com a possibilidade de pequenas trocas de território, aqui e ali), Jerusalém Oriental (incluindo os locais sagrados, tanto islâmicos como cristãos) como capital da Palestina, o desmantelamento dos assentamentos no território palestino, uma solução para o problema dos refugiados mediante acordo com Israel. Essa meta não mudou e não mudará. Qualquer líder palestino que aceitasse menos do que isso seria considerado por seu povo como um traidor.

Porém, a meta dos israelenses não foi fixada e permanece indefinida até hoje. Por isso, a implementação de praticamente todas as partes do acordo gerou tanta controvérsia, que sempre foi resolvida pela imensa superioridade do poder de Israel. Gradualmente o acordo perdeu a própria alma, só deixando para trás letras mortas.

A esperança principal — de que a dinâmica da paz dominaria o processo — não se concretizou.

Imediatamente depois da assinatura do acordo imploramos a Itzhak Rabin que avançasse rapidamente, que criasse fatos, que pusesse em prática o significado explícito e implícito do acordo. Por exemplo: que libertasse todos os prisioneiros imediatamente, que parasse todas as atividades de colonização, que abrisse a passagem entre Gaza e a

Cisjordânia. Pedimos a Rabin que iniciasse imediatamente negociações sérias, a fim de alcançar o documento final, mesmo antes do prazo para a conclusão do acordo (1999). E, sobretudo, era preciso agir rapidamente para insuflar alma nova em todos os contatos entre Israel e os palestinos e administrar os encontros em um clima de respeito mútuo, olho no olho.

Rabin não seguiu esse caminho. Era, por natureza, uma pessoa lenta e cautelosa, sem tendência para gestos dramáticos (diferentemente de Menachem Begin, por exemplo.)

Comparei-o, naquela época, a um general vitorioso que conseguira romper o *front* inimigo e então, em vez de despejar todas as suas forças por aquela brecha, permanecia imóvel, possibilitando que seus oponentes se reorganizassem e formassem um novo *front*. Depois de obter uma vitória contra o "Grande Israel" e derrotar os colonos, Rabin possibilitou que eles iniciassem um contra-ataque, que chegou ao auge em seu assassinato.

O Acordo de Oslo foi feito para tornar-se um ponto de virada histórica. Deveria ter posto um fim ao conflito israelense-palestino, que é um conflito entre uma força irresistível (o sionismo) e um objeto inamovível (os palestinos). Isso não aconteceu. A investida sionista continua e a resistência palestina torna-se mais radical.

É impossível saber o que teria acontecido se Yigal Amir não puxasse o gatilho. Nos tempos de Rabin também foram construídos assentamentos em ritmo frenético e não houve nenhuma tentativa séria de iniciar negociações sérias. Mas as relações entre Rabin e Arafat estavam gradualmente se tornando mais próximas, uma confiança mútua estava sendo estabelecida e o processo poderia ter adquirido ímpeto. Então Rabin foi assassinado e dez anos depois Arafat também foi assassinado.

Mas o problema do Acordo de Oslo vai muito além do destino pessoal de seus criadores.

Na ausência de uma meta clara e consensual, o Acordo de Oslo gerou uma situação quase sem precedentes. Não se entendeu isso naquele momento e ainda não se entendeu isso claramente até hoje.

Geralmente, quando um movimento de libertação nacional alcança seu objetivo, a mudança ocorre de uma vez só. Um dia antes a França dominava a Argélia, no dia seguinte a Argélia passou a ser controlada pelos que combatiam pela liberdade. O governo da África do Sul foi transferido da minoria branca para a maioria negra num só passo.

Na Palestina criou-se uma situação completamente diferente: foi instalada uma autoridade palestina, com símbolos semelhantes aos de um Estado, mas a ocupação não terminou. Essa situação foi muito mais perigosa do que se percebeu de início. Havia uma forte contradição entre o "Estado em construção" e a continuação da luta pela libertação. Uma das expressões dessa contradição foi a nova classe, das novas autoridades palestinas, que se beneficiaram dos frutos do poder e começaram a sentir o cheiro da corrupção, enquanto as massas continuavam a sofrer os tormentos da ocupação. A necessidade de prosseguir na luta se chocava com a necessidade de consolidar a Autoridade Palestina (AP) como um quase Estado.

Arafat conseguiu, com grande dificuldade, equilibrar essas duas necessidades contraditórias. Por exemplo: exigia-se transparência nas transações financeiras da AP, enquanto o financiamento da resistência tinha necessariamente de manter-se encoberto. Era preciso conciliar a velha guarda, que controlava a AP, com os jovens que lideravam as organizações de luta armada. Com a morte de Arafat desapareceu a liderança unificadora e todas as contradições internas irromperam.

Essa situação pode levar os palestinos a concluir que a própria criação da AP foi um erro. Que foi erro interromper, ou mesmo restringir, a luta armada contra a ocupação. Há quem diga que os palestinos não deveriam ter assinado qualquer acordo com Israel (e, menos ainda, um acordo que cedesse, de saída, 78 por cento do território da Palestina) ou, no mínimo, que deveriam ter limitado o acordo a um documento interino, assinado por oficiais de baixo escalão, em vez de alimentar a ilusão de que uma paz histórica fora alcançada.

Dos dois lados há vozes afirmando que não apenas o Acordo de Oslo, mas todo o conceito da "solução de dois Estados" está morto.

O Hamas prevê que a AP está prestes a converter-se em uma agência de colaboradores, subcontratada para garantir a segurança de Israel e combater as organizações palestinas de resistência. De acordo com uma piada atual, "a solução de dois Estados" significa o Estado do Hamas em Gaza e o Estado do Fatah na Cisjordânia.

Claro que há contra-argumentos de peso. A Palestina é hoje reconhecida pelas Nações Unidas e pela maioria das organizações internacionais. Há um consenso oficial em todo o mundo a favor do estabelecimento do Estado palestino e mesmo aqueles que de fato são contra são obrigados, quando em público, a defendê-lo hipocritamente

Mais importante: a opinião pública em Israel está se movendo lenta mas consistentemente na direção dessa solução. O conceito do "Eretz Israel" finalmente morreu. Há um consenso nacional sobre uma troca de territórios que possibilitaria a anexação a Israel dos "blocos de assentamentos" e o desmantelamento de todos os outros assentamentos. O verdadeiro debate já não se trava entre a anexação da Cisjordânia inteira e a anexação parcial, mas entre anexação parcial (das áreas a oeste do Muro e o vale do Jordão) e a devolução de quase todos os territórios ocupados.

Ainda estamos longe do consenso nacional necessário para fazer a paz — mas houve um avanço, comparando com o consenso que existia antes do Acordo de Oslo, quando grande parte do público negava a própria existência do povo palestino, sem mencionar a necessidade de se criar um Estado palestino. Essa opinião pública, juntamente com as pressões internacionais, é que agora obriga Ehud Olmert a pelo menos fingir que irá negociar o estabelecimento do Estado palestino.

Ainda é cedo demais para julgar Oslo, para o bem ou para o mal. Oslo ainda não pertence ao passado. Pertence ao presente. E o futuro do acordo depende de nós.

11/8/2007

Rachel*

Eu tive a felicidade absoluta de viver com Rachel Avnery por 58 anos. No último sábado, despedi-me do seu corpo. Ela estava tão bela na morte quanto era em vida. Eu não conseguia desviar o olhar do seu rosto.

Escrevo agora para ajudar a mim mesmo a aceitar o inaceitável. E peço a sua compreensão.

Se um ser humano pudesse ser resumido numa única palavra, a dela seria: empatia.

Ela tinha uma capacidade incrível de sentir as emoções dos outros. Uma bênção e ao mesmo tempo uma maldição. Quando alguém estava infeliz, ela também ficava. Ninguém conseguia esconder-lhe seus sentimentos mais íntimos.

Sua empatia tocava todos que cruzavam seu caminho. Mesmo nos últimos meses, as enfermeiras logo começavam a lhe contar as histórias de suas vidas.

Certa vez, fomos ver um filme que se passava numa cidadezinha eslovaca durante o Holocausto. Uma velha solitária não entendeu o que estava acontecendo quando os judeus foram convocados para deportação para os campos da morte; os vizinhos tiveram de ajudá-la a chegar ao local de arregimentação.

---

*Tradução de Clóvis Marques.

Nós chegamos atrasados e encontramos assentos no escuro. Quando as luzes se acenderam no fim, Menachem Begin levantou-se à nossa frente. Seus olhos, vermelhos de chorar, se fixaram nos de Rachel. Sem se importar com os circunstantes, Begin caminhou na direção dela, tomou-lhe a cabeça nas mãos e a beijou na fronte.

Sob muitos aspectos, nós nos completávamos. Eu tendo para o pensamento abstrato, ela, para a inteligência emocional. Sua sabedoria vinha da vida. Eu sou reservado, ela se abria para as pessoas, embora prezasse sua privacidade. Eu sou otimista, ela era pessimista. Em toda situação, eu percebo as oportunidades, ela via os perigos. Eu me levanto feliz de manhã, pronto para as aventuras de mais um dia, ela se levantava tarde, sabendo que o dia seria ruim.

Os dois vínhamos de meios muito parecidos — nascidos na Alemanha em famílias intelectuais burguesas que acreditavam na justiça, na liberdade e na igualdade, paralelamente a um profundo senso de dever. Rachel tinha tudo isto em abundância, e mais ainda. Tinha um senso quase fanático da justiça.

As primeiras palavras que Rachel disse na vida, quando sua família fugiu da Gestapo, indo para Capri, foram *mare schön*, mar em italiano, belo em alemão.

Ela não lia nem escrevia em alemão, mas aprendeu a língua perfeitamente conversando com os pais — chegava até a corrigir minha gramática alemã.

Infelizmente, Rachel não tinha propriamente uma pontualidade prussiana. O que era constante motivo de desentendimento entre nós. Eu me sinto fisicamente doente se não sou pontual, Rachel estava sempre, mas sempre, atrasada.

Três vezes eu a encontrei pela primeira vez.

Em 1945, fundei um grupo para propagar a ideia de uma nova nação hebraica, integrada à região semítica, como os árabes. Como não tínhamos dinheiro para alugar um escritório, nos encontrávamos nas casas dos membros.

OUTRO ISRAEL

Numa dessas reuniões, uma menina de 14 anos, filha do dono da casa, veio escutar. Notei de passagem que ela era linda.

Cinco anos depois, voltei a encontrá-la quando coordenava uma revista popular empenhada em revolucionar tudo, inclusive a publicidade: garotas, em vez do habitual texto chato.

Precisávamos de uma jovem bonita para um anúncio, mas não havia modelos profissionais no novo Estado. Um dos nossos editores dirigia um grupo de teatro e me apresentou a uma das integrantes, chamada Rachel.

Tiramos algumas fotos à beira-mar e eu a levei para casa na minha motocicleta. Nós caímos na areia e achamos muita graça.

A terceira vez foi no mesmo teatro experimental. Lá estava ela de novo, e a certa altura ela tentou adivinhar minha idade, prometendo um beijo para cada ano que errasse. Ela disse que eu era cinco anos mais novo do que era realmente, e nós marcamos um encontro para acertar as contas.

Continuamos nos vendo de vez em quando. Certa vez, eu devia encontrá-la à meia-noite num café. Como eu não chegava, ela foi me procurar. Encontrou uma multidão em frente ao meu escritório, e foi informada de que eu estava no hospital. Eu tinha sido agredido por soldados que me quebraram todos os dedos.

Eu estava completamente desamparado. Rachel se ofereceu para me ajudar por alguns dias. Eles duraram 58 anos.

Descobrimos que viver juntos nos convinha. Como desprezávamos casamentos religiosos (não havia casamento civil), vivemos alegremente em pecado durante cinco anos. Até que seu pai ficou gravemente doente. Para acalmar sua mente, nos casamos às pressas, no apartamento de um rabino. Pedimos emprestadas as testemunhas e a congregação de um outro casamento e o anel da mulher do rabino.

Foi a última vez em que algum de nós usou um anel.

Durante 58 anos, ela examinou cada palavra que eu publicava. Não era fácil. Rachel tinha princípios muito rigorosos, e não abria mão deles. Cobria algumas páginas minhas com tinta vermelha. Às vezes discutíamos feio, mas no fim um dos dois geralmente cedia — quase sempre eu. Nas raras vezes em que não chegávamos a um acordo, eu escrevia o que queria (e mais de uma vez me arrependi).

Ela cortava todos os ataques pessoais que considerava injustos. Exageros. Todas as falhas lógicas — ela identificava contradições que me escapavam. Melhorava meu hebraico. Mas sobretudo acrescentava a palavra mágica "quase".

Eu tenho tendência a generalizar. "Todos os israelenses sabem...", "Os políticos são cínicos..." — ela mudava para "Quase todos os israelenses...", "A maioria dos políticos...". Nós brincávamos, dizendo que ela aspergia "quases" nos meus artigos como um cozinheiro asperge sal na comida.

Ela nunca escreveu um artigo. Nem dava entrevistas. Quando alguém fazia o pedido, ela respondia: "Para que então me casei com um porta-voz?"

Mas seu real talento era outro. Ela era a perfeita professora, vocação que exerceu por longos 28 anos.

Isto se deu sem qualquer planejamento, depois de ela ter feito um curso do Exército para professores.

Antes do fim do curso, ela foi praticamente sequestrada pelo diretor de uma escola primária. Muito antes de receber seu diploma de professora, ela já era uma lenda viva. Os pais bem relacionados puxavam cordinhas para conseguir que os filhos frequentassem sua classe. Uma piada dizia que as mães planejavam a gravidez de modo a que os filhos tivessem seis anos quando Rachel estivesse ensinando na primeira série. (Ela só aceitava dar aulas para a primeira e a segunda séries, considerando que representavam a última oportunidade de formar o caráter de uma criança.)

Entre seus alunos estavam os filhos de artistas e escritores ilustres. Recentemente, um homem de meia-idade nos interpelou na rua: "Professora Rachel, eu fui seu aluno na primeira série! Devo-lhe tudo!"

Como é que ela fazia isso? Tratando as crianças como seres humanos e lhes infundindo respeito próprio. Quando um menino não conseguia aprender a ler, ela o incumbia de manter a sala de aula em ordem. Se uma menina era rejeitada por colegas mais bonitas, fazia o papel da boa fada numa peça. Ela ficava feliz de vê-los desabrochar como flores ao sol. Passava horas explicando a pais retrógrados as necessidades de seus filhos.

Nas férias escolares, seus alunos ficavam ansiosos por voltar às aulas.

Ela tinha um objetivo: incutir valores humanos.

Havia a história de Abraão e o local do sepultamento de Sara. Efron, o Hitita, recusa-se a receber dinheiro. Abraão insiste em pagar. Depois de uma longa e bela discussão, Efron encerra o assunto: "A terra vale quatrocentos shekels de prata. O que é isto entre nós dois?" (Gênese, 23). Rachel disse aos alunos que esta ainda é a maneira beduína de fazer negócios, levando ao acordo de uma maneira civilizada.

Depois da aula, Rachel perguntou à professora da turma ao lado como explicara o episódio aos alunos. "Eu lhes disse que é um típico caso de hipocrisia árabe! Eles todos são uns mentirosos de nascença! Se ele queria dinheiro, por que não o disse sem rodeios?"

Gosto de pensar que todos os alunos de Rachel — ou quase todos — se tornaram seres humanos melhores.

Eu acompanhava de perto suas experiências educativas, e ela, minhas proezas jornalísticas e políticas. Basicamente, estávamos tentando a mesma coisa: ela, educar indivíduos, e eu, o público em geral.

Depois de 28 anos, Rachel achou que estava perdendo o jeito. Achava que um professor não devia continuar depois de perder a gana.

O empurrão final veio quando cruzei as linhas em Beirute, em 1982, e me encontrei com Yasser Arafat. Foi um acontecimento de repercussão mundial. Estava acompanhado por duas jovens da minha equipe editorial: uma correspondente e uma fotógrafa. Rachel se sentiu deixada à margem de um dos acontecimentos mais emocionantes da minha vida, e decidiu mudar de rumo.

Sem me dizer nada, fez um curso de fotografia. Semanas depois, fotos de um acontecimento me foram mostradas. Eu escolhi a melhor — que aconteceu ser dela. O segredo foi revelado. Ela se tornou uma fotógrafa entusiástica, dotada de um notável talento criativo e sempre focalizada nas pessoas.

No início de 1993, quando Itzhak Rabin deportou 215 militantes islâmicos para o outro lado da fronteira libanesa, tendas foram montadas em protesto em frente ao seu gabinete. Nós acampamos durante 45 dias e noites de inverno. Rachel, a única mulher presente o tempo todo, fez uma bela amizade com o mais radical xeque islâmico, Ra'ed Salah. Ele realmente a respeitava. Os dois faziam graça juntos.

Nessas tendas, nós fundamos o Gush Shalom. Para ela, a injustiça com os palestinos era intolerável.

Ela era a fotógrafa de todos os nossos eventos. Tirou fotos de centenas de manifestações, correndo para todo lado, captando ângulos pela frente e por trás, às vezes em meio a nuvens de gás lacrimogêneo — apesar das advertências do seu médico. Duas vezes ela desmaiou no sol escaldante, atravessando áreas inóspitas para protestar contra o Muro.

Quando o Gush precisou de um gerente financeiro, ela se apresentou como voluntária. Embora fosse completamente contra sua natureza, tornou-se uma meticulosa gestora, com um senso de dever prussiano, trabalhando na mesa da cozinha até tarde da noite. Ela preferia de longe sua função não oficial, de manter contato humano com os ativistas e ouvir seus problemas. Ela era a alma do movimento.

Mas também podia ser bem áspera. Longe de ser uma samaritana sonhadora, ela detestava mentirosos, hipócritas e gente má.

Nunca gostou de Ariel Sharon, nem mesmo nos anos em que íamos a casa um do outro para conversar sobre a guerra de 1973.

Lili Sharon a adorava, Arik também gostava dela. Há uma foto na qual ele lhe oferece seu prato favorito (ela não ligava para comida). Rachel não me deixava mostrar a foto a ninguém. Depois da invasão do Líbano em 1982, nós cortamos o contato com eles.

Certa vez, Dov Weisglas, confidente de Sharon, ao qual ela não perdoava certos comentários maldosos sobre os palestinos, me viu num restaurante, dirigiu-se a mim e apertou minha mão. Mas Rachel deixou-o com a mão pendurada no ar. Constrangedor.

Quando ela gostava das pessoas, deixava claro. Ela gostava de Yasser Arafat, e ele por sua vez gostava dela. Fomos encontrá-lo muitas vezes em Túnis e depois na Palestina, e ele a tratava com a maior cortesia, permitindo que tirasse fotos a qualquer momento, cobrindo-a de presentes. Certa vez, deu-lhe um colar e insistiu em colocá-lo pessoalmente no seu pescoço. Como enxergava mal, ficou tateando por longo tempo. Era uma cena incrível, mas seu fotógrafo oficial nem se mexeu. Rachel ficou furiosa.

Quando servimos de escudo humano ao presidente palestino, na época em que estava sitiado, Arafat beijou-a na testa e a levou pela mão até a entrada.

Poucas pessoas sabiam que ela sofria de uma doença incurável — hepatite C, deitada como um leopardo adormecido à sua porta. Ela sabia que a doença poderia despertar a qualquer momento e devorá-la.

A infecção, sem explicação, foi descoberta há mais de 20 anos. Cada consulta médica podia significar uma sentença de morte. Ela foi tomada pela doença há cinco meses. Houve muitos indícios de que isto estava por acontecer, mas eu os ignorei, embora ela os visse claramente.

Nesses cinco meses, passei cada minuto com ela. Cada dia era para mim como um presente precioso, embora ela estivesse afundando inexoravelmente. Nós dois sabíamos, mas fingíamos que ia dar tudo certo.

Ela não sentia dores, mas tinha uma dificuldade cada vez maior para comer, para se lembrar e, mais perto do fim, para falar. Era comovente vê-la lutando para encontrar palavras. Ela passou dois dias em coma, até que se foi, inconsciente e sem dores.

Insistira em que nada fosse feito para prolongar sua vida artificialmente. Foi um momento terrível quando pedi aos médicos que parassem de lutar e a deixassem morrer.

Atendendo ao seu desejo, seu corpo foi cremado, contrariando a tradição judaica. As cinzas foram dispersas na praia de Tel Aviv, em frente à janela onde ela passara tanto tempo contemplando. De modo que essas palavras de William Wordsworth que ela adorava e tantas vezes repetia não se aplicam, a rigor:

> Mas ela está em seu túmulo, e, ó,
> Que diferença para mim!

Certa vez, num momento de fraqueza explorado por um cineasta, ela se queixou de que eu nunca dissera "eu te amo". É verdade: acho essas três palavras irremediavelmente banais, desvalorizadas pelo *kitsch* hollywoodiano. Certamente não são adequadas a meus sentimentos em relação a ela — ela se tornara parte de mim.

Quando ela já estava se indo, eu sussurrei "eu te amo". Não sei se ela ouviu.

Após sua morte, fiquei sentado durante uma hora com os olhos fixos em seu rosto. Ela estava linda.

Um amigo alemão me enviou um ditado que acho estranhamente reconfortante. A tradução seria:

> Não fique triste porque ela o deixou,
> fique feliz por tê-la tido ao seu lado durante tantos anos.

*O texto deste livro foi composto em Sabon LT Std,
desenho tipográfico de Jan Tschichold de 1964
baseado nos estudos de Claude Garamond e
Jacques Sabon no século XVI, em corpo 11/15.
Para títulos e destaques, foi utilizada a tipografia
Frutiger, desenhada por Adrian Frutiger em 1975.*

*A impressão se deu sobre papel off-white 80g/m²
pelo Sistema Cameron da Divisão Gráfica
da Distribuidora Record.*